中國巫文化人類學

巫醫對話

人類學

巫文化

動態三維 × 類比思維 × 文化因緣 × 風水批判，
由崇拜到審美，追尋原巫文化的轉嬗

凡是知識與科學不能到達的地方，
那裡就大有巫術的
用武之地──

王振復 著

巫術，確實是知識、科學的史前替代，
或者說是對於人類的一種有趣而出於無知的懲罰。

目錄

目錄

第七章
中國巫文化的文化哲學

中國巫文化的文化哲學，作為屬於中國巫文化人類學範疇的一種哲學形態，是試圖站在哲學高度且以文化學的眼光，關於中國巫文化的一種俯瞰、思考方式與研究路向。

德國學者胡塞爾（Husserl）曾經說過，他的現象學哲學，「首先象徵著一種方法和思維態度、特殊的哲學思維態度和特殊的哲學方法」[001]。胡塞爾的這一論斷，對於中國巫文化的文化哲學研究來說，也是適用的。中國巫文化的文化哲學的特殊性，首先展現在它的方法論上，它是站在哲學的高度，將中國巫文化這一研究對象及其文化性質與發展規律等，作為一個特殊的研究對象、特殊的哲學問題來對待。它的「特殊的思維態度」表現在，其一，從思維態度看，它站在哲學批判的立場。這裡「批判」一詞的意義，可以用澄清前提、劃定場域來加以概括；其二，將屬於中國巫文化的「氣 —— 道 —— 象」這一三維動態的文化結構，作為一個文化整體來加以審視與研究。

許多年前，筆者曾將中國美學範疇史這一學術課題的研究，放在「氣 —— 道 —— 象」動態三維的思維框架之中來加以審視。「氣 —— 道 —— 象」這一動態的人文結構，是由三大範疇既相互渾契又相互區別而構成的。文化人類學意義上的「氣」、文化哲學意義上的「道」與審美文化學意義上的「象」，依次作為中國美學範疇史的本源、主幹與基本範疇，各自構成範疇與命題群落，且相互滲透、相互蘊含，共同建構中國美學範疇與命題的歷史與人文大廈。[002] 由於中國美學史上的美學範疇與命題有數百個，彼此之間的文脈關聯錯綜複雜，如果不揭示不掌握其本源、

---

[001] ［德］胡塞爾《現象學的觀念》（*Die Idee der Phänomenologie*），第 24 頁，上海譯文出版社，1986 年版。

[002] 按：請參見王振復主編且參與撰寫《中國美學範疇史》（三卷本）「導言」，第 1 頁，山西教育出版社，2006 年版。

主幹與基本範疇究竟是什麼，並且把所有的美學範疇與命題，分別歸類於這三大範疇之下，從而構成三大文化美學意義上的美學範疇與命題群落，那麼，關於中國美學範疇史的研究，就可能無從下手。這便是關於中國美學史意義的所謂澄清前提，劃定場域的學術思維的「批判」。

我們這裡要研究的是中國原巫文化的氣、道、象問題，可以稱之為巫之氣、巫之道與巫之象，且三者相互蘊含，並非要落實到中國巫性美學，而是落實於其巫性的文化哲學。比較而言，這裡所說的澄清前提、劃定場域的「批判」，期待呈現出另一種學術面貌。其一，這裡所說的「氣 —— 道 —— 象」這一動態三維結構，三位一體又各自具有自己的場域；其二，這一人文結構的文化內涵關係到美，卻不是一個美不美的問題，首先是巫與巫學的問題；其三，中國巫性的「氣 —— 道 —— 象」的文化哲學，自始至終打上了巫與巫性的文化烙印，它實際是「巫氣 —— 巫道 —— 巫象」蘊含於一體，又各自具有文化哲學的品格，換言之，它是以巫、巫性之相繫的範疇為主體與主題的。

第一節　巫之氣

中國的原巫文化起源很早，伴隨著原始神話與圖騰，得以在漫長的歷史中生成、發展。中國文化與哲學中所說的氣，在巫術、神話與圖騰三者之中，都是存在的。這三者之中的氣，又不太一樣。最鮮明的不同在於，巫術的氣，關係到神話與圖騰，它的文化屬性始終是巫性的，包含著神性與靈性。巫性、神性與靈性，都是人性的「史前」表達，可以概括為巫氣。原始神話與圖騰中的氣，大抵是與巫性之氣相關聯的神性兼靈性的氣。

　　正如人類所有的巫術文化那樣，凡是巫術都是「有氣則靈」的。所謂氣機，作為氣的內在文化機制，為巫氣所須與不能離開，並且是它的核心。巫術的存在與感應，一旦離開了這個氣及其氣機，是不可設想的。巫術之氣，世界上從古至今的稱謂不一樣，比較常見的有「靈」（靈力）、「摩那」[003]，甚至是「鬼」與「魔」等等。

　　正如前述，甲骨卜辭中有一個「氣」字，明義士《殷虛卜辭》「貞佳我氣有不若十二月」就是其中一例。卜辭中的「氣」字，寫作上下兩橫之間一短橫（按：或上下兩橫之間有一個點）。上下兩橫，表示河的兩岸，中間一短橫或者一點，表示這一河流忽而水勢滔滔，忽而乾涸無有滴水，這一神祕而令人不解的現象，就發生在這裡。「氣」字的造型，既象形又指意。徐中舒主編《甲骨文字典》說氣字「象河床涸竭之形」[004]，所以氣通汔，所言在理。由於先民對這一自然現象大惑不解，就創造了「氣」這一漢字，來表達他們自己的心情和神祕的體驗。

　　從氣字的創構，可以傳遞這樣一個資訊：凡是看不見、摸不著、抓不住卻又分明感覺、體驗得到它的存在的，便用一個漢字來加以表述：氣。氣是變幻莫測的，又是到處存在的，而且不聽從人的調遣與支配。中國早期人類學家李安宅說，氣（摩那）充乎天地之間。「怎樣才能充乎天地之間呢？必是天地間本有這個氣，永遠瀰漫著」，「於是好像通了電流一樣，人天一體，與萬化同流；求其不充乎天地之間也不可能了」。[005]

---

[003]　按：英國文化人類學家馬凌諾斯基指出，「大多數初民都信這種勢力，有些梅蘭內西亞（Melanessia —— 原注，下同）人管它叫做摩那（Mana），有些澳洲部落管它叫做阿隆吉他（Arungquiltha），許多美洲印第安人管它叫做瓦坎（Wakan）、歐倫達（Orenda），或魔尼圖（Manitu）。」（布朗尼斯勞・馬凌諾斯基《巫術科學宗教與神話》，第 6 ～ 7 頁，李安宅譯，上海社會科學院出版社，2016 年版）

[004]　徐中舒主編，常正光、伍仕謙副主編《甲骨文字典》，第 38 頁，四川辭書出版社，1989 年版。

[005]　［英］布朗尼斯勞・馬凌諾斯基《巫術科學宗教與神話》，第 89 ～ 90、90 頁，李安宅「譯者按」，上海社會科學院出版社，2016 年版。

氣，不是西方基督教所說的神，而是與中國文化中的「神」、「靈」與「鬼」之類相關聯的，具有某些超自然的屬性與文化功能，它的神性位格顯然比宗教之神低一層次。中國原始巫術、神話與圖騰中的氣，實際指土生土長的天帝、鬼神、精靈與巫怪之魂等等。

　　原始人感到自己是被無窮無盡的、幾乎永遠看不見而且永遠可怕的無形存在物包圍著：這常常是一些死者的靈魂，是具有或多或少一定的個性的種種神靈。

　　沒有哪座山岩、哪條道路、哪條河、哪座樹林沒有鬼。

　　在中國，按照古代的學說，「宇宙到處充滿了無數的『神』和『鬼』」。

　　每一個存在物和每一個客體都因為或者具有「神」的精神，或者具有「鬼」的精神，或者同時具有二者而使自己有靈性。[006]

　　這種「神靈」與「鬼」之類，無疑是富於靈性的。所謂靈性，實際指巫性的人文內蘊。巫是依靠氣來感應的，無氣的話，便無所謂巫了，同樣，假如無靈，也便沒有巫之氣。

　　《易傳》有「精氣為物，遊魂為變，是故知鬼神之情狀」[007]之說。所謂「精氣」，是氣的另一種說法。人活著時「精氣」充聚，活力四射；人死則魂飛魄散，成為「遊魂」、「鬼神」。這用莊子的話來說，叫做「聚則為生，散則為死」，「故曰：『通天下一氣耳』」。[008]人的生死，僅僅是人體的生死罷了。氣無所謂生死而可以永存。氣有兩種存在狀態：氣聚，人體則生；氣散，人體則死。這是本書一再強調的。所以所謂有「靈性」的「鬼」，僅

---

[006]　[法] 列維－布留爾《原始思維》，第 58、59 頁，丁由譯，商務印書館，1981 年版。

[007]　《易傳‧繫辭上》，朱熹《周易本義》，第 291 ～ 292 頁，怡府藏版影印本，天津市古籍書店，1986 年版。

[008]　《莊子‧知北遊第二十二》，王先謙《莊子集解》卷六，第 138 頁，《諸子集成》第三冊，上海書店，1986 年版。

僅指散在的氣罷了。孔穎達在解讀這裡所引《易傳》的話時說：

> 「精氣為物」者，謂陰陽精靈之氣，氤氳積聚而為萬物也。「遊魂為變」者，物既積聚，積而分散。將散之時，浮游精魂，去離物形，而為改變。則生變為死，成變為敗，或未死之間變為異物也。[009]

「精氣」（聚態之氣）作為人體生命的本蘊，便是孔子與《管子》所說的「血氣」，它是構成人體生命與精神的一種元質。人體生命由成而敗，是從氣之聚到氣之散的一個自然過程。這是一個文化人類學關於巫學的問題，也是一個關於巫的文化哲學問題，而首先是前者。將氣的聚、散，即人體的生死作為思考的對象，這是中國基於原始巫學的文化哲學的一大主題。

中國文化，又將氣分為彼此相繫的陰、陽二維，統稱為「神」。這「神」的秉性令人難以認知與掌控，所以《易傳》說「陰陽不測之謂神」[010]。有一個辦法可以對「陰陽不測」的「神」（按：氣、鬼、魂之類）加以預測，便是被古人說得神乎其神的易筮。可見，所謂「陰陽不測之謂神」，首先是一個巫學命題，爾後才是文化哲學命題。

《老子》說：「萬物負陰而抱陽。」[011] 這裡的陰氣陽氣，並非從其一開始就是屬於哲學的。在原始堪輿術中，所謂陰陽之氣，僅僅表示陽光照射不到的為陰、照射得到的為陽而已，都是氣在陰陽之際的流變。陰氣陽氣相互熔蘊、相即而彼此流漸，便是所謂「負陰而抱陽」的本義，其作為一個文化哲學命題，是由原始巫學發展而來的。

---

[009]　《周易正義》，王弼注、孔穎達疏，阮元校刻十三經注疏本，中華書局，1980 年版。

[010]　《易傳·繫辭上》，朱熹《周易本義》，第 295 頁，怡府藏版影印本，天津市古籍書店，1986 年版。按：《周易正義》云：「天下萬物，皆以陰陽或生或成，本其所有之理，不可測量之謂『神』也。」（《周易正義》，王弼注、孔穎達疏，阮元校刻十三經注疏本，中華書局，1980 年版）

[011]　《老子》第四十二章，王弼注《老子道德經》下篇，第 26 頁，《諸子集成》第三冊，上海書店，1986 年版。

巫性的神、鬼與靈，也便是氣。氣作為一個原始巫學範疇，為爾後中國文化哲學的建構提供了思想與思考的資源，參與了中國文化哲學的建構，它是人類文化史上獨特的、屬於古代中華的一個文化「事件」。就中國文化的巫術、神話與圖騰的動態三維結構來說，有鑑於原巫文化處於基本而主導的地位，因此，它對於中國文化哲學的發生與底蘊，可以說是舉足輕重的。

氣的文化內涵，本質上是那種尚未被知識、科學所認知、掌握的盲目自然與盲目社會的本質規律。它呈現在巫術文化中，據說可以不費吹灰之力的去掌握它。因而，氣就是這樣的一種東西，它是既屬於鬼神又屬於人類之巫性的一種存在；既媚惑於鬼神，又頗為清醒的意識到一點人性的力量。「靈」這個與鬼神相繫的字眼也是如此，鬼神與人類都是富於靈氣的，但是鬼神之靈，實際是散在的氣，是人類所未能認知、掌握到的客觀「自在」；活著的人類之靈，實際是聚在之氣，又在一定意義上，意味著人類企圖加以認知與掌握客觀「自在」的主觀「自為」。巫性之靈（氣），處於散、聚之際，處於鬼神與人類之際。如果僅從人類一方面看，它表現了人類對於鬼神在妥協中有所進擊之主體精神的一些文化因素。

氣作為一個始於巫文化等文化形態，進而成為文化哲學的人文範疇，因其獨特的「中國性」，以至於英國著名學者李約瑟（Noel Joseph Terence Montgomery Needham）曾經稱其幾乎難以英譯。這是因為，世界上各氏族、民族都有巫術的發生與流布，然而像中國這樣殷周時代卜筮就如此盛行的，是獨一無二的人類文化現象。偏偏氣（鬼神、靈）這一文化範疇，誕生於殷代而成熟於周代，它的文化獨特性，造就了其文化哲學的獨特性。這裡，筆者試將氣這一範疇，譯為「field」（場），其中含蘊，可供讀者諸君品評。氣在後世成長為一大文化哲學範疇，而其文化原型，僅僅是

初民以巫文化為主、以神話與圖騰為輔的中國巫性人文的「神意識」、「鬼意識」、「靈意識」與「信意識」。今天，人們在認可氣範疇作為中國文化哲學的元範疇的同時，有理由、有責任追問這一元範疇何以發生。作為文化哲學之思的凝聚與深拓，作為本源本體的文化哲學的根因、根性，實際與巫性即靈性相繫。

　　陰陽之氣，又稱天地之氣。《國語‧周語上》云：「幽王二年，西周三川皆震。伯陽父曰：『周將亡矣！』」什麼緣故呢？伯陽父的回答是，「夫天地之氣，不失其序。若過其序，民亂之也。陽伏而不能出，陰迫而不能烝，於是有地震。今三川實震，是陽失其所而鎮陰也。陽失而在陰，川源必塞；源塞，國必亡」[012]。關於這一段引文，以往有些解讀認為這是關於地震成因的見解，似乎說得有理，但是沒有注意到伯陽父說的「周將亡矣」、「國必亡」等。地震如何導致「國必亡」？不是因為地震嚴重摧毀了房屋、壓死了大量的人，而導致國家衰亡，而是將地震看作「國必亡」的巫術徵兆。因此，這裡所說的「天地之氣」（陰陽之氣），首先是巫與巫性的，至於探究地震的成因云云，倒是還在其次。

　　巫性意義的氣，即靈魂與鬼魂，它是充滿於天地時空的，首先具有人文時間性。作為巫性的易理，有所謂「時中」說，如「蒙亨，以亨行時中也」[013] 等等。這裡「時中」的「中」，並非「中間」之「中」，而是「中的」之「中」，讀去聲。唐力權說：「因為時就是易（變動不居 —— 原注）之歷程。《易經》哲學最重時；六十四卦裡每一卦的卦義可以說都是被此卦的『時義』所決定的。而時義的基本觀念就是『時中』。」[014] 此言是。

---

[012]　《國語‧周語上》，鄔國義、胡果文、李曉路《國語譯注》，第 21 頁，上海古籍出版社，1994年版。

[013]　《易傳‧象辭》，朱熹《周易本義》，第 70 頁，怡府藏版影印本，天津市古籍書店，1986 年版。

[014]　唐力權《周易與懷德海之間》，第 2 頁，遼寧大學出版社，1997 年版。

王弼說：「夫卦者，時也；爻者，適時之變者也。」[015]《周易》的卦爻系統，實際是以一定的空間存在形態來表示時間的流漸過程。六十四卦的每一卦，都有初、二、三、四、五、上等六個爻位，如第一卦乾卦，依次是：「初九：潛龍勿用」、「九二：見（現）龍在田，利見大人」、「九三：君子終日乾乾，夕惕若厲，無咎」、「九四：或躍在淵，無咎」、「九五：飛龍在天，利見（現）大人」與「上九：亢龍有悔」[016] 等。這裡，隨著爻位的上升，由於每個爻位與居於其上的爻性不一樣，所以算卦時，所顯現的吉凶判斷也是不一樣的。什麼緣故呢？因為每一個爻的「時中」不一。

這裡所謂「時中」，指算卦時關於吉或凶之兆頭暫態立「見（現）」的一剎那，指一剎那閃現的吉兆或者是凶兆。所謂「時中」，或許可以借用德國哲學家海德格（Martin Heidegger）時間哲學的一個著名命題來加以表述，稱之為「在場」[017]。然而，巫性、靈性與神性的所謂「時中」，僅僅是一種假性的「在場」，雖然其呈現於「當前」。

早在西方海德格從現象學哲學角度加以言說之前千百年，在中國原巫文化中，早就從氣、靈與象的角度，加以言說與立論，便是《易傳》所說的「見（現）乃謂之象」[018]，此即易筮過程中當下立現的那個「象」，即預兆（吉凶之兆）。它並非文化哲學命題，它是一個巫學命題，它所「見」的，其實是一種帶有「假象」因素的「象」。這是因為《周易》占筮，只是將自然與人間萬象，分為吉、凶兩大類，是將世間萬象的意義簡化也粗鄙

[015]　王弼《周易略例》，樓宇烈《王弼集校釋》下冊，第 604 頁，中華書局，1980 年版。
[016]　按：《周易》乾卦六爻爻辭，朱熹《周易本義》，第 38～40 頁，怡府藏版影印本，天津市古籍書店，1986 年版。
[017]　[德] 馬丁·海德格《面向思的事情》（Zur Sache des Denkens），第 3 頁，陳小文、孫周興譯，商務印書館，1996 年版。按：海德格的原話是：「存在仍然透過時間，透過時間性的東西，而被規定為在場，規定為當前。」
[018]　《易傳·繫辭上》，朱熹《周易本義》，第 314 頁，怡府藏版影印本，天津市古籍書店，1986 年版。

化了，它遮蔽了許多意義，並未指向真理。有時，還作為吉與凶之間一種不吉不凶、又吉又凶的模糊狀態出現，可以看作古人筮得此爻時，是吉是凶一時難以做出判斷的結果，這種情況在《周易》爻辭中，是頗少見的。

從或吉或凶這兩大占斷來說，易筮將世上的各種現象都納入《周易》所規定的思維模式之中。實際上，雖然算卦時，巫覡做出了或吉或凶的判斷，但是，事物發展的結果卻未必如易筮所占斷的那樣。這證明，算卦所得到的預兆即「現象」，並沒有準確而正確的成為事物本質的「顯現」。在此意義上，這種預兆即「現象」，帶有「假象」的因素，此其一。

其二，世間萬類無限豐富而且意蘊深邃，易筮卻將其簡化為大致是吉或凶的世界，這對於人對世界萬類的認知，反而顯得簡單化、模式化了。從人類掌握世界的基本方式看，求神（按：宗教以及巫術、神話、圖騰等）、求善（按：倫理道德）、求知（按：科學技術）與求美（按：以藝術審美為主）等四大實踐方式，基本涵蓋了人類掌握世界的全部。可是，如此豐富而深邃的世界，卻被作為求神方式之一的巫術，裁剪為僅僅是吉、凶二維的世界。[019] 無疑，這種專注於巫性預兆且占斷吉凶的文化方式，並不能夠有效的顯現事物的本質規律。就此意義而言，以占驗預兆為代表的易筮（按：除此還有甲骨占卜之類），具有一定的「假象」性。易筮預兆本身，的確是一種「現象」的顯現，然而其顯現的方向，卻是錯誤的，它是對於事物本質的一種巫性意義的遮蔽。海德格指出：

這種顯現稱為顯似。

甚至它可能作為就其本身所不是的東西現象。

---

[019]　按：這裡必須補充一句，巫術在其文化本質上，儘管並非求善、求知與求美這三大人類掌握世界的方式，然而，巫術作為一種文化，又是與倫理道德（求善）、科學技術（求知）與藝術審美（求美）相關聯的。

即現象這個詞在希臘文中也有下面的含義：看上去像是的東西，「貌似的東西」、「假象」。[020]

《易傳》所說的「見乃謂之象」，作為具有「假象」的因素與性質，將中國古人帶進了一個光怪陸離而巫魅四射的世界，曾經讓古人趨之若鶩。

「見乃謂之象」，有待於成長為一大文化哲學命題。這是因為在這一命題中，蘊含著有待於轉嬗為文化哲學的文化因子的緣故。在巫性的預測比如占卜與易筮中，氣之「在」，似乎是氣的「在場」，而在《易傳》裡，大致已被改造與提升為文化哲學意義的「在場」，此即當下「存有」，指氣的依「場」而「有」。「場」（field，氣），始於原始巫性文化的這一「經驗源頭」，然後得以建構「形上姿態」的文化哲學。巫性意義的「場」，指當下之時的氣、靈的蘊含、氛圍與意境。在巫性的預測過程中，指瞬間所掌握的巫術預兆。文化哲學意義關於「氣」的當下之「在」，便是「過去的不再現在和將來的尚未現在」，而這一「當前」，說的是「氣」的「在場狀態」。[021]無數當下的「在」的推進，即是時間的不斷流漸的連續過程，從而在空間中，構成事物發展的全進程。

因此，所謂「過程哲學」，作為文化哲學的一個分支，重在從事物的時間連續性及其相關角度，來發現、闡析事物的本「在」，這也便是「場性」。「什麼是『場性』呢？這裡『場』一字所代表的乃是一哲學的觀念」，「我們所謂的『場』乃是依事物的相對相關性而言的。簡單的說，『場』就是事物的相對相關性的所在」。[022]

[020]　〔德〕馬丁・海德格《存在與時間》（*Sein und Zeit*），第 36 頁，陳嘉映、王慶節合譯，熊偉校，三聯書店，1987 年版。
[021]　〔德〕馬丁・海德格《面向思的事情》，第 11 頁，陳小文、孫周興譯，商務印書館，1996 年版。
[022]　唐力權《周易與懷德海之間》，第 3 頁，遼寧大學出版社，1997 年版。

「場有哲學」或者說關於「場」的文化哲學，並非憑空產生。這一哲學之「場」，原於甲卜與易筮的巫性之「場」。

「場」是到處存在的。陰陽五行的文化哲學，源自巫性的五行說。

五行：一曰水，二曰火，三曰木，四曰金，五曰土。水曰潤下，火曰炎上，木曰曲直，金曰從革，土爰稼穡。潤下作鹹，炎上作苦，曲直作酸，從革作辛，稼穡作甘。[023]

長期以來，學界多從哲學角度加以解讀。「五行說以木、火、土、金、水五種元素，作為構成宇宙萬物及其現象發生無限變化的基礎」，「是當時（按：指戰國時期）關於宇宙生成的理論，發展到後來，成為指導人類行為的基本源理」。[024] 這就不啻是說，似乎五行說從其一開始就是一種哲學。其實不是的。陰陽五行的文化哲學有一個文化源頭，它就是中國原始巫文化等，為五行哲學準備了一個歷史與人文的溫床。

相傳夏禹受到洛書的啟蒙，將其傳授於殷商的箕子。周滅殷而箕子向武王講授治理天下方略，便是所謂「洪範九疇」。治理天下要做九件大事，推五行為「初一」（按：第一），是最重要的。五行相生相剋，是過程性的，主要存在於原巫文化之中，以相生為吉，以相剋為凶。五行的生剋關係，構成了一個時間性的「場」域。這個「場」，就是氣、靈甚或是鬼的互為「感應」，是占卜與占筮「時中」的連續、相關與系統的「當下」。五行說原本就是中國原巫文化的重要元素，其性質、過程，都是巫性的，屬於中國原始巫學的範疇，爾後才發展為陰陽五行的文化「過程哲學」，或者可以稱之為由原始巫性及其文化觀所發展的關於文化的時間哲學。它並非如以往有些學人所說，五行說指五種原始物質（金木水火土）並列的成為

---

[023]　《尚書・洪範》，江灝、錢宗武《今古文尚書全譯》，第 235 頁，貴州人民出版社，1990 年版。
[024]　何新《諸神的起源》，第 232 頁，三聯書店，1986 年版。

一切事物現象的本源本體，而是說，五種原始物質的相互關聯及其時間性的過程，是一切事物現象的本源本體。它主要是由中國原巫文化發展而來的，是一種何等別致、獨特而深刻的關於時間的文化哲學，是由中國原巫文化等所哺育的。

第二節　巫之道

道這一觀念與範疇，在中國文化中顯得很是活躍，在先秦儒、道、墨及其餘諸子的哲學中，都可以看到關於道的闡述，發明其微言大義。

從文字學角度看，「道」字本義指道路。許慎說：「道，所行道也。」又說：「一達謂之道。」[025] 在戰國楚竹書裡，道字別體，寫作彳、亍兩字之間加一個人字，寫作「術」。彳亍的意思，指人小步走，走走停停。可見古人在創造「道」字別體時，是將「行路難」的意思表述在這個漢字的結構中的。試想遠古蠻荒時代，沒有道路，要踏遍荊棘，才能走出一條路來，自當是很困難的。《爾雅·釋宮第五》說：「路、旅，途也。路、場、猷、行，道也。」又稱：「一達謂之道路，二達謂之歧旁，三達謂之劇旁，四達謂之衢，五達謂之康，六達謂之莊，七達謂之驂，八達謂之崇期，九達謂之逵。」[026] 這是指古代道路種類之多，有好多名稱。

張岱年先生將道路的「道」字的意義加以引申，他說：「具有一定方向的路叫做道。引申為人或物所必須遵循的軌道，統稱為道。日月星辰所遵循的軌道稱為天道，人類生活所遵循的軌道稱為人道。」[027] 顯然，這是從哲學角度來解讀道字的意義。

---

[025]　許慎《說文解字》二下，第 42 頁，中華書局影印本，1963 年版。

[026]　胡奇光、方環海《爾雅譯注》，第 213 頁，上海古籍出版社，1999 年版。

[027]　張岱年《中國古典哲學概念範疇要論》，第 23 頁，中國社會科學出版社，1987 年版。

在中國文化中，關於道的人文意識及其範疇的起源，是相當悠古的。

先秦言述道的意義的語例，可謂不勝枚舉，大凡不出天道與人道二維或者指兩者之間的關聯。《尚書·湯誥》稱：「天道福善禍淫，降災於夏，以彰厥罪。」[028] 這是指與巫性相關聯的天道；《論語》說：「子曰：『朝聞道，夕死可矣。』」[029] 這是指人道[030]；《左傳·襄公二十二年》：「忠信篤敬，上下同之，天之道也。」這裡實指天道與人道的關係，「忠信篤敬」，指與天道相契的人道。

在老莊的言述中，大致是將道看作哲學範疇的。在通行本《老子》一書中，論道之處隨處可見。「道生一，一生二，二生三，三生萬物。萬物負陰而抱陽，沖氣以為和」；「反（按：返）者，道之動」；「道生之，德畜之，物形之，勢成之。是以萬物莫不尊道而貴德」；「道可道，非常道。名可名，非常名」。[031] 這四段引文，依次指道作為哲學範疇，是事物的本源、本根；事物的運動及其規律性；形上之道的形下落實就是德，德為道之用；「道可道」的後一個「道」字，是言說的意義，道作為本源、本體是可以言說的，一旦言說，又不是那個作為本源、本體的道。

所以莊子說：「何為道？有天道，有人道。無為而尊者，天道也；有為而累者，人道也。主者，天道也；臣者，人道也。天道之與人道也，相

[028] 《尚書·商書·湯誥》，江灝、錢宗武《今古文尚書全譯》，第123頁，貴州人民出版社，1990年版。

[029] 《論語·里仁第四》，劉寶楠《論語正義》卷五，第78頁，《諸子集成》第一冊，上海書店，1986年版。

[030] 按：這裡指人道，有一旁證。《論語》云：「子貢曰：『夫子之文章，可得而聞也。夫子之言性與天道，不可得而聞也。』」（見《論語·公冶長第五》，劉寶楠《論語正義》卷六，第98頁，《諸子集成》第一冊，上海書店，1986年版）。孔夫子所說的道，基本為人道。

[031] 通行本《老子》第四十二、四十、五十一、一章，王弼《老子道德經注》，第26～27、25、31、1頁，《諸子集成》第三冊，上海書店，1986年版。

去遠矣，不可不察也。」[032]

「道」字的本義指人所走的道路，禮學、仁學與哲學意義的道，是對於「道」字本義的提升。無論儒家的禮學與仁學，還是道家的哲學，最後的歸宿，都在於人生道路，都是為了闡明與解決中國人的人生道路問題。

那麼，中國文化又為什麼擁有關於「道」的禮學、仁學、名學與哲學呢？它的文化出發點、文化本色又是什麼呢？

每一民族與時代的文化及其文化哲學等，都具有一個出發點和文化本色。從文化形態學角度看，中國文化的天道與人道的意識、思想，源自中國原巫文化，並且和原始神話與圖騰具有密切的人文關聯。

僅從字眼上看，中國原巫文化，沒有提出「道」這一概念與範疇，所謂巫之道，在字面上是找不到的。可是，沒有字面的表述，不等於說中國原巫文化在實質上就沒有關於巫之道的人文意識。這種情況，與《周易》本經相類似。在《周易》本經中是根本找不到一個「象」字的，然而這並不等於說，在《周易》本經的卦爻之象中，就不存在關於巫筮的象意識。

僅從文本看，所謂巫之道或者巫性之道的說法，可能是難以成立的。本書一再強調，巫文化有一個不成文的目的追求，便是它的實用功利性。所有人類的巫術，都是追求實用的，如果不實用，那麼巫術是一定不會產生、不會傳播的。與此相關，便是巫術文化的所謂「實用理性」。正如前引，李澤厚先生說：「我以前曾提出『實用理性』、『樂感文化』、『情感本體』、『儒道互補』、『儒法互用』、『一個世界』等概念來話說中國文化思想，今天則擬用『巫史傳統』一詞統攝之，因為上述我以之來描述中國文化特徵的概念，其根源在此處。」李澤厚將「實用理性」看作是中國文化思想

---

[032] 《莊子・在宥第十一》，王先謙《莊子集解》卷三，第 69 頁，《諸子集成》第三冊，上海書店，1986 年版。

重要的「文化特徵」之一，把「實用理性」看作中國「巫史傳統」的重要構成。確實，「實用理性」是貫通於由「巫」到「史」（按：哲思、求知、求善與求美等）之中國文化傳統的中心主題。

「這種理性具有極端重視現實實用的特點，即它不在理論上去探求討論、爭辯難以解決的哲學問題，並認為不必要去進行這種純思辨的抽象」，「重要的是在現實生活中如何妥善的處理它」。[033] 這一論述，對於中國「史」文化尤其對於儒家文化來說，是說得相當到位的。對於道家哲學而言，可能還要做些修正與補充說明。儘管道家哲學也屬於中國「實用理性」的「史」文化範疇 —— 其道的形上哲學的歸宿處是形下的德，然而，要說道家哲學「認為不必要去進行這種純思辨的抽象」，是有點說不過去的。就中國原巫文化來說，其「實用理性」的確富於「極端重視現實實用的特點」，可是，它並非統統不「在理論上去探求討論、爭辯難以解決的哲學問題」，並非都「認為不必要去進行這種純思辨的抽象」，而是其往往沒有建構「理論」、「哲學」，談不上都「去探求討論、爭辯難以解決的哲學問題」，而往往無法進行「純思辨的抽象」。儘管人類巫文化包括中國原巫文化，具有無數巫性的「作法」與禁忌等，但是凡此一切，都是約定俗成而根據傳統的。當我們後人回溯、研究原巫文化時，以「實用理性」來概括中國原巫文化的主要特性，自然是妥切的，可是就先民本身而言，他們根本沒有自覺的意識到這是「實用理性」問題。對於先民來說，關於巫文化的所謂「哲學」、「思辨」與「抽象」等，都是不「在場」的。

這不等於說我們今人不能從文化哲學角度對巫之道進行解析。許多年前筆者曾經指出，在認知與掌握世界的歷程中，關於「道」，在「知道」還是「不知道」的問題上，人類可以而且只有四種情況：（一）知道自己知道。

---

[033]　李澤厚《中國古代思想史論》，第 30 頁，人民出版社，1985 年版。

（二）知道自己不知道。（三）不知道自己知道。（四）不知道自己不知道。在第一種情況中，人類顯得相當自信，對於這個世界，人類以為自己瞭若指掌、無所不知；第二種情況，具有蒼鬱而深致的理性精神，認為人類對於世界的認知，是永遠無法完成的，「自知其無知」，是人類最高的人文與科學理性；第三種情況，對於某些事物現象，人類確實已經有所知，然而人類自己卻不知道這種狀況；第四種情況，對於世界萬有及其本質規律，人類總是處於沒完沒了的無知狀態之中，可是人類卻不知道自己的無知，其心智處於盲目與盲從之中。就原始巫文化而言，在這四種情況中，除了「不知道自己知道」無害於人類以及「知道自己不知道」基本與初民無緣之外，人類總是盲目的堅信「知道自己知道」與「不知道自己不知道」。

可以說，巫之道是這樣一種文化狀態，明明是初民對於他們所處的那個世界及其環境無知、基本無知或者所知少得可憐，卻自信、自豪的向世界宣稱，似乎「一切盡在我的掌握之中」。對於被「神奇」巫術所迷惑的初民來說，所謂「知道自己不知道」是不可思議的。他們迷信自己無所不知、無所不能，除了種種巫術禁忌必須遵守之外，似乎一切都可以輕而易舉的為巫術所戰勝，不費吹灰之力。[034]

胡新生說：「現在人們所說的『巫術』，是指運用超自然力量並透過特定儀法控制客觀的神祕手法，它追求直接的現實效用，往往表現出不敬神靈的態度和自信自誇的傾向。」[035] 所言甚是。作為原始社會中「控制客觀

---

[034]　按：比如「想讓仇人哪裡疼，就模擬對應的地方，如想讓仇人胃疼，就刺模型的肚子；倘若想讓他立刻死亡，乾脆從頭到腳戳穿模型，像包裹真正的屍體一樣將它包裹起來，像對真正的死者祈禱一樣禱告，然後將它埋在仇人必經的路中間」。又，「當一個柬埔寨獵人守候很久卻一無所獲時，他便脫光自己的衣服，走出一段距離，然後漫步回到捕獵的網前，假裝沒看見網，不小心被網捕住，並大叫：『哎呀，這是怎麼回事？我被捉住了！』之後就認為這副網可以捕捉到很多獵物了」。（見詹姆斯·喬治·弗雷澤《金枝》上冊，第 19、23 頁，陝西師範大學出版總社有限公司，2010 年版）

[035]　胡新生《中國古代巫術》修訂本，第 2 頁，山東人民出版社，2005 年版。

的神祕手法」，巫術的所謂「有效」，必然是建立在「信」的前提下的。這種「信」是兩方面的結合，首先是對於神靈、鬼怪等即所謂「超自然力量」的信仰與信賴，同時也是巫覡對於其自身所謂「異能」的自我信仰，也便是巫覡的自信自誇。歸根結柢，巫覡的自信自誇，是以信仰神鬼為前提的。有些巫術似乎在表面上給人「不敬神靈的態度」，實際上並非如此。巫覡的降神與瀆神，在拜神和媚神的前提下才有可能。

可見，所謂原始「信文化」的「信」，就寄託著中國原巫文化的巫之道。這種被今人權且稱為「道」的東西，實際是一種原始、淺稚與粗鄙的巫術信仰。這種信仰的文化內涵是倒錯的發現了人類自身的巫性的力量，而不管這種發現是怎樣的與神靈的信仰結合在一起。人類相信，在討好神靈的同時，是可以做到與神靈「平起平坐」的。人類堅信世界與人類自己還是有救的，並且往往擺出一種積極的姿態，向蠻野的自然與社會進擊，做到「心想事成」，而不靠西方基督教的上帝來拯救自己，也無須透過印度佛教的啟迪而覺悟而達到成佛的境地。

巫術向蠻野自然與社會積極進取這一點，倒是與中國的某些神話所主張的相通。比方說，太行與王屋兩座大山擋住了愚公住地的出路，愚公所堅信的辦法是，「每天挖山不止」，因為「子子孫孫無窮匱也」，所以堅信終於有一天會將大山挖盡，並不指望上天把大山搬走，或者將自家搬離大山（按：這比起「移山」來，不知要容易多少，卻為愚公所不齒），這便是神話「愚公移山」的人文主題；一位少女淹死在東海之中，便化為立志填海的精靈般的小鳥，銜小石小木來不懈的填海，便是《山海經》裡的「精衛填海」的神話故事的主題；還有刑天的神話，雖然被砍了頭顱，而依然絕不屈服，仍舊舞動「干戚」去拚命，正如陶潛有詩云，「刑天舞干戚，猛志固常在」。這些中國的神話傳說凸顯了英雄主義精神。這種精神，在中

國原始巫術文化中，是一點也不缺乏的，不過這種「英雄」是虛幻的、虛擬的，而且其人文核心是「實用理性」。

「實用主義」崇尚實際、實在與實用，不做漫無邊際的玄思與冥想，它大致忠誠於此岸的經驗世界，把形上問題放在「括弧」裡「懸置」起來，或根本不知道什麼「形上」。這以儒家及其傳統最為典型。在道家著述中，也時有所見。老子之「道」，當然是具有形上性的，而最終還得將形上之道落實到形下之德。「道之為物，惟恍惟惚。惚兮恍兮，其中有象；恍兮惚兮，其中有物。窈兮冥兮，其中有精。其精甚真，其中有信。」[036] 這裡值得注意的是，其一，老子所說的道，並非絕對形上，這是因為在這道體中，還保留著「象」、「物」與「信」等人文因素；其二，就這裡的「信」而言，顯然指原始「信文化」的巫術因素，還殘留在道體之中。王弼說：「信，信驗也。物反窈冥，則真精之極得。萬物之性定，故曰『其精甚真，其中有信』也。」[037] 這裡的「信」，是「信驗」的意思，顯然是就巫術而言的。王弼揭示了老子之道與中國原巫文化的內在關聯。老子之道作為哲學的道，之所以顯得不那麼絕對純粹而抽象，是因為作為巫學之道的巫，始終帶有「實用理性」的緣故；趨於相對形上的哲學之道，之所以終於未能達到絕對形上，是因為高飛的紙鳶即「道」雖則凌空而飛，可是其繫繩的一端，總是牢牢的攥在「實用理性」的手裡。老子哲學之道的文化原型，主要源自原巫文化。莊子說：

　　夫道，有情有信，無為無形，可傳而不可受，可得而不可見。自本自根，未有天地，自古以固存。神鬼神帝，生天生地，在太極之先而不為

---

[036]　《老子》上篇，第二十一章，王弼注《老子道德經》，第 12 頁，《諸子集成》第三冊，上海書店，1986 年版。

[037]　王弼注《老子道德經》，第 12 頁，《諸子集成》第三冊，上海書店，1986 年版。

高，在六極之下而不為深；先天地生而不為久，長於上古而不為老。[038]

　　試問，為什麼中國的哲學之道具有這麼一副品性呢？其答案只能是，它的文化底色主要來自巫的緣故。道確實是「生天生地」的，「在太極之先而不為高」、「在六極之下而不為深」，可是哲學之道的品格，並非是絕對「高」、絕對「深」的。為什麼呢？答曰：道是「自本自根」的，似乎與其他文化因素無關，是「自我圓滿」的，可是，哲學之道「生天生地」的緣由，在於原巫文化的「神鬼神帝」。什麼叫做「神鬼神帝」？這裡的「鬼」，是就巫術意義而言的，「鬼」也可以稱之為「靈」、「氣」，這是本書前文早就說過的。這裡的「帝」，據王先謙稱，專指相傳始創巫性八卦的伏羲。[039]

　　鄭有神巫曰季咸，知人之生死存亡、禍福壽夭。期以歲、月、旬、日若神。鄭人見之，皆棄而走。列子見之而心醉，歸以告壺子。曰：「始吾以夫子之道為至矣，則又有至焉者矣。」[040]

　　這一引文，引自《莊子‧內篇‧應帝王》。學界一般認為，內篇為莊周本人所撰，最能代表莊子本人的思想。莊子說，無論就歲、月、旬、日而言，「神巫」都是「若神」無不靈驗的。鄭國人很害怕這樣神通廣大的巫，都力圖避開這樣的巫覡，是因為「惟恐言其不吉」、惟恐一言成讖而使得自己倒楣。可是，列子見到巫覡時心裡是迷醉得很的，他對壺子說，開始的時候，我以為老聃的哲學之道是至理名言，但真正至高無上的，是「知人之生死存亡、禍福壽夭」而「若神」一樣的「神巫」。

---

[038]　《莊子‧大宗師第六》，王先謙《莊子集解》卷二，第 40 頁，《諸子集成》第三冊，上海書店，1986 年版。

[039]　按：見王先謙《莊子集解》卷二，第 40 頁，《諸子集成》第三冊，上海書店，1986 年版。

[040]　《莊子‧應帝王第七》，王先謙《莊子集解》卷二，第 49 頁，《諸子集成》第三冊，上海書店，1986 年版。

無論老子還是莊子的文化哲學及其原始信仰，都離不開中國的原巫文化。原巫文化以及原始神話與圖騰，是先秦道家哲學的文化之母。

第三節　巫之象

　　正如前文所說的氣與道那樣，象，又是一個在中國文化中顯得尤其活躍而重要的人文範疇。某種意義上，象這一範疇來到世間並參與中國文化的輝煌建構，可能比氣與道更早些。這是因為，人類關於世界及其萬事萬物的接觸與感知，首先要依仗於視覺，視覺是人的五官感覺中最為活躍、最有效的一維。在五官感覺中，以視覺最重要（按：此之外還有聽覺）。據說這兩種感覺，會接收到百分之九十的外來資訊，其餘的嗅覺、味覺與觸覺等，大約總共只占百分之十而已。而以視覺與聽覺比較，又自然是前者強於後者。人的眼睛可以看得很遠很廣，有條件接納更多的資訊。毫無疑問，人的視覺與這裡正在討論的象有更多的直接關聯。在人類思維的進化中，如同在物質的進化中一樣，最簡單的、最原樸的，總是在時間上領先。用眼睛看世界，一般總要比聽覺、味覺、嗅覺與觸覺直接而容易些。所以就思維而言，與視覺更直接的相連的形象思維，總是首先來到人間。對於原始初民而言，人首先是視覺的「動物」，同時才是聽覺以及味覺、嗅覺與觸覺的「動物」。

　　在人類意識與思維史上，最早有緣登上生活舞臺的，必然是那種不分天人、物我、主客的那種被列維－布留爾稱為「集體表象」與「神祕互滲」的「象感覺」。起初人類的原始意象、原始意識與原始情感等對於世界、環境與人自己的主導力與支配力，實際與猿猴等高等動物相差無幾。既然對於最原始的人類而言，最初意義的世界與環境，是混沌一片而不分天人、物我與主客的，那麼，人類在最早的時候，實際上是無法進行什麼像

樣的感覺，從而產生情感與意志等的，更談不上有多少理性思維。人類對世界、環境的感覺是朦朧而游移的。或然可以說，人在那時，已經具有一定的感覺及其情緒，卻還沒有成熟的真正屬於人的感受及其情感，但是前者有待於發展為後者。

在中國文化中，正如氣、道一樣，像是一個有趣而深刻的問題，是一種自然與歷史的契機將象召喚到中國文化中來。甲骨卜辭中已經有「象」這個漢字 [041]，其字形是動物大象的象形。本是普通的動物大象，如何才能一變而為中國文化與文化哲學至關重要的一大人文範疇？甲骨學家羅振玉曾經指出：

《說文解字》：「象，長鼻牙，南越大獸，三季一乳，象耳牙四足之形。」今觀篆文，但見長鼻及足尾，不見耳牙之狀，卜辭亦但象長鼻。蓋象之尤異於他獸者，其鼻矣。又象為南越大獸，此為後事。古代則黃河南北亦有之。為字從手牽象，則象為尋常服御之物。今殷墟遺物有鏤象牙，禮器又有象齒甚多（非伸出口外之二長牙，乃口中之齒 —— 原注）。卜用之骨有絕大者，殆亦象骨。又卜辭卜田獵有獲象之語。知古者中原有象，至殷世尚盛也。王氏國維曰：「《呂氏春秋‧古樂篇》：『商人服象為虐於東夷，周公乃以師逐之，至於江南。』」此殷代有象之確證矣。[042]

從卜辭、考古與古籍記載，都能證明殷代時期「黃河南北」曾經有大象生存，只是在後來，由於北方氣候由溫而寒的驟變，才迫使畏寒的大象不得不南遷。《甲骨文字詁林》說：「卜辭記田獵獲兒象多見。今兒象均熱帶或亞熱帶動物，而殷代中原地區盛產之，此為研究當時地理氣象之重要

---

[041]　按：卜辭：「今夕其雨，獲象？」（見《甲骨文合集》一期一〇二二二，郭沫若主編、胡厚宣總編輯，中國社會科學院歷史研究所《甲骨文合集》編輯工作組集體編輯，中華書局，1978～1982 年版。

[042]　羅振玉《殷虛書契考釋三種》（上、下）中三十頁下，中華書局，2006 年版。

線索。根據卜辭相關田獵之記載，當時中原地區應是廣袤之原始森林，雨量充沛。周代以後，氣候之變易，加上人為之破壞，中原地區之自然環境已完全改觀。」[043] 這主要是自然原因所造成的變易。所以時至戰國時期，大象早已在北地絕跡了，中原民眾未能目睹活著的大象起碼已有大約五、六百年時間。

可是，民眾依然保持著對於大象曾經在北地出沒的遙遠而模糊的歷史記憶，這是世代相傳的結果。所以，當北地民眾偶爾從地下挖出一堆動物殘骸時，便懷疑這會不會是大象的遺骨。這用《戰國策・魏策》的話來說，叫做「白骨疑象」。

《韓非子》稱：

人希見生象也。而得死象之骨，案其圖以想其生也。故諸人之所以意想者，皆謂之象也。[044]

這裡所說的「希（稀）見」，實際是指根本見不到大象，但是在世代相傳的文化記憶中，還保留著關於大象的印象。於是，一種屬於文化的歷史性契機便出現了，即由動物大象一變而為人文之象。

人文意義上的象是什麼意思呢？

某人、某物或某境，以往曾經見過、接觸過與了解過，可是現在已經不在眼前，卻對它一直保持著一定的心靈的記憶，可以被回想、被意想，在此基礎上有所想像、幻想和虛構，這便是人文之象及其文化內涵。人文之象，是一定的心靈印記、印跡、印象與氛圍的一個總和。它是以人的視覺為主、輔以聽覺以及其他感覺在人心靈中所留下的印象、烙印甚而是氛圍。

---

[043]　于省吾主編，姚孝遂按語編撰《甲骨文字詁林》第二冊，第 1607 頁，中華書局，1996 年版。

[044]　《韓非子・解老第二十》，王先謙《韓非子集解》，第 108 頁，《諸子集成》第五冊，上海書店，1986 年版。

人文意義上的象，不是指客觀存在的物體，是客觀存在的物體現在不在眼前，而在主體心靈上所留下的整體印象。它確實正如《戰國策》所說，是一種存在於人心靈中的「意想者」。

平時我們常說「事物現象是客觀存在的」這一句話，好像並沒有什麼不妥。其實所謂「事物現象」或者稱「物象」，是指顯現在人心中的「事物」。這裡，值得一提的是《易傳》說了一句至理名言，叫做「見乃謂之象」[045]。這裡的「見」，是顯現的意思。所謂現象，顯現於人心中的，稱之為象。

以往但凡一說到象，就會馬上想到像是藝術審美的中心問題，對於藝術審美而言，象確實是其中心問題之一。值得強調指出，作為象，並非從一開始就是屬於藝術的，象首先屬於文化，它是一種普遍的文化心靈現象。無論巫術、神話與圖騰，都有一個「象問題」，即「象感覺」、「象意識」、「象情感」、「象思維」與「象意志」等。中國最早的原始文化形態，唯有巫術、神話與圖騰等動態三維，三位一體而各具特性、各盡所能。中國這種最早的原始文化形態的存在格局，是以原始巫術為基本而主導的，且伴隨以神話與圖騰。所以這裡所說的「象問題」，在原始巫術文化領域表現得最為突出，它便是神性、巫性與靈性之象。

古籍《尚書》有許多涉及巫象的論述。比如「象恭滔天」、「象以典刑」、「予欲觀古人之象」、「方使象刑」、「乃審厥象」與「崇德象賢」等。[046]「象恭滔天」的「滔」，通「慆」，有怠慢之義。意思是說，表面上謙恭尊

---

[045] 《易傳‧繫辭上》，朱熹《周易本義》，第314頁，怡府藏版影印本，天津市古籍書店，1986年版。

[046] 按：這六處都說到了象。其中前四處依次見於《尚書‧虞夏書》的「堯典」、「舜典」、「益稷」與「益稷」篇；後兩處依次見於《尚書‧商書》的「說命上」與「微子之命」篇，見孫星衍、陳沆《尚書今古文注疏》，中華書局，1986年版。

敬，實際對老天是怠慢不尊的。「象以典刑」，意思是，將典型的刑法條款用文字鏤刻在器皿上，以表示敬天神敬祖神的莊嚴。這裡的象，是鏤刻的意思，名詞作動詞用。「予欲觀古人之象」的「象」，有圖案義。其全文是：「予欲觀古人之象，日月、星辰、山龍、華蟲（按：有文采的蟲子），作會（繪）；宗彝（按：宗廟祭祖的彝器）、藻火、粉米、黼黻、絺（縫納）繡，以五采彰施於五色，作服，汝明。」[047] 意思是說，古人服飾五彩繽紛，繪製在上面的種種圖案，都是敬崇日月、星辰等自然神靈和祖宗神靈的形象，並非為了審美，也為了好看，服飾上的種種五色圖案，都有巫術魔法的意義。「方使象刑」的「象刑」，略與前文「典刑」同。意思是，刑法條款的施行是當下就要進行的事。「乃審厥象」的「厥象」，指夢境、夢中之象，意思是，對這一夢境的審察就要進行，這裡指巫性的解夢。「崇德象賢」，有尊崇祖德、效仿賢人的意思。在古人看來，效仿賢者尊崇祖德，不僅是道德的，而且是與巫性的祭祀相關的。

　　凡此圖像，富於吉祥意義，如「予欲觀古人之象」的「象」，「日月、星辰、山龍、華蟲」等，都是吉利的符號；或者具有鎮妖的巫性功能，如「宗彝」就是一例。這也便是王國維所說的「尊彝」。「尊彝皆禮器之總名也。古人作器，皆云做『寶尊彝』，或云做『寶尊』，或云做『寶彝』。然尊有大共名之尊，有小共名之尊，又有專名之尊。彝則為共名而非專名。」[048]「尊彝」即祭祀祖神的禮器。祭祖以禮，這禮的施行，恭敬而莊嚴，為的是企望祖神保佑我，是富於神性與巫性的。「夫禮者，所以定親

---

[047]　《尚書‧虞夏書‧益稷》，江灝、錢宗武《今古文尚書全譯》，第 59 頁，貴州人民出版社，1990年版。

[048]　王國維〈說彝〉，《觀堂集林》卷三，第 16 頁，《王國維遺書》第一冊，上海古籍書店，1983 年版。按：《左傳‧襄公十九年》注云：「彝，常也，謂鐘鼎為宗廟之常器。」（見楊伯峻《春秋左傳注》，中華書局，1981 年版）

疏，決嫌疑，別同異，明是非也。」[049] 對祖神事之以禮，為的是規範、嚴肅人倫之禮的施行。禮並非僅僅是道德教條，禮與樂一直是同在的。哪裡有禮的嚴謹規矩，哪裡就有樂的與之和諧。比如前文所說的「作服」，東漢鄭玄《尚書》注，十二章為五服，是天子所備有的。但是，公侯伯子男與卿大夫的服飾圖案不同。公自「山龍」而下，侯伯自「華蟲」而下，子男自「藻火」而下，卿大夫自「粉米」而下，自古傳承的這一「作服」制度，可謂嚴格得很。而所有服飾的圖案，都是富於「象」的，它們在文化品格上，並非審美詩性而首先是神性、巫性與靈性的。這也便是說，等級森嚴的古代「禮服」制度，和有待於發育為審美的服飾，主要源於巫。

　　就易筮而言，神性、巫性與靈性之象，是與數相伴相生的。這用清初王夫之的話來說，叫做「象數相倚」。「天下無數外之象，無象外之數。」哪裡有象，哪裡就有數；哪裡有數，哪裡就有象。「是故象數相倚。象生數，數亦生象。象生數，有象而數以為數；數生象，有數而遂成乎其為象。」[050]《周易》卦爻筮符，就最基本的陰爻陽爻來說，爻符來自「數字卦」，爾後才發展為陰陽爻符，其爻符便是與數相契的象。「是故吉凶者，失得之象也；悔吝者，憂虞之象也；變化者，進退之象也；剛柔者，晝夜之象也。」[051]、「參伍以變，錯綜其數。通其變，遂成天地之文。極其數，遂定天下之象。」[052]

　　神性、巫性與靈性的「象數相倚」，如果用列維－布留爾的話來說，

[049]　《禮記·曲禮上第一》，楊天宇《禮記譯注》上冊，第 3 頁，上海古籍出版社，1997 年版。
[050]　王夫之《尚書引義》卷四，《尚書稗疏·尚書引義》，《船山全書》第二冊，岳麓書社，1989 年版。
[051]　《易傳·繫辭上》，朱熹《周易本義》，第 288 頁，怡府藏版影印本，天津市古籍書店，1986 年版。
[052]　《易傳·繫辭上》，朱熹《周易本義》，第 309 頁，怡府藏版影印本，天津市古籍書店，1986 年版。

叫做神祕的「互滲」。

　　有一個因素是在這些關係中永遠存在的。這些關係全都以不同形式和不同程度包含著那個作為集體表象之一部分的人和物的「互滲」。所以，由於沒有更好的術語，我把這個為「原始」思維所特有的支配這些表象的關聯和前關聯的原則叫做「互滲律」。[053]

　　與原始思維相應的「集體表象」，蘊含著「萬物有靈」的神靈因素與初民關於自身命運的敬畏、體會與認同。象數「互滲」的數，具有原始數學的因子，而其根本意義，是指人的命運、劫數。它是神性、巫性與靈性的。中國古時有所謂「劫數」（按：在劫難逃）、「天數」（按：命裡注定）與「數奇」[054]等說法，都指命中多災，無可逃避。《論語》所謂「死生有命，富貴在天」[055]，就是指命裡注定的「數」。

　　所以從一開始，巫性之象就與命運之數「相倚」（互滲）。當下的易學研究中，有一派稱為「科學易」，是將原始易學中神性、巫性與靈性之數的數理因子，拿出來進行數學意義的解讀，並不等於說原始易學中已經獨立存在著近代意義的數學理性。神性、巫性與靈性之數的文化屬性，始終是與神祕之象「互滲」的。

　　在這裡，被感知的任何東西都同時包含在那些以神祕因素占優勢的集體表象的複合中。同樣在這裡也不存在簡單的只是名稱的名稱，也不存在只是數詞的數詞。

　　每當他想到作為數的數時，他就必然把它與那些屬於這個數的、而且

---

[053]　　[法]列維－布留爾《原始思維》，第 69 頁，丁由譯，商務印書館，1981 年版。

[054]　　按：司馬遷《史記》卷一〇九〈李將軍列傳第四十九〉云：「大將軍青亦陰受上誡，以為李廣老，數奇，毋令當單于，恐不得所欲。」見《史記》第 632 頁，中華書局，2006 年版。

[055]　　《論語‧顏淵第十二》，劉寶楠《論語正義》卷十五，第 264 頁，《諸子集成》第一冊，上海書店，1986 年版。

由於同樣神祕的互滲正是屬於這一個數的什麼的性質和意義一起來想像。[056]

「集體表象」的神祕性，與尚未從這種神祕性的象中分化出來的數的融合，由於始終是講人的命運的，具有先天兼後天意義的文化屬性。當我們將神性、巫性與靈性之象（與數相契）進行文化哲學意義的思考與討論時，這種文化哲學，就一定是關於人類命運的文化人類學意義上的。這裡，命是先天的，運是後天的。而巫性便是先天與後天因素的結合或妥協。神性、巫性與靈性之象，當然也是如此。盛行於中國古代的巫術，稱為「數術」或曰「術數」，都是一方面講命裡注定，另一方面講人為努力（按：儘管這種努力總是走在錯誤的道路上）。[057]「數術」是中國古代「六藝」之一，「六藝」包括「禮、樂、射、御、書、數」，除了數不能自己影響自己以外，其餘五項都深受數的影響。「數術」總是與象「相倚」的。測日、測風、望氣、甲卜、筮占、五行、曆算、形法（堪輿）、扶乩、放蠱、遁甲、祝由、咒術、面具與讖緯等，都是與神祕之象「互滲」的「數術」，在這裡，沒有哪一項「數術」，不是本具神性、巫性與靈性之象的。「象備而數周，故其精蘊可以闡化原而窮之事物。」[058] 象，是以巫性為研究對象的文化哲學的第一概念。

從文化哲學的高度看，離象之數與離數之象，都是不可思議的。對於象進行文化哲學意義的審視，始終應當樹立一個學術觀念，即象總是與數在一起，是神性而巫性與靈性的。巫性是神性與人性的結合與妥協。象，不僅與氣、道等巫性觀念一起，建構起巫術這一陰晴不定，一會風一

---

[056]　［法］列維－布留爾《原始思維》，第 201 頁，丁由譯，商務印書館，1981 年版。

[057]　按：《葬書》在談到風水問題時，既堅信天神、地祇不可違背，又稱「葬者」，須「乘其所來，審其所廢，擇其所相，避其所害，是以君子奪神功改天命」。（《風水聖經 ──〈宅經〉〈葬書〉》，第 120～126 頁，王振復導讀、今譯，臺灣恩楷出版有限公司，2003 年版）

[058]　《河洛精蘊·金氏序》，江慎修《河洛精蘊》，第 9 頁，學苑出版社，1989 年版。

會雨，一會又陽光燦爛的文化園地，而且由於像是感性的 —— 感性的東西，總是容易煽動人的情感。所以，巫性之象以及存在於神話與圖騰中的神性之象，與後世出現的藝術審美之象，具有更多更直接的文脈關聯。然而與藝術審美之象相比，巫性、神性與靈性之象，在歷史與人文意義上，是具有優先性的。學界以「簡易、不易、變易」釋讀易理，這是捨棄了易理的神性、巫性與靈性之象的因素，而對易做出專門的哲學解讀，自當言之成理。然而，從文化人類學關於巫學的文化哲學看問題，這種哲學首先應當從文化根源上去說去理解。尚秉和先生指出：

> 說者以簡易、不易、變易釋之，皆非。愚案：《史記》、《禮》書云，能慮勿易，亦以易為占。簡易、不易、變易，皆易之用，非易之本詁。[059]

這裡所謂「易之本詁」，實際指易理的文化本根。它並非從其一開始就是「哲學」的，這種情況，正如象從一開始並非藝術審美一樣，也必須從根上去說。尚秉和同時指出，「易本用以為筮」，「凡哲學無不根源於是」[060]。哲學有個源頭，象也有一個源頭，便是巫卜、巫筮等。因此，象原本是一個源自原始「信文化」的人文範疇。象也參與了後世哲學的建構。老子早就明言，他所說的哲學之道，是「其中有象」、「其中有精（按：這裡指氣）」、「其中有物」、「其中有信」的。這樣說，一方面顯示了老子的哲學之道，源自「象」、「精」、「物」與「信」等；另一方面也說明，在老子的哲學之道中，還殘留著其源自「象」、「精」、「物」與「信」的文化遺存和文化烙印。

徐復觀曾經說過，「老子思想最大貢獻之一，在於對自然性的天的生成、創造，提供了新的、有系統的解釋。在這一解釋下，才把古代原始宗

---

[059]　尚秉和《周易尚氏學·周易尚氏學總論·第一論周易二字本詁》，中華書局，1980 年版。
[060]　尚秉和《周易尚氏學·周易尚氏學總論·第二論周易大義之認識》，中華書局，1980 年版。

教（按：實指原始巫術、神話與圖騰）的殘渣，蕩滌得一乾二淨」。[061] 老子哲學的「貢獻」，的確在於把道這一原生範疇看作事物的本源本體，從而奠定了先秦道家的宇宙論，但是，老子實際並未把原始「信文化」的「殘渣」，「蕩滌得一乾二淨」，其哲學思維，在建構其哲學之道的形上學時，顯然深受原始巫文化等「信文化」的影響。

《易傳》說：「是故形而上者謂之道，形而下者謂之器。」[062] 那麼，在「形而上」與「形而下」之際，究竟還有什麼呢？其答案只能是：在形上之道與形下之器之際，還有一個「象」在。

道（按：形而上）、象（按：形而中）與器（按：形而下），是一個動態三維結構。道，抽象；器，具象；象，半抽象半具象。象是從器到道的一個中介。

從動態三維結構來審視「象問題」，象究竟是什麼意思呢？從時間點來看，象是當下的；從象的顯現方式來看，象又是當下立見（現）的。

可以將「象問題」，放在存在與時間的關係中來加以考察，現象學文化哲學的「象問題」，是顯得十分重要而意義深刻的。

當你們用「存在著」這個詞的時候，顯然你們早就很熟悉這究竟是什麼意思，不過，雖然我們也曾相信領會了它，現在卻茫然失措了。「存在著」這個詞究竟意指什麼？我們今天對這個問題有答案了嗎？不。所以現在要重新提出存在的這一意義問題。我們今天之所以茫然失措僅僅是因為不領會「存在」這個詞嗎？不。所以現在首先要重新喚醒對這個問題的意義之領悟。[063]

---

[061]　徐復觀《中國人性論史·先秦篇》，第 287 頁，三聯書店，2001 年版。

[062]　《易傳·繫辭上》，朱熹《周易本義》，第 318 頁，怡府藏版影印本，天津市古籍書店，1986 年版。

[063]　[德] 馬丁·海德格《存在與時間》，第 1 頁，陳嘉映、王慶節合譯，熊偉校，三聯書店，1987

「存在著」這個詞，是個進行詞態，表示當下正在進行著的一種存在狀態。它無疑具有當下性。海德格關於「存在與時間」說的所謂「時間」，首先指「當下」這個時間點；所謂「存在」，指「當下」存在。

我們不知道「存在」說的是什麼，然而當我們問道「『存在』是什麼？」時，我們已經棲身在對「是」（「在」——原注）的某種領悟之中了，儘管我們還不能從概念上確定這個「是」意味著什麼。我們一直還未認出該從哪一境域出發來掌握和確定存在的意義。但這種通常而模糊的存在之領域是一種實際情形。[064]

毋庸置疑，「當下」即「是」（「在」），就是一種屬於「當下」的「實際情形」。這種「實際情形」，就是現象學所說的直接的「現象」。從現象學的文化哲學看，凡是「現象」，都是「現」之於心的「當下」之象。它具有「當下」性。這在神性、巫性與靈性的易筮中，表現得最為典型。當筮者在算卦的過程中，那個期盼的變卦或者變爻作為徵兆突然呈現時，則意味著「黑暗的世界」一下子被「照亮」了，它具有當下立見的性質。

這個「照亮」，用海德格的話來說，叫做「照面」。「現象——就其自身顯示自身——意味著與某種東西的特具一格的照面方式。」[065]

《周易》占筮的文化功能，在於彰往知來，尤其重在預測未來，不過它是神性、巫性與靈性的。

《周易》有一個巫性的時間觀，如果把這一時間從現象學的文化哲學的角度加以分析，則可以將其看作是一個動態不息的過程。它無始無終、

年版。

[064]　[德] 馬丁‧海德格《存在與時間》，第 8 頁，陳嘉映、王慶節合譯，熊偉校，三聯書店，1987年版。

[065]　[德] 馬丁‧海德格《存在與時間》，第 39 頁，陳嘉映、王慶節合譯，熊偉校，三聯書店，1987年版。

無窮無盡，可以將其分為彼此相繫的以往、當下與未來三種時間。這三種時間，構成了一個動態而不息的時間流。

假如用一條直線來表示這一時間流，則可以用負數來表示以往時間；以正數表示未來時間；而當下時間，實際是一個點，其實只是處於不斷向前流變的負數與正數之際的一個 0。

這個 0，在空間上沒有長度、寬度與高度，它只是處於不斷流變的以往與未來之際的一個暫態，是一種極短極短、短到不能再短而歸於 0 的有效時間點。用所謂「白駒過隙」、「剎那生滅」來加以形容，似乎還不夠貼切。

海德格說：「我們把如此這般作為曾在的有所當前化的將來而統一起來的現象，稱為時間性。」[066] 這一論述，在邏輯上顯得很是嚴密，海德格這裡所說的「時間性」，包含著彼此相繫而永恆流動的三大要素，便是「曾在（按：以往）的有所當前化的將來（按：未來）」而「統一起來的現象」。

因此所謂「現象」性，指的是當下「時間性」。

無疑，在這時間的動態三維中，存在論現象學的文化哲學尤重「當下」的訴求。「當下」或者可稱為「當在」，它實際是指處於「曾在」（以往）與「將在」（未來）之際的一個契機。

當我說「我現在正在當下」這句話時，無數個連續的「當在」已經不「在」，它已經飛逝而去，在其成為無數個連續的「曾在」的同時，又有無數個「將在」實現為無數「當在」。時之流，無始無終，奔流不息，「當在」之「在」，總是「在」而不在的。

人類是一群善於瞻前顧後的「文化動物」。人十分敏感於過去和未來，這是正當的。瞻前者，嚮往、理想之謂；顧後者，回憶、戀舊之謂。

---

[066]　[德] 馬丁・海德格《存在與時間》（修訂譯本），第 372 頁，陳嘉映、王慶節譯，熊偉校，陳嘉映修訂，三聯書店，1999 年版。

但人們總是以為，只要將曾在（以往）和將在（未來）緊緊的攥在自己手裡，就掌握了自己的命運。然而，人們總也慢待、揮霍當在（當下），總對當下忘乎所以。

這叫做「在的遺忘」，也可以說是「時間遺忘」。

海德格關乎時間現象學的文化哲學是說，無論對於曾在的回憶眷顧，還是對於將在的嚮往憧憬，都決定於人在當下何為。曾在與將在，只有在當下「照面」、開顯為真正的「在」（當在），人才是真正的「人」（按：成就真正有意義、有價值的人格）。

這用海德格的話來說，叫做「時間到『時』」[067]。

是的，「時間到『時』」這一命題的思想深邃性，表現了現象學文化哲學的理論深度。注重當下而成就當在，便是理解海德格現象學文化哲學的一個關鍵。

中國巫文化在試圖彰往察來的同時，也是尤其注重於當下的，易筮顯示了古人企圖掌握當下時間的一種努力。這裡還得再次引用《易傳》所說的「見乃謂之象」一語。《周易》巫性易筮的全部企望，都在於透過繁複的「作法」，即所謂「十八變」，透過靈的感應，將其全部的「寶」都押在算卦時變卦或變爻出現的一剎那，即所謂「時間到『時』」（按：暫且借用海德格的話）的呈現上。這裡，我們用《易傳》的另一句話來說，叫做「知幾，其神乎？」[068]「唯幾也，故能成天下之務。」[069] 這裡的「幾」，即機之本

---

[067] ［德］馬丁‧海德格《存在與時間》（修訂譯本），第 375 頁，陳嘉映、王慶節譯，熊偉校，陳嘉映修訂，三聯書店，1999 年版。

[068] 《易傳‧繫辭下》，朱熹《周易本義》，第 332 頁，怡府藏版影印本，天津市古籍書店，1986 年版。按：該書第 332 頁同時說：「其知幾乎？幾者，動之微，吉（凶）先見（現）者也。君子見幾而作，不俟終日。」

[069] 《易傳‧繫辭上》，朱熹《周易本義》，第 311 頁，怡府藏版影印本，天津市古籍書店，1986 年版。

字。指事物、命運變化的契機、機會與機運等。「幾」,「動之微,吉(按:這裡缺一凶字)之先見者也」[070],指的是事物發生變化的蛛絲馬跡,好比風起於青萍之末,實際便是算卦所立現的兆象。古人相信,「幾」即兆象,昭示出人的命運如何以及努力的方向。所謂「知幾」,「知」天命即神性時間恰逢於人性時間,而且是當下的。這是一種天人合一、天人感應的思考方式。「知幾,其神乎」,半尊於天命 —— 是對神性時間的崇拜;半依於人為 —— 是對人性時間的肯定。「知幾」者,「知」天命而就人事,是天命與人事、非知與認知、虛假與真實、神靈與人力的二律背反、合二而一。這也便是《易傳》所說的,「承天而時行」、「以亨行於時中也」[071]的意思。

《周易》文化的根性是神性、巫性與靈性,其「象數」,指人的命運、命理之象,自當不同於西方現象學文化哲學所說的現象。這是因為,正如前述,所謂「趨吉避凶」,不能真實的顯現事物的本質,對於真理在實際上是遮蔽的。

《易傳》關於「見乃謂之象」與「知幾,其神乎」的論述,已經在遙遠的東方古代,不意觸及了現象學的文化哲學所深蘊的一根神經。這便是所謂「現象直觀」。神性、巫性與靈性的易筮,也倚重其自身的「現象直觀」,也重視象的「意向性」,可是,中國巫性文化所說的「現象」即象數,畢竟不等於海德格所說的「現象」。

海德格稱,「現象」這一範疇,源自希臘語,它「等於說:顯示著自己的東西,顯現者,公開者」[072]。倪梁康的解讀是:

---

[070] 《易傳・繫辭下》,朱熹《周易本義》,第332頁,怡府藏版影印本,天津市古籍書店,1986年版。

[071] 《易傳・文言》、《易傳・象辭》,朱熹《周易本義》,第61、70頁,怡府藏版影印本,天津市古籍書店,1986年版。

[072] [德]馬丁・海德格《存在與時間》,第36頁,陳嘉映、王慶節合譯,熊偉校,三聯書店,1987年版。

希臘文的「現象（Phaenomen ── 原注）」在海德格那裡有兩個含義：（1）自身展示（sich zeigen ── 原注）── 就其自身展示自身。（2）虛現（scheinen ── 原注）── 不就其自身展示自身。第一個含義是原生的，第二個含義是派生的。[073]

現象學所說的「現象」，大致包含「自身展示」即所謂「開顯」與「虛現」即「假象」。

關於「假象」，中譯本《存在與時間》將其恰當的譯為「現象」或者稱為「病理現象」，以此與「現象」一詞相區別。海德格說：

甚至它可能作為它就其本身所不是的東西呈現。

這種顯現稱為顯似。

即現象這個詞在希臘文中也有下面的含義：看上去象（按：像）是的東西，「貌似的東西」，「假象」。

唯當某種東西究其意義來說根本就是假裝顯現，也就是說，假裝是現象，它才可能作為它所不是的東西顯現，它才可能「僅僅看上去象（按：像）」。[074]

真是擊中了中國巫性文化的「痛處」。中國易筮所孜孜以求的吉凶預兆，實際是種種「假象」，即「就其自身所不是的東西」、「看上去象（像）的東西」與「貌似的東西」。

無論龜象還是易象，是作為「假象」的「現象」而出現的。從人類認識、掌握世界與真理角度看，巫術作為「偽技藝」、「倒錯的實踐」，作為科學的「偽兄弟」，是人類企圖認識世界、掌握真理的一種屬於史前文化智

---

[073]　倪梁康《現象學及其效應 ── 胡塞爾與當代德國哲學》，第 194 頁，三聯書店，1994 年版。

[074]　［德］馬丁・海德格《存在與時間》，第 36、36、36、36 ～ 37 頁，陳嘉映、王慶節合譯，熊偉校，三聯書店，1987 年版。

慧水準的「信文化」，由於神靈、鬼怪與命理意識的統御、糾纏與干擾，先民往往錯判事理，有如《周易》爻辭「輿說（脫）輻，夫妻反目」、「枯楊生稊，老夫得其女妻」的誤判。大車的木製車輪壞了，作為巫性的預兆，不會導致「夫妻反目」這一惡果；枯楊樹生出嫩芽來，也不是老頭子娶到美嬌娘的原因。現實生活中所發生的比如「夫妻反目」、「老夫得其女妻」等，一定是另有真實原因的。但是，巫術的占斷，是往往與事物發展變化的真正原因相違的，巫術所崇尚的，是一種堅信「打雷必定下雨」、「只要樓梯響，一定有人下樓」、「人掉眼淚必然由於內心痛苦」式的粗鄙的因果論。

巫之象，作為先兆實際是「假象」（按：「病理現象」），真正的顯現事物內在本質規律的表象，其實並不「在場」。《易傳》說：「象也者，像此者也」[075] 的「象」，過去學界釋讀為象徵之義，似乎並無不妥。其實，這是「病理現象」的「象」，《易傳》所說的確實是「假象」。

「病理現象」是「現象」的一種，這種「現象」是真正的現象遮蔽，又有可能在一定條件下趨向於象的「開顯」。應當補充的是：在文化本涵上，作為「偽技藝」、「反科學」的中國巫術，由於堅信因果律，便與堅持科學因果論的科學認知，有一點不解之緣。由於巫術與科學都強調因果律，便有相通的一面。巫術是「偽技藝」、「反科學」的，然而在一定程度上，對於科學又採取了某些寬容的態度，它蘊含著某種不自覺的「嚮往科學」的人文精神，但這是另一個問題，此暫勿論。

---

[075] 《易傳·繫辭下》，朱熹《周易本義》，第 321 頁，怡府藏版影印本，天津市古籍書店，1986 年版。

第八章
中國巫文化的人文思維方式

日本學者中村元曾經指出，所謂思維方式與思維方法，「特別指涉及具體的經驗性問題的思維方法，在許多情況下也涉及價值判斷，涉及倫理、宗教、美學以及其他諸如此類的人類所關心的事物的價值問題」。同時認為，研究民族文化所應採取的「程序」是，「首先研究他們表述判斷與推理的形式，作為研究他們的思維方法的最初線索，然後分析與之相關的各種文化現象，以努力闡明這些思維方法」[076]。思維方法或曰思維方式問題之所以顯得如此重要而且相當煩難，是因為思維方法（方式），是人類文化或者一個時代、民族文化思想的思考方式與致思過程，而且它直接就是思想存在本身。某種意義上可以說，思維方式及其邏輯、推理與判斷等，決定了思想的品質與品格、結構與功能。思想與思維是不同層次的兩個問題，相對於思想而言，思維是更具有深度的、隱在的，也顯得更為重要。

中國巫文化的思維方式，主要是類比。

第一節 類比：從個別到個別

人類的思維方式，基本有四種：（一）歸納：從個別到一般。（二）演繹：從一般到個別。（三）數理：從一般到一般。（四）類比：從個別到個別。

所謂歸納法，是一種從個別、特殊與具體的經驗事實出發，概括為一般的、形上的原理與原則的思維方式與方法。這種方式、方法，一定包括對一定經驗事實的觀察、實驗、思考、分析、比較與綜合等的思維活動，或者說，它是在對一定經驗事實的觀察與實驗的基礎上，所進行的有系統的思考、分析、比較與綜合等思維活動。大凡歸納法的思維路向，具有從經驗事實到原理原則、從形下到形上、從個別到一般的特徵。

---

[076] ［日］中村元《東方民族的思維方法》，第4、7頁，林太、馬小鶴譯，浙江人民出版社，1989年版。

首先，讓我們來審視一下比如《周易》本經巫筮的思維方式，從關於易筮的爻辭試加分析，看看它們是否運用、表現了歸納法。

我們看到，如乾卦九二爻：「見（按：現）龍在田，利見大人」；乾卦九五爻：「飛龍在天，利見大人」；坤卦初六爻：「履霜，堅冰至」；需卦九三爻：「需於泥，致寇至」；小畜卦九三爻：「輿說（脫）輻，夫妻反目」；大過卦九二爻：「枯楊生稊，老夫得其女妻，無不利」；大過卦九五爻：「枯楊生華，老婦得其士夫，無咎無譽」等等，確實是普遍的從某種經驗事實出發，做出了一定的判斷。可是，凡此都是原始巫筮文化意義上的因果律的濫用，它從因到果的推理，並不符合科學意義上的邏輯。即其前提（因、前兆）與結論（果、判斷）之間，並沒有什麼科學意義的必然。比如，為什麼「見龍在田」這個「因」（前兆），一定導致「利見大人」這個「果」（判斷）呢？沒有任何必然性。我們假定這些爻辭的內容都是屬於所謂「歸納」的，而這種歸納，並不是科學的符合一定邏輯的認知。

《周易》的這種人文思維，作為推理之「因」的經驗事實，在「量」上顯得很不充分，爻辭只是採集了一些零散的經驗事實，不能由此概括出符合大量經驗事實共性的結論，由此推導出來的結論與判斷，不具有一定的科學性與真理性。「履霜」未必導致「堅冰至」，「輿說（脫）輻」，也未必一定會使「夫妻反目」等。其實，《周易》全書凡三百八十四爻的每一爻辭，都沒有建構起必然的邏輯鏈。

這裡作為概括、判斷的經驗事實的「質」，是值得質疑的。比如「見龍在田」、「飛龍在天」之類，又是怎樣的「經驗事實」呢？學界一般認為，其實在自然界與人類社會，並非實際存在過一種稱為「龍」的動物，龍是古人在一定的自然物事與現象（按：比如鱷魚、蛇等）的基礎上，透過想像所虛構的一個人文意象，兼具巫術、神話與圖騰的文化意義，經驗事實的

龍，並不存在。既然如此，從經驗事實意義上莫須有的「龍」這個「因」，又怎麼能夠推導出「利見大人」這一個「果」呢？

科學的歸納法，不僅必須從大量同類的經驗事實出發，而且更關鍵的，須有一個真實的實驗內容與過程。偏偏巫術文化、巫術占筮的所謂「歸納」，在其思維過程中是排斥實驗尤其是科學實驗的，往往不具有真實的實驗事實與內容，比如龍象，在整部《周易》巫筮的文字中，我們不能找到任何可以證明其具有實驗的品格。就易筮來說，所謂真實的實驗內容與過程，是不存在的。既然如此，又怎能形成科學的合邏輯的歸納呢？

科學的歸納，不僅須以大量的經驗事實為基礎，而且是一種合邏輯的理性上升運動，它透過一定的思考、分析、推理、比較與綜合，由此抽象出一般的結論甚而可能是一般的原則、原理。《周易》本經的所有爻辭，一般不具備這一思維特點。如前述「利見大人」、「堅冰至」、「致寇至」、「夫妻反目」、「老夫得其女妻，無不利」與「老婦得其士夫，無咎無譽」等，儘管看上去都是經過一定的「歸納」而得出的判斷，但是它們都不是由理性思維的上升運動所結出的思想果實。

其次，我們再來試析《周易》中所謂演繹的思維方法與方式。

演繹是從一般的原則原理推導出經驗事實的思維方式，其特點是從形上到形下、從一般到個別。

這種思維方式的表現與運用，有一個智慧前提，即思維主體首先高屋建瓴的預設了一個邏輯原點。唯有這樣的邏輯原點的預設，才是演繹的開始，才使得演繹成為可能，否則，任何演繹推理都無法啟動。中國文化中的「太極」與先秦老聃哲學本體的「道」，古希臘柏拉圖哲學的「理式」、德國康德的「純粹理性」、黑格爾（Hegel）的「絕對理念」與海德格的「存在」

等，都是這樣的邏輯預設，它們都是其哲學的本根本體。順便說一句，一個民族，假如能夠在哲學上預設某種邏輯原點，是非常了不起的思維與思想成就。

演繹法，是一種可以代表人類哲學或文化哲學高度的思維方法與方式。不僅在哲學或文化哲學中，演繹展現了人類思辨的成果，而且在富於哲學或文化哲學的文化形態中，也有高度的邏輯預設，如基督教文化的「上帝」、印度佛教文化的「空」等預設，也是如此。

演繹法起碼有兩種。一是正如古希臘亞里斯多德《範疇篇》所言，預設的邏輯原點，是一些個別事物的本體，亞氏稱為「第一本體」；二是其邏輯原點是世界及其萬物的「一般本體」，亞氏稱為「第二本體」。

兩者的演繹推理，都遵循從原則原理到經驗事實的思維徑路。區別在於，前者的演繹，因其所預設的僅僅是個別事物的本體，故其推理並未典型的體現「屬」概念高於「種」概念的思維特徵；後者因為是世界及其萬物的「一般本體」，而使得「屬」包容而且高於「種」概念，使得從「屬」到「種」概念所表達的本體性依次遞減。演繹法及其思維方式的思維難度與高度，不在於預設原點前提下的演繹過程，而是該邏輯原點的預設本身。重要的是，其預設的是「第一本體」還是「第二本體」，表現了不同的思維智慧的程度、素養、品格、水準、方法與功能。

《周易》本經究竟有沒有演繹法，如果有的話又是怎樣的演繹法？

《周易》八卦，指乾坤、震巽、坎離、艮兌，依次象徵天地、雷風、水火、山澤。由於八卦的每一卦，都由三個爻符所組成而結構方式不同，因此，所有的八卦之爻，都僅僅是兩個基礎爻，即陰爻、陽爻。從《周易》的哲學角度審視，世界萬物已經被高度概括為陰爻、陽爻的兩個彼此

相繫的符號之中，這種預設已經很不錯。陰爻陽爻的爻，確實已經具有「簡易、不易、變易」的思維、思想內容與特點。

其實在陰爻陽爻之上，還有進一步抽象的概括，便是「易」。易這個概念，有些類於「道」，道是中國哲學的形上範疇但不夠絕對形上。而「易」這一邏輯預設，在哲學上指「簡易、不易、變易」，在文化上是巫筮根源的意思，相通於《周易》古筮法所謂「大衍之數五十，其用四十有九」而留下一策不用的那個「太極」。甲骨卜辭中有「易」字，表示巫性占筮意義的「變」。但是其本義的品性還不是哲學的，它僅僅是中國巫文化的一個預設。從全人類文化角度看，「易」是人類巫文化的重要構成，但不能代表人類巫文化的全部，唯有「巫」才能代表人類的一切巫文化。[077] 所以，文化哲學意義上的「巫」，才是人類巫文化的最高預設，其文化屬性稱為「巫性」。

總之，關於《周易》八卦的巫性人文思維，尚未典型的表現從一般到個別的演繹推理的特點，但是蘊含著一定的形上哲學因素。

在八卦逐漸上推到陰爻陽爻，再上推到易直至於巫的思考過程中，根據「數字卦」[078] 之說，陰陽爻的文化原型是「數字」，但它不同於數學意義的「數」，而是兼有數學人文因子的巫性的「數」，表示人的命理、劫數等意義。這正可從《易傳》所說的「極其數，遂定天下之象」[079] 加以佐證。這裡所說的「象」，指「四象」，即巫性的春夏秋冬的季節特徵，可見「數」

---

[077]　按：《易傳・繫辭上》云：「是故易有太極，是生兩儀，兩儀生四象，四象生八卦，八卦定吉凶，吉凶生大業。」（朱熹《周易本義》，第 314 ～ 315 頁，怡府藏版影印本，天津市古籍書店，1986 年版）這裡明確指出，可以「生大業」、可以「定吉凶」的是「八卦」、「四象」、「兩儀」、「太極」，而歸根結柢是「易」。「易」是從屬於「巫」這一「屬」概念的。

[078]　按：參見張政烺《易辨》，《中國哲學》第十四輯，人民出版社，1988 年版。

[079]　《易傳・繫辭上》，朱熹《周易本義》，第 309 頁，怡府藏版影印本，天津市古籍書店，1986 年版。

這一人文理念，始終滲透在從八卦、四象、兩儀、太極到易到巫的邏輯鏈之中，並參與易、巫的建構，但是「象」本身，並非哲學意義的最高預設。中國巫文化的「數」，也並非完全等同於古希臘畢達哥拉斯（Pythagoras）所說的作為萬物本源的「數」，它主要指筮數，一種與神祕之「象」尚未分離的、混沌的、具有巫性的「數」，指先天意義的劫數，而不可否認，它同時具有參與並可能提升為哲學本根本體因素的素養與功能。

正如列維—布留爾《原始思維》所說，它是「數」的「神祕的互滲」（按：王夫之稱為「象數相倚」），所以不能說它是哲學的本源本體，也不能說是數學意義上的「數」，但是又不能排除其具有參與、提升到哲學和數學的某種素養與功能因素。

恩斯特．卡西勒指出，在人類文明剛剛開始出現的時候，數學思想絕不可能以其真正的邏輯形態出現，它被籠罩在神話思維、巫術思維的氛圍之中。[080] 列維—布留爾舉例說，原始印第安人是這樣數數的：

這裡是地尼丁傑（Dene-dindjie ── 原注，下同）族印第安人（加拿大）計數方法的一個例子。「他伸出左手，把手掌對著自己的臉，彎起小指，說 1；接著他彎起無名指，說 2，又彎一下指尖。接下去彎起中指，說 3。他彎起食指來指著拇指，說 4；只數到這個手指為止。然後，他伸開拳，說 5；這就是我的（或者一隻，或者這隻）手完了。接著，印第安人繼續伸著左手，併起左手三個手指，使它們與拇指和食指分開，然後，把左手的拇指和食指移攏來靠著右手的拇指，說 6；亦即每邊 3 個，3 和 3。接著他把左手的 4 個手指併在一起，把左手的拇指移攏來靠著右手的拇指和食指，說 7（一邊是 4，或者還有 3 個彎起的，或者每邊 3 個和中間 1 個）。他把右手的 3 個手指碰一碰左手拇指，這就成了兩對 4 個手指，

---

[080]　按：參見恩斯特．卡西勒《人論》相關論述，上海譯文出版社，1985 年版。

他說 8（4 和 4 或者每邊 4）。接著，他出示那個唯一彎著的右手小指，說
9（還有 1 個在底下，或者差 1 個，或者小指留在底下）。最後，印第安人
拍一下手，把雙手合在一起，說 10，亦即每邊都完了，或者數好了，數完
了。接著他又開始同樣一番手續，說：全數加 1，數好的再加 1 等等。」[081]

這種計數的原始方法，有點類似幼童扳指頭數數的方法。表現在這裡
的「數」，與數學之數的因素有關，但並非數學的數，而與一定神祕的具
象事物「互滲」在一起。「當數已經有了名稱，當社會集體擁有了計數法
時，還不能得出結論說數就因此而開始在事實上被抽象的想像了。相反
的，它們大都仍然與關於最常被計算的事物的觀念連結著。」[082]

列維－布留爾《原始思維》一書，說到了中國「原始思維」中的「數」：

在中國，包括數在內的對應和互滲的複雜程度達到無窮無盡。而這一
切又是錯綜複雜甚至互相矛盾的，但這絲毫不擾亂中國人的邏輯（按：即
布留爾所說的「原邏輯思維」）判斷力。[083]

《周易》的「易（巫）」與「數」之類，具有一定的融滲在巫性思維中的
原邏輯因子。被記錄在通行本《周易》中的古筮法，就是這樣的「錯綜複
雜」的神祕之數的運演。《易傳》說：

天一地二，天三地四，天五地六，天七地八，天九地十。天數五，地
數五，五位相得而各有合。天數二十有五，地數三十。凡天地之數，五十
有五，此所以成變化而行鬼神也。大衍之數五十，其用四十有九。分而為
二，以象兩，掛一以象三，揲之以四以象四時，歸奇於扐以象閏，五歲再

---

[081]　[法] 列維－布留爾《原始思維》，第 199 頁，丁由譯，商務印書館，1981 年版。按：這一段
　　　　引文中，加雙引號的一長段話是印第安人計數法的文字敘述。譯自 Petitot, Dictionnaire de la
　　　　langue Dènè-dindjie, p. lv —— 原注。

[082]　[法] 列維－布留爾《原始思維》，第 200 頁，丁由譯，商務印書館，1981 年版。

[083]　[法] 列維－布留爾《原始思維》，第 212 頁，丁由譯，商務印書館，1981 年版。

閏，故再扐而後掛。乾之策二百一十有六，坤之策百四十有四，凡三百有六十，當期之日。二篇之策，萬有一千五百二十，當萬物之數也。是故四營而成易，十有八變而成卦。八卦而小成，引而伸之，觸類而長之，天下之能事畢矣。[084]

這是一個繁複的數的運演過程。恕不在此贅述，請參閱拙著《周易精讀》（按：復旦大學出版社，2009 年版）第 294 ～ 303 頁。正如前述，這裡「大衍之數」的「數」，指著數，象喻命數，其中蘊含著後代數學的數理因子，並非數學本身。或者可以說，即使是數學的數因子，也是被神祕化、巫術化了的。

據《易傳》古筮法，「大衍之數五十，其用四十有九」，那留下的不「用」的一策，象徵太極。這個太極，出現在占筮過程之中，其實並非哲學意義上的，它是巫性意義的太極，而不是哲學思性的。這開啟了由巫性通向思性的道路。可以說，這一太極，正處於從神祕的易之巫性向理性哲思的嬗變之中。

因而，從屬於「易」的「太極」，也是一個關於邏輯原點的預設。不過這一預設，兩栖於巫性與哲性之間。

太極這一邏輯預設，究竟是《易傳》還是《莊子》首先提出 [085]，這一問題待考。《易傳》包括七篇大文共十個部分，古代稱為「十翼」，並非由孔子一人撰作，可能是孔子後學所為，也並非短時期所能寫成的，學界較為一致的看法是，大概陸續成篇於戰國中後期。此暫勿論。這裡僅從「是

[084] 《易傳‧繫辭上》，朱熹《周易本義》，第 303 ～ 307 頁，怡府藏版影印本，天津市古籍書店，1986 年版。

[085] 按：《莊子‧內篇‧大宗師》提出「太極」這一概念範疇，其文云：「夫道，有情有信，無為無形。可傳而不可受，可得而不可見。自本自根，未有天地，自古以固存。神鬼神帝，生天生地。在太極之先（上）而不為高，在六極之下而不為深。」（王先謙《莊子集解》，第 40 頁，《諸子集成》第三冊，上海書店，1986 年版）錄此以備參閱。

故易有太極，是生兩儀，兩儀生四象，四象生八卦」這半句話來作簡析。這裡所謂「太極」，粗看似乎是關於世界萬物生成的本源本體，它太「哲學」了。可是，我們讀書不能只看上半句不顧下半句。不可忽略的是，這一段關於太極的論述還有下半句，即「八卦定吉凶，吉凶生大業」。所以這裡所說的太極，顯然並非純粹哲學意義上的。《易傳》關於太極問題的整個論述的意思是明晰的。這裡的太極，不是一個純粹的哲學範疇，而處於從巫性太極向哲性太極的轉變之中。從其思維方式看，它既指一種原則原理甚至本源本體，又實際指《周易》占筮法所謂「大衍之數五十，其用四十有九」所剩下的那一根筮策。須知不能作為「用」的這一筮策，是第一重要的，如果沒有作為不「用」的這一策，整個算卦就無法進行。不「用」者，「體」也。它象徵太極。它首先是巫性的，卻存在著從巫性走向哲性的人文契機。

《易傳》所說的「太極」，巫學意義與哲學意義兼而有之。在人文思維上，《易傳》所強調的，是從巫學思維向哲學思維的轉遞，從巫術文化向哲學文化的歷史性生成。當然，這一關於太極的邏輯推理，通常具有演繹的思維特徵，由於它首先是具有巫性的，所以依然與純粹的哲學意義、從一般到個別的演繹法大有區別。《易傳》固然建構了「太極」這一概念與範疇，作為《周易》巫筮兼哲學邏輯的始原性的原則原理，太極的形上屬性正在從巫學思維之中突圍而生成哲性思維，其純粹形上的思維品格，未臻於完成。

又次，從一般到一般，即從抽象到抽象的思維方法與方式，或者可以說，作為一種抽象的邏輯思維，以數理抽象為典型。它是運用抽象概念來進行判斷與推理的思維方式。

現當代中國的易學研究傾向，有所謂「科學易」這一徑路，屬於現當

代七個易學研究路向之一。[086] 在近代易學史上，所謂「科學易」，試圖從自然科學角度來看待與研究《周易》所蘊含的樸素的自然科學思想因子，與數理、生化、天文等科學的內在關聯。以杭辛齋《學易筆談》（1919年）開其端，爾後有沈仲濤《易卦與代數之定律》（1924年）、《易卦與科學》（1934年）、薛學潛《易與物質波量子力學》（1937年）與丁超五《科學的易》（1941年）等發表。「科學易」，實際主要是關於易筮符號系統的數理抽象思維的研究及其成果，它的學理前提，是暫將易理的巫性因素剔除，專注於蘊含在易理之中的數理因素。

易學在中國古代屬於術數或曰數術學範疇，簡稱「數學」，這種「數學」本是命理意義上的。但是其中包含著可以被抽象出來的數理因子。《四庫術數類叢書》「出版說明」，曾引錄《四庫全書·術數類·敍》關於「物生有象，象生有數，乘除推闡，務究造化之源者，是為數學」的見解，指出這裡所謂「數學」，「實際是據《周易》陰陽奇偶之數，推衍出來的象數學說」[087]。正如前述，這裡所說的「象數學說」即「數學」，主要是巫性的。「科學易」在理論上人為的努力剔除其巫性文化的實質，僅從易筮符號系統的抽象形式結構，進行抽象的數理邏輯思維的研究，自可成一說。

所謂「科學易」，是對於古老易學的科學現代化。《周易》本為「占筮之書」，並非一個數理科學的文本。《周易》的占筮迷信是「反科學」的，然而用於占筮的巫筮符號的結構與系統，卻蘊含著一定的數理因子，從而顯現出關於數理以及其他科學因素的形式邏輯思維的特色。

---

[086]　按：拙文〈易文化研究之現狀〉（按：發表於《上海文化》，1995年第1期）將中國當代易學研究的主要路向分為「傳統易」（按：或者稱為「注釋易」）、「考古易」、「科學易」、「歷史易」、「預測易」與「文化易」等六種，後來筆者以為，還可以加一個「思維易」。

[087]　《四庫術數類叢書》「出版說明」，《四庫術數類從書》（一），第2頁，上海古籍出版社，1990年版。

這裡，我們不想誇大或抹煞「科學易」的某些學理上的合理性。然而，那種以為整部《周易》都是「科學」的、以為其思維方式是科學的抽象思維的看法，是不可取的。

前文我們已經由思維從個別到一般、一般到個別與一般到一般等三種思維方式，對易筮的思維特徵進行了簡約的評說。這裡，我們再將《周易》的思維方式，進行第四種簡約的探討，即認為從《周易》經、傳全面性的、基本的思維方法與方式來看，是類比法。

類比是一種從個別到個別、從具體到具體的思維方式與方法。它是《周易》本經巫性思維的主要方法。所謂類比法，大致可分形式類比、功能類比與幻想類比三種。表現在《周易》本經中的類比，基本屬於形式類比與幻想類比。

類比思維的方法與方式的例證，在《周易》本經中，可謂俯拾皆是。諸多爻辭，如漸卦九三「鴻漸于陸，夫征不復，婦孕不育」，旅卦上九「鳥焚其巢，旅人先笑後號咷」，否卦九五「休否，大人吉。其亡！其亡！繫于苞桑」，謙卦上六「鳴謙，利用行師征邑國」，賁卦初九「賁其趾。舍車而徒」，剝卦初六「剝床以足，蔑貞凶」，損卦六三「三人行則損一人，一人行則得其友」與中孚卦九二「鳴鶴在陰，其子和之。我有好爵，吾與爾靡之」，等，其思維方法與方式，一概都是形式類比、幻想類比。

類比法在邏輯上預設了一個前提，即要麼發現同一類事物的時空存在方式與屬性彼此相同，故集合為「類」，這便是《易傳》所說的「方以類聚」[088]；要麼認同個別事物之間具有相似或相通的屬性，可以把它們歸

---

[088]　《易傳・繫辭上》，朱熹《周易本義》第 284 頁，怡府藏版影印本，天津市古籍書店，1986 年版。按：《易傳》所說的「方以類聚」原文為：「方以類聚，人以群分。」其中「方以類聚」一語，今人往往說成「物以類聚」。拙著《周易精讀》（修訂本）指出，這裡的「方」，指「地道方而靜」，「方」有「事物發展的方所、方向」的意義，所以「以品類之同而相聚」。「方，《九家易》

為一類。如果是前者，因為絕對「類」同而無「比」可言，因此類比法總是就後者而言的。絕對「類」同者，無「比」；相對「類」同者，才有「比」的可能與必要。凡是運用類比法來企圖認識、掌握事物屬性的，必須有一個「前理解」，便是自覺或不自覺的承認兩種或兩種以上事物的某些性質同「類」，這便是《墨子‧經下》所謂「異類不比」[089]，意思是說，絕對不同類的，不能相比；絕對雷同者不比，此之所謂「同類無比」。

類比法也稱類比推理，指思維主體根據兩種、兩種以上對象的某種或某些屬性的相似與相通，從而推導出它們其他屬性也能有所相似與相通的思維方法。類比法的科學性與真理性，取決於類比的雙方或者多方之間在前提中所確認的共通屬性，與有待於類推的屬性關係是否密切。重要的是，這一方法運用得是否科學，決定於思維主體的類比推理是否建立在自覺、正確的心智基礎上。西方自然科學史上，比如荷蘭物理學家惠更斯（Huygens）關於「光可能有波動性質」這一光學結論，就是根據光與聲之間具有直線傳播、反射、折射和干擾等共性而推導出來的科學結論。

思維主體的心智素養、品格與水準，決定了類比法的素養、品格與水準。正因如此，類比推理所遵循的，只能是或然律而並非必然律。可以說，類比思維具有很大的或然性。也正因如此，中國邏輯史上先秦墨家強調思維主體「察類」、「知類」與「明類」的重要性，是十分必要的。

《周易》卦爻辭的思維方法與方式，基本屬於類比推理，即認為在兩個感性（個別）的事物之間 —— 而且只要有兩個個別事物的存在之間，具

云：『道也。謂陽道施生，萬物各聚其所也。』指坤、地方而靜，故『以類聚』。《周易本義》『謂事情所向』，《周易淺述》（按：陳夢雷撰）卷七從之。因而方有方所、方向義。」（該書第 279 頁，復旦大學出版社，2016 年版）

[089]　《墨子‧經下第四十一》，孫詒讓《墨子閒詁》卷十，第 196 頁，上海書店，《諸子集成》第四冊，1986 年版。

有某些或者某一點上的相似性、相通性，由於「神祕的互滲」的神性與巫性思想的存在，便認為可以透過幻想與聯想，就可以隨意的進行類比。它並非科學意義上的類比，而是類比的濫用。

比方前文所引漸卦九三爻辭，從巫術文化思維分析，以「鴻漸于陸」為兆（按：這裡是凶兆）、為因，以「夫征不復，婦孕不育」為判詞、為惡果，是一種典型的形式類比、幻想類比。意思是說，妻子看到大雁離開牠自己的窩巢而停落在陸地，作為凶兆，就預示了出征在外的丈夫不得回家，導致妻子不會懷孕生育的惡果。這一爻辭的內容，將這種惡果歸因於那個凶兆。在這一巫性的類比中，大雁的離巢遠飛，與丈夫的離家遠征兩者之間，具有形式上的相似性。由於巫性幻想的緣故，就把「鴻漸于陸」與「夫征不復」兩個個別即具體的意象組接起來了。又如前文所引所謂「鳥焚其巢，旅人先笑後號咷」，這一爻辭的意思是說，遠離故鄉的旅者，看見鳥巢被天火焚燒，先是覺得好笑，轉而一想，這是自己無家可歸的凶兆，於是就哭起來了。這一爻辭所敘述的內容，包含著一個類比思維，鳥巢被焚導致無巢可居，與旅者遠遊在外沒法回家之間，是相通相似的。同樣，前文所說到的「輿說（脫）輻，夫妻反目」一例也是如此。大車木輪上的輻條脫散車輪壞了與夫妻反目成仇家庭敗落，這兩者之間有形式上的相通相似處。

這種因為在某一點上，兩種事物或者兩種情況之間的相通相似性，使得類比成立的巫例，在巫術文化中不勝枚舉。本書前文所謂「繩拉雲」導致所謂老天下雨的求雨巫術，也是其中典型的一例。巫師用力將繩子拋向空中，並請八個童男用力往下拉繩，與讓久旱的老天降下大雨這二者之間，具有共通之處，拉繩的用力向下與雨水的下落兩者之間，有形式上的相通相似性，所以這裡有類比思維的特點。「蜀有妖巫，展裙坐江，飛渡

不濡，而穩於舟。行人惑之，曉夜環聚投教者，日以百數。薛真人知之，曰：『日月之下，可容青磷鬼焰惑人心？』乃頌咒律己，將一紙裙分裂。其巫正坐江欲渡，即時兩股劈開，浮江而斃，妖遂息。」[090] 這是所謂「以巫制巫」的一個巫例。「妖巫」施法，「展裙坐江，飛渡不濡，而穩於舟」，可謂耀武揚威、不可一世。於是，有「薛真人」（按：道士，實際是巫覡）前來「作法」，「乃頌咒律己，將一紙裙分裂」。結果導致「妖巫」立刻「兩股劈開，浮江而斃」。這裡的類比思維，表現在道士的「將一紙裙分裂」與「妖巫」、「兩股劈開」二者之間有形式上的一點同構性。

總之，類比思維之所以能夠在巫文化中大有用武之地，是由於巫性的幻想與聯想，可以任意將兩個僅有一點形式上相似、相通的事物加以類比的緣故。宋兆麟說：「弗雷澤的兩種分類法（按：弗雷澤曾將巫術分為『相似』聯想與『接觸』聯想兩類）還是普遍存在於巫術之中的，它們是由原始人的特定思維善於聯想而產生的，並且認為客觀事物與人類一樣，都是有意志、有靈魂的互相影響，彼此作用，其中的類比巫術屬於相似型。」[091] 此言是。

第二節　矛盾律的濫用

巫術文化的思維，屬於原始思維的範疇。它究竟是一種什麼樣的人文思維？人類學家弗雷澤將其稱為符合神祕「互滲律」與「原邏輯」的原始思維。弗雷澤說：

我們最好是按照這些關聯的本來面目來考察它們，來看看它們是不是決定於那些常常被原始人的意識在存在物和客體的關係中發覺的神祕關係

---

[090]　李中馥《賢博編‧粵劍編‧原李耳載》，第 146～147 頁，凌毅點校，中華書局，2008 年版。

[091]　宋兆麟《巫與巫術》，第 240 頁，四川民族出版社，1989 年版。

所依據的一般定律、共同基礎。這裡，有一個因素是在這些關係中永遠存在的。這些關係全都以不同形式和不同程度包含著那個作為集體表象之一部分的人和物之間的「互滲」。所以，由於沒有更好的術語，我把這個為「原始」思維所特有的支配這些表象的關聯和前關聯的原則叫做「互滲律」。[092]

　　所謂「人和物之間的『互滲』」，即天人、人人、物我、主客與物物之間的「互滲」，便是中國人所說的原始意義上的「天人合一」、「天人感應」。「在原始人的思維的集體表象中，客體、存在物、現象能夠以我們不可思議的方式同時是它們自身，又是其他什麼東西。它們也以差不多同樣不可思議的方式發出和接受那些在它們之外被感覺的、繼續留在它們裡面的神祕的力量、能力、性質、作用。」[093] 既是「它們自身」，同時「又是其他什麼東西」，而且能夠「發出和接受」外在「被感覺的、繼續留在它們裡面的神祕的力量、能力、性質、作用」，真是「不可思議」！

　　這種「不可思議」的人文思維，被布留爾稱為「原邏輯」思維。其特點是：（一）「它不是反邏輯的，也不是非邏輯的」，所以只能是「原邏輯」的。（二）「它不像我們的思維那樣必須避免矛盾」，「它往往是以完全不關心的態度來對待矛盾的」。[094] 確切的說，原始初民不懂什麼叫做「邏輯」，因而不能稱之為「反邏輯」或「非邏輯」；在最初的認知活動中，也不知道什麼

---

[092]　[法] 列維－布留爾《原始思維》，第 69 頁，丁由譯，商務印書館，1981 年版。按：這一段引文，首先關係到「集體表象」這一人類學概念，列維－布留爾《原始思維》「緒論」的第一句話就說，「所謂集體表象，如果只從大體上下定義」，「則可根據所與社會集體的全部成員所共有的下列各特徵來加以識別：這些表象在該集體中是世代相傳；它們在集體中的每個成員身上留下深刻的烙印，同時根據不同情況，引起該集體中每個成員對相關客體產生尊敬、恐懼、崇拜等感情。」（該書第 5 頁，商務印書館，1981 年版）「集體表象」，類似榮格所說的「種族記憶」。

[093]　[法] 列維－布留爾《原始思維》，第 69～70 頁，丁由譯，商務印書館，1981 年版。

[094]　[法] 列維－布留爾《原始思維》，第 71 頁，丁由譯，商務印書館，1981 年版。

是事物的「矛盾」，因而也談不上怎樣去「避免」它。所謂對於「矛盾」的「完全不關心」，只是證明其心智處於基本無知的狀態而已。科學意義上心智覺醒的滯後，正是原巫文化興盛的一個重要原因，所以不能理性的區分天人、物我與主客。

列維－布留爾舉例說，原始初民不認為、也不相信人與其肖像之間有什麼不一樣，他們堅信，如「由於原型和肖像之間的神祕結合，由於那種用互滲律來表現的結合，肖像就是原型」，「這意味著，從肖像那裡可以得到如同從原型那裡得到的一樣的東西；可以透過對肖像的影響來影響原型」。[095] 這就是說，在人與其肖像之間，有一種叫做「靈」的東西是「互滲」之「能」，同時是促成「互滲」的。列維－布留爾舉例說，在中國古代，人的靈魂與肉體不分。非生物的靈經常以預告災禍的方式來表現自己的存在，對於那些簡單的不合邏輯的頭腦來說，這等於是災禍的準備和起因。典籍常常告訴我們，在沒有顯見的原因而摔倒東西以後，接著必定發生死亡、火災或者其他災禍。這是因為，中國先民相信在「摔倒東西」的時候，也把隱藏在這件東西裡的「靈」一起「摔倒」了，而且作為凶兆的「靈」，由於作祟（按：好像要報復人類似的），導致人的死亡、火災或者其他災禍。

雖然英國人類學家愛德華·泰勒所首倡的「萬物有靈論」，曾經受到列維－布留爾的批評，他說，「這裡，我不來詳細討論萬物有靈論學說，我將在後面詳細討論它，我敢認為泰勒的公式（『神靈是人格化了的原因』──原注）不足以解釋原始人的集體表象中神靈是什麼東西」，「按這種理論，原始人由於自發的和必然的採用神人同形同性論類比，所以在自然界中處處看到了與他們自己相像的意志、神靈、靈魂」；又說，「事

<hr>

[095]　[法] 列維－布留爾《原始思維》，第 73 頁，丁由譯，商務印書館，1981 年版。

實不許我們給原始人硬加上那種無論如何在起源上必須是萬物有靈論的合乎邏輯而又首尾一貫的自然『哲學』」。[096] 但是，布留爾並非否認神靈本身，也不是從根本上否認「萬物有靈」，布留爾的所謂「集體表象」、所謂「原邏輯思維」的內在蘊含和機制的說法，仍然是一種變相的「萬物有靈」論。正是因為「萬物有靈」，在「有靈」這一點上，天人、人人、物我、主客以及物物之間等，在形式與某些性質上都是相似相通的，所以在巫文化中，類比性的思維，是通用而經常出現的。有一點列維－布留爾是說得對的，泰勒在說「萬物有靈」時，似乎原始初民是懂得那是巫性的「意志、神靈、靈魂」似的，實際初民那時並不知道什麼叫做「萬物有靈」，「萬物有靈」是近現代人對於原巫文化屬性的一個概括，所以他們的人文思維只能是「原邏輯」的。

「原邏輯」思維所依仗的，作為存在與運行於萬物之間的一個東西，便是「靈」，「靈」是「原邏輯」思維的生命。對於中國文化的原初性而言，天人合一於什麼？合一於靈。天人感應靠什麼？以靈感應。

心與神合，神與炁（氣）合，炁與真合，陰與陽合。陽同日曜，陰同月曜。……帝真合靈，洞達杳冥。如日之升，回轉無窮。[097]

布留爾則說：

靈魂（按：靈）是一種稀薄的沒有實體的人形，本質上是一種氣息、薄膜或影子；靈魂是它使之生的那個個體中的生命和思想的本源，它獨立的占有它的從前或現在的肉體擁有者的個人意識和意志；它能夠離開身體很遠，並且還能突然在各種不同的地方出現；它往往（按：這裡的「往往」兩字應刪去）是不可觸和看不見的，但它能夠表現物質力量，特別是

---

[096]　[法]列維－布留爾《原始思維》，第18、94頁，丁由譯，商務印書館，1981年版。
[097]　《靈寶玉鑑》卷一九，《正統道藏》第十七冊，第240頁，臺灣新文豐出版公司，1977年版。

能夠作為一個脫離了身體的、與身體在外貌上相像的幻象而出現在睡著的或醒著的人們面前；它能夠在這個身體死後繼續存在並在人們面前出現；它能夠鑽進其他人、動物甚至物品的體中，控制著它們，在它們裡面行動……[098]

　　雖然這一關於靈即靈魂的描述並不十分準確，然而由此可以看出，靈是無所不能、神通廣大的，靈的運行，沒有任何可遇的矛盾與阻礙。靈這一範疇，使得巫性的「原邏輯」思維通行無阻，它迴避了一切本已存在的矛盾與衝突，不需要任何真正的科學邏輯的力量，只要依靠巫文化的強大傳統，似乎就可以「打遍天下無敵手」。

　　崇尚巫性靈力的「原邏輯」思維的另一特點，是將一些偶然事件或情況的出現即所謂預兆，看成是導致某種結果的一種「必然」。「在朗丹（「在下剛果」——原注），有一次旱災被歸咎於傳教士們在祈禱儀式中戴上了一種特別的帽子：土人們說這妨礙了下雨，他們大聲喊叫，要求傳教士們離開他們的國家」；「在巴卡族（Bakaa——原注）那裡，或許也在巴克溫族（Bakwains——原注）那裡，上乳牙比下乳牙先掉的孩子被殺死。在某些部落那裡，兩個孿生子中只留一個活著（可能這裡還有其他原因——原注）。躺在牧場上用尾擊地的公牛也被殺死，因為土人們相信牠是在邀請死神來訪問部族。當李文斯頓（Livingstone）的送信人路過倫大回來時，帶了一些特大種的母雞，假如其中有哪隻雞在半夜前叫起來，牠就是犯了『蒂洛洛』罪而被殺死」。[099]

　　筆者六、七歲的時候，不知怎麼搞的，常常喜歡不停的和大人說話，大人都笑我「話癆」（按：到長大，倒變得沉默起來了）。有一次過端午節，

---

[098]　〔法〕列維－布留爾《原始思維》，第 74 頁，丁由譯，商務印書館，1981 年版。
[099]　〔法〕列維－布留爾《原始思維》，第 64、279 頁，丁由譯，商務印書館，1981 年版。

節前一天，家家戶戶要包粽子。當母親包好粽子，將粽子一個一個放到鍋裡煮的時候，我在旁邊不斷的與她說話，她就是默默的不肯搭理我。直到把所有的粽子都放進一口大鍋，放滿水，蓋上鍋蓋之後，才長舒了一口氣對我說：「叫你不要說話不要說話，你還是要不停的說，真是！粽子放在鍋裡的時候，是絕對不能和我說話的。」我問為什麼。她說：「這個時候你在旁邊和我說話，煮粽子的水沸騰的時候，水是會溢出來的。」再問為啥，她不回答我，究竟是什麼緣故，其實她也不知道，無非是老輩留下來的什麼傳統。這件小事已經過去了七十年。現在想來，不也是一種巫術禁忌麼？如果犯忌的話，雖然導致的結果不像巴克溫族那樣要把那個可憐的孩子殺死，但是對於遵循習俗規矩的我的母親來說，那是絕對不想觸犯老規矩的。

巫術的「原邏輯」思維的特點就是如此。它總是對於那些無窮無盡的偶然出現的事件與情況敬若神明。它是在漫長歲月裡不斷累積沉澱而留下的傳統習俗，而傳統的力量總是強大的，只有在經過社會革命之後，這種傳統才有可能被打破、被廢止，但是，巫術永遠不會徹底消亡。

「原邏輯」思維還有一個特點，就是不重理性分析，或者說，原始初民根本不懂什麼叫做理性分析。

布留爾說，「首先使人驚異的是原邏輯思維很不喜歡分析」。凡是分析，必然要運用一定的語言和概念、邏輯與推理，並且一般要有一個「前理解」作為前提，否則，任何分析都是不可能進行的；凡是思維，都是必須具有一定的理性的，否則便不是思維。「原邏輯」思維既然也是一種「思維」，因而對它而言，不是理性的有或無的問題，而是理性因素在「原邏輯」思維中的地位、機制與多寡、強弱的問題。

毫無疑問，「原邏輯」思維也是必須「透過語言和概念來傳達的，離開語言和概念，它簡直是寸步難行的。原邏輯思維也要求一種預先完成的工作，要求一種世代相傳的遺產」。可是，「原邏輯思維本質上是綜合的思維」，這一「綜合」，「表現出幾乎永遠是不分析的和不可分析的。由於同樣的原因，原始人的思維在很多場合中都顯示了經驗行不通和對矛盾的不關心」。[100]

在筆者看來，「原邏輯」思維的這一特點的形成，大約出於三個原因。一是原始初民的思維並非「經驗行不通」，也不是不受經驗的控制，而是經驗累積得極為少、弱；二是因經驗的少、弱與作為「社會器官」的頭腦思考能力的幼稚，從而導致理性抽象的極為少、欠；三是在其「綜合的思維」中，人的理性及其概括能力，並未很好的從感覺、表象、意志與熱情等所構成的「圍城」中突圍出來，從而得以有效地提升，那些無序而狂野的情緒、熱情、意志及其對於神靈、鬼怪的迷信，往往成為「思」的障礙。

原始初民常常具有驚人的記憶能力，讓文明昌盛的今人深感汗顏。原始初民之所以記憶力驚人，是因為他們還沒有發明文字，還不能將事件、經驗與思想等生活的一切記載下來的緣故。他們只能努力的將自己所經歷的一切，以及所思所想所感與種種神話、歷史傳說等，統統裝在腦子裡，而且不斷的加以重構。為了盡可能的不遺忘，便鍛鍊成令今人十分驚訝的記憶力，並且不斷的以口頭傳播的方式，進行宣說和傳達。無數的原始巫術、神話與圖騰等的人物、事件、儀式、規矩，與情感、意緒、意志、評判等，成了他們腦子裡多少萬年的累積沉澱和生發，在文字誕生之前，形成了葉舒憲所說的人類文化「大傳統」（按：相比而言，自有文字以來的，

[100] 〔法〕列維－布留爾《原始思維》，第 101、102 頁，丁由譯，商務印書館，1981 年版。

稱為「小傳統」文化）[101]。無數巫術的儀式、禁忌和規矩，都是靠初民始終不離於表象的「記憶」，才能夠傳之後世而不衰；無數原始神話的人物、事件的細枝末節，都被初民裝在「記憶」的頭腦之中而「歷歷在心」；無數圖騰的「祖神」意象及其前因後果，都在「記憶」的倉庫裡一件不落的保存著。總是在世代的「記憶」之中，讓巫術、神話與圖騰，得到不斷的重構和完善。古印度的梵天神話，中國古代藏族的恢宏敘事如格薩爾王的傳說，與古希臘的悲劇、喜劇等，在得到其各自的文字記載之前，都是依靠頭腦與話語世世代代的流傳下來的。西漢史學家司馬遷當時撰寫巨著《史記》，其中無比豐富的資料，由於已經時至漢代，自當可以依據豐富的文字記載，但是史前的文字記載，在文字發明之前，大都是活在民族頭腦中的傳說。中國文化歷來十分重視修史的偉大事業，這可以看作史前祖祖輩輩「記憶」傳統的繼承和發揚。

值得強調指出的是，中華民族與其他民族的原始記憶力之所以如此超常無比，是因為初民堅信，假如不這樣做的話，對於巫文化而言，是會必遭災禍的；就神話來說，是對祖先、英雄等與自然神靈的不敬；在圖騰中，這一份無比神聖的崇拜，總是專門獻給「祖神」的，所以必須永遠記在心裡。總之，初民記住萬物的表象與細節，也是對於神祕意象的神性、巫性與靈性的敬畏與忠誠。

---

[101]　按：葉舒憲說：「我們將文字書寫的知識傳統認定為小傳統，與之相對的則是先於和外於文字紀錄的大傳統。」又說，關於人類文化的研究，「大小傳統之分本來出於美國人類學家雷德菲爾德（Redfield）1956 年的著作《鄉民社會與文化》（*Peasant Society and Culture*）。他出於文化精英的立場，把文字書寫傳統視為大傳統，把無文字的鄉民社會看作小傳統」。（葉舒憲、譚佳《比較神話學在中國》，第 291、292 頁，社會科學文獻出版社，2016 年版）

第九章
巫、醫的人文親緣與「對話」

　　從文化人類學關於巫學的角度審視醫與巫的關係，兩者之間存在著人文親緣，這是毋庸置疑的。從原始意義上說，醫起源於巫，巫、醫一體，因而在古代中國，有時甚至到了「信巫不信醫」[102]的程度。然而，醫由於其所依仗的終究是知識與科學，它對於巫術而言，無疑具有不可比擬的優越性。即使在巫術大行其道的年代，巫也不得不在暗中容忍和利用一定的醫療知識與科學，來為人治病，從而樹立與加強其所謂「巫能治病」的權威性。

　　人類生存的莫大磨難之一，是疾病對於人之生命的侵害而直至奪去人的生命。原始初民食五穀葷腥，食物粗糙生硬，尤其在發現火、利用火之前，初民生食一切能吃的東西。人類發現了火，並且加以利用，這是文明的跨越性進步。但是如果不善於用火，尤其不懂飲食及日常生活的衛生，就極有可能導致生病與死亡。人在蠻野的環境中生活，患上種種疾病，是不可避免的。而無論壽命有多長，人的生命總是有限的，健康的活著，只是一個相對無病而安寧的人生歷程。

　　雖然如此，人類卻從來沒有放棄對於疾病的干預，及與疾病的抗爭。人類本來應當依靠相關的知識、技術，來「救死扶傷」。可是問題是，知識與科學都很執拗，總是不會讓你很輕易的去掌握它們。倘若智力低下，那麼關於醫療的知識與科學，必然基本上是與人無緣的。這時，一種建立在幻想與想像基礎上的文化方式，便應運而生，它就是原始巫術。凡是知識與科學不能到達的地方，那裡就大有巫術的用武之地。巫術，確實是知識、科學的史前替代，或者說是對於人類的一種有趣而出於無知的懲罰。

　　人類各氏族、各民族，都大致經歷過以巫測病、治病而巫、醫不分的

---

[102]　按：據《宋會要輯稿》：「近來淫祠稍行，江浙之間，此風尤熾。一有疾病，唯妖巫之言是聽。……不求治於醫藥，而屠宰牲口以禱邪魅，至於罄竭家資略無效驗而終不悔。」（《宋會要輯稿》第七冊，第 6,571 頁，徐松輯，中華書局影印本，1957 年版）

漫長歲月，也才有可能將真正能夠治病的知識、科學「喚上前來」，使得醫療知識、技術，從此代替了長期硬充為治病「偽主角」的巫術的地位。

可是，醫療知識與科學理性的成長，並不意味著關於巫術治病的方法從此徹底的退出人類的歷史舞臺。巫、醫的人文親緣、「對話」與糾纏的人文關聯，在至今生活在地球上的一些原始部落那裡，還依然維繫著，不過隨著整個人類文明的進步，愈來愈顯得微弱，這是其必然的發展趨勢。

從字源學看，「醫」這個漢字，寫作「醫」或「毉」。「醫」字下部從酉，酉是酒的本字。《周禮·天官·酒正》說：「辨四飲之物：一曰清；二曰醫；三曰漿；四曰酏，掌其厚薄之齊。」所謂「四飲」，指釀酒之初由五糧所製成的稀狀物（按：初步發酵而成）[103]，如其中的「酏」，指為製酒所用經發酵的米糊。《禮記·曲禮》有「醫（醫）不三世，不服其藥」[104]的記載。「毉」字下部從巫，作為醫字異體，很明確的揭示了醫與巫的人文關聯。西漢揚雄《太玄經》中，有「疾其疾，能自醫（毉）也」的記載。

原始初民與自身疾病打交道的最原始方式，首先就是巫的方法。在甲骨文化中，有許多卜辭，是關於初民向天帝、祖神、精靈或鬼神等詢問病患的。「貞弗祟王惟巫」[105]、「祟」，指致病的瘟神疫鬼之類。初民不懂得導致人生病的真正原因究竟是什麼，便只好歸咎於鬼魅作祟。這裡的「貞」，是卜問的意思。「貞告疾於且丁」[106]。古時重者為「病」，輕者稱「疾」。「且丁」即祖丁，且是祖的本字。祖丁是商朝第十七代帝王，祖

[103] 按：《辭源》云，「釀酒為醴曰醫」，「一說，醫同醯，即梅漿」。（《辭源》修訂本，第四冊，第3,140頁，商務印書館，1979年版）

[104] 《禮記·曲禮下第二》，楊天宇《禮記譯注》上冊，第62頁，上海古籍出版社，1997年版。

[105] 《甲骨文合集》四〇九七三，郭沫若主編、胡厚宣總編輯，中國社會科學院歷史研究所《甲骨文合集》編輯工作組集體編輯，中華書局，1978～1982年版。

[106] 《甲骨文合集》一三八五三，郭沫若主編、胡厚宣總編輯，中國社會科學院歷史研究所《甲骨文合集》編輯工作組集體編輯，中華書局，1978～1982年版。

辛之子，盤庚之父。「卜王夢子亡疾」[107] 這是一條關於「夢」的卜辭。君王晚上做夢，怕得要命，以為做夢，尤其是惡夢，就是有病魔作祟所導致的。這裡的「亡」，即「無」。張光直先生曾說，由卜辭可以得知：商王在築造城池、打仗征伐、圍田野獵、巡觀遊樂以及舉行特別祭典之前，都要求得到祖先、神的認可或贊同。他會請神靈預測自己當天夜裡或者之後生活的吉凶，為他占夢，告訴他王妃的生育，看他會不會生病，甚至會不會牙疼。對於這些，殷商時期的人，總是放在心上的。他們篤信占卜，占卜的對象幾乎涉及生活的一切領域，人們把鬼怪、神靈的所謂作祟，看作人生病的根本原因，對自己、家人或者帝王生病與否十分關切。可見其「生存狀態」真的很不好，大概，他們常常是戰戰兢兢、誠惶誠恐的過日子的。許進雄《中國古代社會 —— 文字與人類學的透視》一書指出：

> 從甲骨卜辭可看出，商人把得病歸咎於四種成因：一是鬼神作祟。如「唯帝肇王疾？」，「不唯上下肇王疾？」（《合》14,222 —— 原注，下同），「有疾止（趾），唯黃尹它（壱）？」（《合》13,682）。其能降下病疾的神靈包括上帝、自然界眾神及祖先。可以說所有的鬼神都能降下災祟致病。二是突變的氣候。如「雀禍風有疾？」（《合》13,869）。說明商人認為身體衰弱也能因不適應氣候的變化而致病。三是飲食的不慎。如「有疾齒，唯蠱？」（《合》13,658）。甲骨文「蠱（𧍪）」字，作皿中有很多小蟲的樣子。菜蔬之中有蟲，或腐肉生蛆是古人常見的事。古人很容易想像諸如蛔蟲、肚瀉、牙痛等，是飲食不慎、吞下小蟲所致。四是夢魘所致。如「亞多鬼夢，唯疾見？」（《合》17,448），「王夢，子亡疾？」（《合》17,384）。商人相信夢是精靈引起的。精靈能降下災禍，所以也相信夢能

---

[107]　《甲骨文合集》一七三八四，郭沫若主編、胡厚宣總編輯，中國社會科學院歷史研究所《甲骨文合集》編輯工作組集體編輯，中華書局，1978 ～ 1982 年版。

招致病疾。[108]

　　實際上，在初民的心目中，所謂「氣候」的「突變」以及「有疾齒」與「腐肉生蛆」等，正如夜「多鬼夢」一樣，都被認為是鬼靈作祟、搗亂的緣故。初民堅信，在自然界和人類社會的每個角落與每時每刻，都存在著鬼神、靈怪的活動。這便是所謂「神出鬼沒」一詞的本義，僅僅是有的為善有的作惡罷了。還好，除了作惡的鬼怪之外，還有與人為善、和人友好的鬼靈的保佑，否則，人真的很難活下去。

　　據《三才圖會》「身體卷」（按：明代王圻、王思義編）所載，人體的各個器官，都是由其相應的「神」所掌控的。如「心神」、「肺神」、「腎神」、「肝神」與「膽神」、「脾神」等，它們各司其職又相互合作。其五行的屬性依次是火、金、水、木、土，其五方的位置依次是南、西、北、東、中，五色依次是赤、白、黑、青、黃。五「神」彼此之間的關係是相生相剋的。火生土、土生金、金生水、水生木、木生火；火剋金、金剋木、木剋土、土剋水、水剋火。兩者相生，意味著身體安和；兩者相剋，就麻煩了。從相生看，如果脾有病，可以從治療心氣著手（火生土）。如果肺有病，可以兼治於脾（土生金）等等。兩者相剋，意味著疾病的來襲。比如，心火過旺，就會犯肺（火剋金），肺氣有疾，就會犯於肝木（金剋木）等等。

　　《三才圖會》說，「心神」者，「神名丹元，字守靈。心之狀如朱雀，主藏神。象如蓮花下垂，色如縞映絳」。「肺神」，「神名皓華，字虛成。肺之狀為虎，主藏魄，象如懸磬，色如縞映紅」。「腎神」，「神名元冥，字育嬰。腎之狀如元鹿兩頭，主藏志，象如圓石子二，色如縞映紫」。「肝神」，「神名龍煙，字含明。肝之狀為龍，主藏魂。象如懸匏，色如縞映

---

[108]　許進雄《中國古代社會 —— 文字與人類學的透視》（修訂本），第 500 頁，臺灣商務印書館，1995 年版。

紺」。與「肝神」關係尤其密切的「膽神」，「神名龍耀，字威明。膽之狀如龜蛇混形，其象如懸匏，色青紫，附於肝中」。「脾神」者，「神名常在，字魂庭。脾之狀如神鳳，主藏魂，象如覆盆，色如縞映黃」。[109] 這裡，以「心神」為最重要，所謂「靈明」[110] 是也。而「脾神」守中。[111]「肝神」與「膽神」為表裡，「肝神」「主藏魂」，「膽神」「附於肝中」。

人體五臟即心與肺、腎、肝（按：膽屬於腑臟系統，故「附於肝中」）、脾等，都是由神靈所守持的，依次為朱雀、白虎、玄武、青龍與神鳳，各主一方，共同守護著人體的健康。

在治病之前，首先要測病。中醫診病有「望聞問切」四要。一是望形體、望容色與望舌象等；二是聞音聲之高低與嗅體味之有無等；三是問一切該問的病象，而且要仔細，盡可能不要遺漏；四是所謂切，就是指號脈，按寸、關、尺部位準確把切，比如浮脈還是沉脈，洪脈抑或細脈等等。據說中醫分脈象凡二十八種，分舌象又有多少種，不是筆者這樣的「門外」可以了然的。不管是望診、聞診、問診還是切診，在現在看來，都是醫生診治疾病首先要辨明種種病象。而在巫文化的根本意義上，種種病象，其實就是指巫性意義的人體與心理變化的先兆。掌握先兆，就是抓住治病的先機。所以說，中國古代最早的醫家，實際上都是些懂得一定醫理的巫師。

明代《廣博物志》卷二十二引錄《事物紀原》云：「神農始究息脈。辨

---

[109]　王圻、王思義編《三才圖會》「身體」一卷，中冊，第 1363、1352、1372 頁；《三才圖會》「身體」二卷第 1380、1377 頁；《三才圖會》「身體」一卷，中冊，第 1357 頁，上海古籍出版社，1988 年版（影印本）。按：據《易傳》，所謂「三才」，指天、地、人，也稱「三極」。

[110]　按：《黃帝內經·靈樞》說：「心者，五臟六腑之大主也，精神之所舍也。其藏堅固，邪弗能容也。容之則心傷，心傷則神去，神去則死矣。故諸邪之在於心者，皆在於心之包絡。包絡者，心主之脈也，故獨無輸焉。」（人民衛生出版社，1956 年版）

[111]　按：高士宗《黃帝內經·素問直解》說：「脾者，倉廩之本，榮之居也。其華在唇，其充在肌，其味甘，其色黃，此至陰之類，通於土氣。胃、大腸、小腸、三焦、膀胱，名曰器，能化糟粕，轉味而入出者也。」

藥性，制針灸，作醫方。」相傳神農嘗百草，實際是在親自體驗「百草」的藥性，以便治病救人。

古者民茹草飲水，採樹木之實，食贏蠪之肉，時多疾病毒傷之害。於是，神農乃始教民播種五穀，相土地，宜燥溼肥墝高下，嘗百草之滋味，水泉之甘苦，令民知所辟就。當此之時，一日而遇七十毒。[112]

神農之所以能「嘗百草」，大概是自以為有異能的緣故。即使「一日遇七十毒」而沒有絲毫妨礙，神農豈不是身兼巫師與藥師二職麼？這也說明神農氏確有獻身精神。除了「嘗百草」，相傳神農還是「究息脈」、「制針灸」與「作醫方」的第一人。

巫、醫原本一體。以巫占病的記載，比《淮南子》更早的，還有許多，這裡試舉一例。

既克商二年，王有疾，弗豫。二公曰：「我其為王穆卜。」周公曰：「未可以戚我先王？」公乃自以為功，為三壇同墠。為壇於南方，北面，周公立焉。植璧秉珪，乃告太王、王季、文王。

史乃冊。祝曰：「惟爾元孫某，遘厲虐疾。若爾三王是有丕子之責於天，以旦代某之身。予仁若考能，多材多藝，能事鬼神。乃元孫不若旦多材多藝，不能事鬼神。乃命於帝庭，敷佑四方，用能定爾子孫於下地。四方之民罔不祗畏。嗚呼！無墜天之降寶命，我先王亦永有依歸。今我即命於元龜，爾之許我，我其以璧與珪歸俟爾命；爾不許我，我乃屏璧與珪。」

乃卜三龜，一習吉。啟籥見書，乃並是吉。公曰：「體！王其罔害。予小子新命於三王，惟永終是圖；茲攸俟，能念予一人。」公歸，乃納冊

---

[112] 《淮南子》卷十九〈修務訓〉，高誘注《淮南子》，第 331 頁，《諸子集成》第七冊，上海書店，1986 年版。

於金滕之匱中。王翌日乃瘳。[113]

這是一則著名的巫例。占卜巫術之所以「應驗」，據說是因為周公親自為武王占卜的一片誠意感動了先王，可謂「誠則靈」矣。其實即使周公不為武王占卜，周武王的病，也一樣很快會痊癒，與占卜與否沒有關係。

古代中國，巫術橫行。有一種所謂驅鬼術，就屬於驅病的巫術。古人相信，人生病，都是鬼魅搗亂、作祟的緣故。筆者年幼時，有一個堂弟年僅四歲，與他的母親住在我家隔壁，堂弟得了肺炎，發高燒，呼吸困難，生命垂危。於是他母親便請來了一個巫婆（按：鄉下人俗稱「仙人」）。記得她穿著黑色布衫，用黑布包著滿頭白髮。一進門就面南坐在已經為她安排好的供桌前（按：桌上點著香燭，供了幾碗菜餚和一口小盅、一雙筷子，盅裡盛了一點糖水，權作酒）。一會，那老太婆喉嚨裡「呃、呃」的發出怪叫聲（按：鄉下人叫做「紮仙」），口裡又嘟嘟噥噥的，不知念了些什麼；一會，又站起身來，一張滿是皺紋的老臉漲得像豬肝一樣紫紅；一會，全身就亂抖起來，手舞足蹈，滿是眼淚鼻涕，一塌糊塗！她跑到堂弟躺著的臥室裡，大聲喝斥，又敲床板又跺腳，嘴裡喊著：「你走吧！不要在這裡！我們是『好人家』，到別家去吧！」最後在門口燒了一堆折成元寶模樣的錫箔，算是把病魔瘟神「送」走了，鬧得雞飛狗跳，讓人心驚膽戰。可是第二天，我那可憐的小小堂弟就死了，直到如今，我彷彿還能聽到他母親的哭聲。驅鬼術，純粹是一種迷信。

驅鬼術源遠流長，其傳統勢力是很頑強的。

湖人篤信鬼神，有病不事醫藥，惟召巫禳災。巫之術不一，而以上刀梯一事為尤奇。大抵梯用直木兩根，各長三丈餘，矗立於大木盤內，而以

---

[113]　《尚書‧周書‧金滕》，江灝、錢宗武《今古文尚書全譯》，第252～253頁，貴州人民出版社，1990年版。

大索繫於木杪，四周牽住，使不動搖，旋用利刃百二十柄，橫架兩木，刀鋒向上，次第層級而上，皆以繩纏繫，直至其顛。居時巫童披髮仗劍，跣足拾級而上，視蹈白刃如履平地然。及至絕頂，垂縆而下，取病者之衣，在梯上焚符念咒，播弄神通，呼其名而招之，名曰「贖魂」。然後仍將衣繼下，即令病者衣之，旋在梯上以二竹竿掛紅布於上如旗幟狀，兩手執旗拈氈而舞，盤旋天橋，做種種之變態，恍若金鏡法鼓之聲相吻合，觀時者皆曰：神靈保護，故無失足顛僕之慮也。[114]

這一巫術，有如雜技，只是添加了些「焚符念咒，播弄神通，呼其名而召之，名曰『贖魂』」的把戲。

《紅樓夢》也講了一個在大觀園驅鬼的巫例。自從晴雯冤死，榮寧二府雞犬不寧，都怕不慎碰見了鬼妖而生病丟了小命。「賈珍方好，賈蓉等相繼而病。如此接連數月，鬧得兩府俱怕。」「於是老太太著急的了不得，替另派了好些人將寶玉的住房圍住，巡邏打更。」獨有那仗其膽大的賈赦不信，帶了幾個家丁，手拿器械，來到園中，覺得「果然陰氣逼人」，「便也有些膽怯」。

賈赦沒法，只得請道士（按：實際是巫師）到園作法事驅邪逐妖。擇吉日先在省親正殿上鋪排起壇場，上供三清聖像，旁設二十八宿並馬、趙、溫、周四大將（按：道教四大靈官即護法神將），下排三十六天將圖像。香花燈燭設滿一堂，鐘鼓法器排兩邊，插著五方旗號。道紀司派定四十九位道眾的執事，淨了一天的壇。三位法官行香取水畢，然後擂起法鼓，法師們俱戴上七星冠，披上九宮八卦的法衣，踏著登雲履，手執牙笏，便拜表請聖。又念了一天的消災驅邪接福的《洞元經》（按：道教《洞

---

[114] 張自明、王富臣纂修《馬關縣志》，第 211 ～ 212 頁，鳳凰出版社、上海書店、巴蜀書社，2010 年版。

玄經》，《太上洞玄靈寶無量度人上品妙經》簡稱），以後便出榜召將。榜上大書「太乙混元上清三境靈寶符籙演教大法師，行文敕令本境諸神到壇聽用」。

　　那日兩府上下爺們仗著法師擒妖，都到園中觀看，都說：「好大法令！呼神遣將的鬧起來，不管有多少妖怪也唬跑了。」大家都擠到壇前。只見小道士們將旗幡舉起，按定五方站住，伺候法師號令。三位法師，一位手提寶劍拿著法水，一位捧著七星皁旗，一位舉著桃木打妖鞭，立在壇前。只聽法器一停，上頭權杖三下，口中念念有詞，那五方旗便團團散布。法師下壇，叫本家領著到各處樓閣殿亭房廊屋舍山崖水畔灑了法水，將劍指畫了一回，回來連擊牌令，將七星旗祭起，眾道士將旗幡一聚，接下打怪鞭望空打了三下。本家眾人都道拿住妖怪，爭著要看，及到跟前，並不見有什麼形響。只見法師叫眾道士拿取瓶罐，將妖收下，加上封條。法師朱筆書符收禁，令人帶回在本觀塔下鎮住，一面撤壇謝將。[115]

　　雖然《紅樓夢》是小說，允許有虛構、誇張，然則這裡所寫，一定起碼有相當的事實依據，不會純粹出於藝術虛構。中國歷史上，曾經有「信巫不信醫」的風俗，想來讀者可以由此看到古人的愚昧無知。「江漢間，其俗尚巫，有疾不事醫，唯走巫求禱焉。僥倖以治，載醪牲實篚，造謝巫之庭，唯恐後。即不治不咎巫，必自反曰：『我之弗虔。』」[116] 因而，儘管用巫的方法「驅鬼」，結果還是死了人，可是相信巫能治病的信條，不是可以輕易破除的。人們相信，死人的原因，只怪自己對鬼神還不夠虔誠罷了。

　　正如本書前文提及，古代中醫設有祝由科，它是中醫「十三科」[117]之一。

---

[115]　曹雪芹、高鶚《紅樓夢》第一〇二回，《紅樓夢》下冊，第 1,429、1,430～1,431 頁，中國藝術研究院紅樓夢研究所校注，人民文學出版社，1982 年版。

[116]　楊士奇〈贈醫士名道序〉，《東里文集》卷三，文淵閣《四庫全書》第 1238 冊，第 28 頁。

[117]　按：據相關資料，中國元代的醫療官署開始設「十三科」：大方脈科（按：相當於成人內科）、雜醫科、小方脈科（按：小兒科）、風科、產科、眼科、口齒科、咽喉科、正骨科、金瘡腫

《黃帝內經・素問・移精變氣論第十三》說：「黃帝問曰：『余問古之治病，惟其移精變氣，可祝由而已。今世治病，毒藥治其內，針石治其外，或癒或不癒，何也？』岐伯對曰：『往古人居禽獸之間，動作以避寒，陰居以避暑，內無眷慕之累，外無伸宦之形。此恬憺之世，邪不能深入也。故毒藥不能治其內，針石不能治其外，故可移精祝由而已。』」[118]

《軒轅黃帝祝由科敘》云：「太古先賢，治傳醫家十三科。內有祝由科，乃軒轅氏祕制符章，以治男女大小諸般疾病。凡醫學針灸所不及者，以此佐治，無不投之立效，並能驅邪縛魅。有疾病者，對天祝告其由，故名曰祝由科。」[119]所謂「祝由」，指包括運用某些中草藥在內，主要運用所謂禁法、咒法、祝法與符法等以企圖治病的方法。祝者，咒也；由，疾病原由之謂。以「祝」的方法，追究疾病的根由，從而試圖達到所謂治病的目的，稱為祝由。祝由術，歷來被說成百病可治而神乎其神，實際是一種巫性的詛咒術，其大事迷信的性質是可以肯定的。但如對病者施行祝由之術，有時會收到一定的「療效」，也是可以肯定的，這如現當代所謂「心理療法」在起作用的緣故。

對於堅信祝由之術能夠將自己的疾病治好的病人來說，祝由術的一切「作法」，可能在一定程度上，具有「心理暗示」的積極意義，對健康的恢復有利。

這正如英國文化人類學家馬凌諾斯基所說：「巫術的經驗上的真實性可以由它的心理上的效力來擔保，因為它的形式、構造和意態都與人類身

科、針灸科、祝由科、禁科。明代設有大方脈科、小方脈科、婦人科、瘡瘍科、針灸科、眼科、口齒科、接骨科、傷寒科、咽喉科、金鏃科、按摩科、祝由科。

[118]　《黃帝內經・素問》，第 31 ～ 32 頁，人民衛生出版社，1956 年版。

[119]　按：此書書名為《軒轅碑記醫學祝由十三科》，西蜀青城山空青洞天藏板（版），上海錦章圖書局印行，民國二年（1913 年）。

體上的自然歷程相呼應。」、「也許這就是巫術信仰的最深固的根蒂。如果你能把全身的力量，來維持你勝利的信心 —— 這就是說，如果你相信你的巫術的價值，不論它是自然的或是傳統的、標準化的 —— 你一定會更勇往直前。如果你在疾病的時候能靠巫術 —— 常識的，術士的，精神治療的，或其他江湖上專家的 —— 而自信你總會健康，你的身體也可能會比較健康，如果你的整個心思是趨向勝利而不顧失敗，在事業上你成功的機會亦會較多。」[120]

劉黎明說：「首先，巫術以一種自我欺騙的方式，可以『解決』某些人生理方面的某些問題，它有些類似『暗示療法』。英國學者基思·湯瑪斯說：『科學的研究暗示在治療中的作用只是最近才開始的事情，但是其驚人的效果，已足以使歷史學家不敢小視 17 世紀治療者僅用符咒而產生的真正神效了。現代醫學中稱為「心理治療」的作用早已充分顯示出來，儘管其原因還不清楚，並對此事還有爭議。』」[121]

醫學上的「心理治療」，首先針對的是病人的「心理問題」，透過治療相關「心理問題」，從而達到對於生理疾病的治療。如果心理上沒有問題，所謂的「心理治療」是不起任何作用也是沒有必要的。原始先民就是一批文化「心理」上患「病」的「病人」。比如，有一個人總是疑心自己得了很嚴重的疾病，到處找醫生診治，就是治不了，弄得面容憔悴，茶飯不思，寢食難安。許多醫生都說他沒有病，他就是一百個不信。最後一位醫生對他說，你確實是有病的，這種病我肯定是能治的，你必須信我，你可

---

[120]　［英］布朗尼斯勞·馬凌諾斯基《文化論》，第 69 頁，費孝通譯，中國民間文藝出版社，1987 年版。

[121]　劉黎明《灰暗的想像 —— 中國古代民間社會巫術信仰研究》上冊，第 4 頁，巴蜀書社，2014 年版。按：基思·湯瑪斯的引文，見［英］基思·湯瑪斯《巫術的興衰》，第 40 頁，芮傳明譯，上海人民出版社，1992 年版。

以放一百個心。醫生知道他得了焦慮症，說是有一種藥水有奇效，不是「百憂解」之類可以比擬的。接著只是一連幾天替他注射生理食鹽水，那病人居然很快就康復了。這一病例的「神奇」之處，就是因為精神焦慮者對於這個醫生的絕對信任。當然，先民的「病」，大多實際並非出於什麼「焦慮」，而是知識不夠、智力有限的緣故。所以，「心理療法」般的巫術對他們來說就是必要而有效的了。

巫術與知識、科學是相悖的，換言之，巫術在本質上是反知識、反科學的。正是因為先民知識的匱乏，才有巫術的起源與流行。可是凡是相悖的，都會有相合的一面。巫術站在知識與科學的對立面，但是巫術對於知識、科學，確有某些接引之功。就巫與醫的親緣關係來說，許多的醫學知識和科學技術，都是在原始巫文化的溫床中孕育的，並且正是一定的醫學知識和科學，在暗地裡支撐和維護著所謂巫術「無有不靈」的權威及其「美好」形象。巫與醫的糾纏不清的人文關聯，自古就有。假巫真醫，真巫假醫，亦巫亦醫，亦醫亦巫，這種種情況，在古代的中國文化中都是存在的。

明代李時珍《本草綱目》一書，約 190 餘萬字，凡五十二卷，所載錄藥物 1,892 種，收載醫方 11,096 個，分六十大類，可謂中國古代醫藥之大全，是古代採藥、選藥與用藥的經驗與知識的總結。從整體看，其關於中醫藥的知識是成系統的，具有一定的建立在經驗之上的科學意義，不妨稱之為「假巫真醫」。如果僅從雜糅於整個中醫藥系統中的個別「療法」來看，又可以稱之為「假醫真巫」。比如，說到怎樣治狐臭的方法，就有點巫術的意味：「雞子兩枚，煮熟去殼，熱夾，待冷，棄之三叉路口，勿顧。如此三次，效。」、「炊飯，熱拭腋下，與犬食之，七日一次，愈乃止。」這裡，有巫術的「作法」與禁忌，稱其是醫藥知識，實在也難。又如治不育的病，就更是奇怪了。「立春日雨水，夫妻各飲一杯。還房，當獲有子，神

效。」[122] 原來治療不育的病症，竟然這麼容易，確實是巫性的異想天開。

但是，中國的古代醫藥，又確實是由巫文化的發生、發展為起源的，這在神話傳說中可以找到證據。

> 開明東有巫彭、巫抵、巫陽、巫履、巫凡、巫相，夾窫窳之屍，皆操不死之藥以距之。窫窳者，蛇身人面，貳負臣所殺也。[123]

意思是說，開明的東部住著巫彭、巫抵、巫陽、巫履、巫凡與巫相這些大巫，他們圍繞在窫窳的屍體周圍，手上都拿著不死之藥想要救活他。窫窳有蛇的身體、人的面孔，被貳負這一神靈和他的臣子合夥殺害。所謂巫彭等，東晉時代的郭璞《山海經注》釋為「皆神醫也」，並以《世本》「巫彭作醫」來做其立論的依據。窫窳是一種神獸，《山海經・北山經》說：「又北二百里，曰少咸之山，無草木，多青碧。有獸焉，其狀如牛，而赤身、人面、馬足，名曰窫窳。其音如嬰兒，是食人。」[124]

> 大荒之中，有山名曰豐沮玉門，日月所入。有靈山，巫咸、巫即、巫盼、巫彭、巫姑、巫真、巫禮、巫抵、巫謝、巫羅十巫，從此升降，百藥爰在。[125]

意思是說，在大荒之中，有座山叫豐沮玉門山，太陽和月亮在此降落。有一座靈山，巫咸、巫即、巫盼、巫彭、巫姑、巫真、巫禮、巫抵、巫謝與巫羅等十大巫師，在這裡上下飛行，無數的藥物都產在這裡。

可見，上古時代不僅有時醫與巫同在，藥也可能是與巫同在的。

---

[122]　李時珍《本草綱目》，第 911、135、170 頁，四川大學出版社，2014 年版。
[123]　《山海經》卷十一〈海內西經〉，陳成《山海經譯注》，第 297 頁，上海古籍出版社，2014 年版。
[124]　《山海經》卷三〈北山經〉，陳成《山海經譯注》，第 87 頁，上海古籍出版社，2014 年版。
[125]　《山海經》卷十六〈大荒西經〉，陳成《山海經譯注》，第 347 頁，上海古籍出版社，2014 年版。

第十章
從巫性崇拜到詩性審美

　　從文化人類學角度看，無論原始神話、原始圖騰還是原始巫術，都有一個從原始神性、巫性和靈性，必然的走向詩性審美的歷史與人文的根因和契機。這裡，且讓我們來簡略的加以論述中國原始巫性文化向詩性審美文化轉嬗這一問題。

　　從性質上加以分析，人類文化可以分為神性文化、人性文化與巫性文化三大類。其相應的人類美學，也具有神性美學、人性美學與巫性美學三類。神性文化的第一要義，是人對於神靈的虔誠崇拜，同時是以神性面貌出現的，寄託在神性之中的人的精神理想。人性文化的第一要義，具有為人類的社會實踐所生成的人性及其人格的真善美與假惡醜，並且從人的本體兼主體出發，肯定與實現自然與科學技術等的美。巫性文化的第一要義，是在神性與人性二者之間，在神性與人性的互回之中，既肯定又否定神性文化與人性文化，從而以「倒錯的實踐」方式，開出妖豔而令人驚訝的屬於巫性的歷史與人文之花。它的文化智慧，既迷亂又清醒；既屬於神靈又屬於人為；既拜倒在神靈腳下，又在一定程度上，張揚了人格的力量（按：巫性人格，實際便是巫格）；既媚惑於神鬼的所謂靈力，又在神與巫的文化核心中，有限的保留了屬於人為與人格的文化因素，且以前者為主。兩者既二律背反，又合二而一，且以神靈、靈力為主導，以人為、人格為輔次。

　　巫性的靈與靈的巫性走向詩性審美之所以可能，是因為巫性文化的歷史和人文機制，早已孕育與蘊含著原始詩性審美的人文根因。它是由「巫」向「史」轉遞的一個重要構成，象徵著中華民族的群體人性、人格，從必受原始巫文化的種種牽累、強制與不自由，到本在的獲得一定意義的精神的自由和解放。在巫性文化中，蘊含著神性兼人性的人文因素。美的意蘊，既可表現於神性，又同時可以表現於人性以及神性與人性的結合或妥協之中。

在巫術文化中，正如德國詩人歌德所說，十全十美是神的尺度，而要達到十全十美的努力，卻是人的尺度。由於巫性蘊含著神性的文化因子，因此在巫與巫性文化中，虛妄的寄託著人類對於十全十美的生活與生存環境的嚮往，又時時處處表現出人與人性的稚淺和醜陋。它同時還表示，作為神靈的蠻野的自然界與社會環境，對於人類的壓迫、支配甚至戕害。巫術，既是人對於神靈的俯首與抗爭，也是其不得已的妥協。一定程度上，它是降神與媚神結合，人智和巫靈統一，審美偕崇拜同行。

巫術的巫性品格，不同於宗教的神性。儘管宗教神性也寄寓著表現為神性的人的審美理想，但在宗教的神性面前，信徒是徹底的、全人格的向神拜倒的，這意味著人性的不自由。人唯有透過修持，才有可能進入天國、彼岸。基督教所宣揚的人的自由、幸福及其美，唯有人成為上帝之忠誠的信徒，才有可能「實現」。基督教說，「所謂美，就是上帝的在場」，「只有在宗教裡才存在著真正的美」。[126] 人類的宗教文化如果有美，則意味著信徒徹底的服膺上帝及諸神，此時人性的美僅僅是上帝之美的「分享」。宗教本身以及人類在宗教文化中，恰恰是屬於人與人性的所謂「理性的勝利」。

對於巫術文化來說，那些巫師和信巫的人們，倒並非是「目中無神」，不是絕對的不把神靈放在眼裡的。他們對於神靈、鬼怪等的崇拜，是巫術文化的題中應有之義，如果缺乏這一前提，巫文化便不能夠誕生與成立。可是在巫文化中，巫作為人的另一面貌，僅僅是向神靈等跪倒了一條腿，並非巫在神靈面前不夠真誠而三心二意，而是保持了屬於人的原始意義的一點人格尊嚴，雖然這一人格尊嚴少得可憐。巫術文化處境中的

---

[126]　[瑞士] 巴爾塔薩《神學美學導論》，第 79、11 ～ 12 頁，曹衛東、刁承俊譯，三聯書店，2002年版。

人、人性與人格，正如本書前述，作為基本上的「似主體」、「偽主體」，並非是真正的自由的主體。然而人在蠻野的自然、社會及環境面前，顯示了作為「人」的一種扭曲而可憐的支配力量，這裡包括透過施行法術而企圖實現對於神靈的支配，儘管其方法是錯誤的。因此在巫文化中，某種意義上誕生與保留了作為人的原始主體的一些精神因素。這也便是原始詩性審美萌起的文化因緣。問題的關鍵在於，從巫性崇拜走向詩性審美如何可能與成為必然。

第一節　巫術與藝術的文化因緣

中國巫術，正如人類所有的巫術那樣，與藝術存在著文化上的不解之緣。

正如前引，在詞源學上，關於藝術（art）這個詞，英國學者柯林武德曾經說過，「中古拉丁文中的 Ars，很像早期英語中的 Art」，「中古拉丁語中的 Ars，類似希臘語中的『技藝』」。朱光潛先生也說：「Art（藝術 ——原注）這個詞在西文裡本義是『人為』或『人工造作』。」所謂「藝術」，與本來意義上的「技藝」相類。「技藝」，實際指人類文化。凡是「人為」、「人工造作」的主體、行為、過程、方式、工具與成果等，都可以用「技藝」（ars）即「藝術」（art）這個詞來加以表述，它實際指人類的整個文化即「人化的自然」、「自然的人化」。

就此而言，今天我們所說的審美性「藝術」，在古代並沒有從一般的「技藝」、「文化」概念中獨立出來。「藝術」這一概念，既然實際指整個人類文化，那麼文化這一概念，當然也包括「巫術」、「法術」、「魔術」等在內。

在西方，直到文藝復興時期，art 這個詞，依然兼有「巫術」的意思。在莎士比亞的歷史劇《暴風雨》中，普洛斯彼羅在舞臺上脫下身上的法衣時所說的臺詞是：「Lie there, my art!」（按：「躺在這裡吧，我的法衣！」）這是說，他的法衣是具有巫性的，英語中用「art」這個詞來加以表達。在中國，《漢書》卷二六〈伏湛傳〉稱：「永和元年，詔無忌與議郎黃景校定中書《五經》、諸子百家、藝術。」注：「藝，謂書、數、射、御；術，謂醫、方、卜、筮。」這裡所謂藝術，是包括「卜、筮」在內的。《晉書·藝術傳序》也使用「藝術」這個詞，來表示巫術：「藝術之興，由來尚矣。先王以是決猶豫、定吉凶、審存亡、省禍福。日神與智，藏往知來；幽贊冥符，弼成人事；既興利而除害……變態諒非一緒，真雖存矣，偽亦憑焉。」[127]

可見在概念與意義上，「藝術」與「巫術」這兩個詞，具有親緣的人文關聯。否則，西方與中國的一些古代文本，就不會用「藝術」這個詞來稱呼巫術了。梁釗韜說：「我們今天每每看見耍弄魔術把戲的人，慣用手來招挈天空，很像獲得了不可見的神祕力量。魔術師向道具吹一口氣，道具裡面似乎就會感應這種氣而發生什麼幻變，無疑這是魔術師的手法，但我們不能不承認這是原始巫術的遺留。」又說：「魔術是一門藝術，屬審美範疇，卻以『手來招挈天空』（採氣 —— 原注）或是『向道具吹一口氣』來增加魔術的藝術魅力，這種藝術手法顯然來源於原始巫術關於『氣』的文化觀念。」[128] 某種意義上可以說，原始巫術與神話、圖騰等，都是人類藝術得以發生的人文溫床。比如中國的原始歌舞，起初並非是娛人而是娛鬼神的。

[127]　房玄齡等《晉書·藝術傳序》，上海古籍出版社，1986 年版。
[128]　梁釗韜《中國古代巫術 —— 宗教的起源和發展》，第 52、46 頁。見拙著《周易的美學智慧》，第 99 ～ 100 頁，湖南出版社，1991 年版。

《呂氏春秋》說：「昔葛天氏之樂，三人操牛尾，投足以歌八闋。一曰
《載民》；二曰《玄鳥》；三曰《遂草木》；四曰《奮五穀》；五曰《敬天常》；
六曰《建帝功》；七曰《依地德》；八曰《總禽獸之極》。」東漢高誘注：「上
皆樂之八篇名也。舊本『建帝功』作『達帝功』。案《文選・上林賦》注張揖
引，作『徹帝功』。李善謂以『建』為『徹』，誤。則當作『建』也。又，舊
本作『總萬物之極』，校云：一作『禽獸之極』，今案《初學記》十五，《史
記・司馬相如傳》索引及選注，皆作『總禽獸之極』，今據改正。」[129]

今天，我們難以考定「葛天氏之樂」所「歌」「八闋」的文字內容，以
及舞蹈的動作究竟是些什麼，然而有三點是可以肯定的：（一）這八闋古遠
的歌辭，涉及初民所崇拜的自然神靈和被神化的人王的功績，與其說是娛
人的審美性歌辭，倒不如說是獻給神靈的祝辭，原本是屬於巫性的。（二）
這種載歌載舞的方式和場面以及氣氛，實際上是一種娛神、請神和降神的
巫術儀式，從降神角度看，歌辭八闋，具有咒語的成分。（三）與歌辭、
歌唱相配的，是樂、舞。初民在歌唱時之所以要手舞足蹈，為的是盡量宣
洩媚神、迫神的迷狂。而其手中的「牛尾」，是作為靈物來看待的，它是
通靈、通神的神異的法器。

這種巫術儀式源遠流長。直到戰國時期，我們還可以從戰國楚竹書
〈性自命出〉篇中，覓得它的遺影。試看載歌載舞的群體場面和情緒氛圍：
「喜斯陶，陶斯奮，奮斯詠，詠斯猶，猶斯作。作，喜之終也；慍斯憂，
憂斯戚，戚斯嘆，嘆斯辟，辟斯通。通，慍之終也。」[130] 這裡，描述了
兩種巫性情感。前者亢奮，以「喜」為特點，有迎神、媚神的功能；後者

---

[129]　《呂氏春秋》卷第五〈仲夏紀第五〉，高誘注《呂氏春秋》，第 51 頁，《諸子集成》第六冊，上海
　　　　書店，1986 年版。
[130]　《性自命出》上篇，文物出版社，2003 年版。

怒氣沖沖，是迫神、降服神靈的神祕儀式。兩者都是巫舞。在跳巫舞時，歌唱或者口中念念有詞，是免不了的。古人堅信「作法」時身口並用，是最能感動神靈或者脅迫其為人服務的。在古代信巫者看來，神靈、鬼怪，都是與人一樣是有情緒、有感情、有期許、有意志的，有的與人友好的相處，能夠「助人為樂」；有的與人為惡，專門搗亂，讓人不得安寧。大凡巫術，分兩大類，一類是娛神的，一類是迫神的。如果善意娛神的歌舞儀式，不為神靈所動，那就來點惡意的，企圖強迫神靈、鬼魅就範。這倒有點後世的所謂「胡蘿蔔與棍子」、「先禮後兵」的意味了。

古人之所以施行法術依仗歌舞這一形式，是因為他們迷信，唯有歌舞，才能與鬼神溝通，也就是說，只有歌舞，才是巫覡與鬼神彼此「讀得懂」的神祕性「語言」。巫性歌舞，是巫覡與鬼神溝通的中介。初民不斷持續，甚至通宵達旦的歌唱舞蹈，只要達到迷狂的地步，巫覡和一般的信巫者便堅信，自己已經神靈附體，已經在和神靈「對話」了，或者賄賂祂，或者恐嚇祂。

《尚書》說：「敢有恆舞於宮，酣歌於室，時謂巫風。」[131] 這說明，時至商代，有人在宮廷舉行巫舞。至於整個社會，直到清代，巫舞酣歌，依然綿綿不絕，甚至聳動朝野。尤其在天大旱而舉行求雨儀式的時候，大規模的巫舞活動是免不了的，而且很有規矩。以舞龍為主，青龍、赤龍、白龍、黑龍，按大旱的年分季節不同，各司其職。舞龍的人，春旱為東方「小童」，夏旱為南方「壯者」，秋旱為西方「老人」，冬旱為北方「老人」，其中有諸多禁忌。比如所謂女流之輩，是不允許在場的，這是一貫重男輕女的道德信條在起作用。這樣施行法術之後，如果還不下雨，就要做出種

---

[131]　《尚書・商書・伊訓》，江灝、錢宗武《今古文尚書全譯》，第 132 頁，貴州人民出版社，1990年版。

種「犧牲」，包括「取人骨」掩埋，「命巫祝」在烈日底下曝晒，甚至將巫師（「神仙」）放在一堆乾柴上焚燒等等，情景之慘烈，不忍目睹。正如清代馬驌所記述的那樣：

> 春夏兩日而不雨，甲乙命為青龍，又為火龍，東方小童舞之；丙丁不雨，命為赤龍，南方壯者舞之；戊己不雨，命為黃龍，壯者舞之；庚辛不雨，命為白龍，又為火龍，西方老人舞之；壬癸不雨，命為黑龍，北方老人舞之。如此不雨，潛處闔南門，置水其外，開北門，取人骨埋之；如此不雨，命巫祝而暴之；如此不雨，神仙積薪擊鼓而焚之。[132]

巫性歌舞，原本是為了通神而發生、存在的。然而時至後世，有一種原本蘊含在原始巫性中的詩性因素，從巫術儀式中成長、獨立出來，成為具有審美價值的詩、歌與舞。

以往讀屈原〈九歌〉等詩篇的時候，我們往往總是將它作為審美性詩歌的文本來對待的，而把那些所謂「迷信」的成分，在主觀上排除出去，以為既然是「迷信」、「糟粕」，是沒有任何文化與審美價值的，所以必須拋棄；或者將其「懸置」起來，放在「括弧」裡；或者至多稱其為奇特的「浪漫」，進而把屈原稱為「浪漫主義大詩人」云云。實際上，這些被說成所謂「迷信」的詩句，並不能將它們從整個詩境、詩格中孤立出來，它們是整個詩的意境的重要構成，展現了《楚辭》意義上的巫性的文化根脈。〈九歌〉一再寫到「靈」，如「靈偃蹇兮姣服」、「靈連蜷兮既留」、「靈皇皇兮既降」、「靈之來兮如雲」、「靈之來兮敝日」與「東風飄兮神靈雨」等，平添了〈九歌〉的神祕氛圍，使得詩的意境楚風森森而巫氛郁郁，它顯示了詩之美與巫術文化的文脈關聯，具有魔幻的意味。

---

[132]　馬驌《繹史》卷四〈神農求雨書〉，文淵閣《四庫全書》，第 365 冊，第 86 頁。

順便說一句，中國的詩歌之所以發源很早，源遠流長，而且勢頭很猛，尤其像唐代詩歌，可以說整個唐朝，是「浸」在詩海裡的一個時代[133]；宋詞作為詩餘，也是其勢宏大，並非是什麼詩的強弩之末，而是新的開拓，推究其原因自當是多方面的，其中之一，便是古巫文化的傳統十分強大的緣故。

王國維曾經說到中國戲曲、歌舞的源流問題，也追溯到中國原巫文化這一源頭。他舉例說：

《周禮》既廢，巫風大興。楚越之間，其風尤盛。王逸《楚辭章句》謂：「楚國南部之邑，沅湘之間，其俗信鬼而好祠。其祠必作歌樂鼓舞，以樂諸神。屈原見俗人祭祀之禮，歌舞之樂，其詞鄙俚，因而作〈九歌〉之曲。」古之所謂巫，楚人謂之曰靈。〈東皇太一〉（按：〈九歌〉之一，下同）曰：「靈偃蹇兮姣服，芳菲菲兮滿堂」，〈雲中君〉曰：「靈連蜷兮既留，爛昭昭兮未央」。此二者，王逸皆訓為「巫」，而他（按：其他）靈字，則訓為「神」。案：《說文》（一）：「靈，巫也……」[134]

王國維的結論是：

歌舞之興，其始於古之巫乎！巫之興也，蓋在上古之世。[135]

歌舞、戲曲與詩詞等的文化源頭之一，是巫。

---

[133]　按：在唐詩中，著名詩人李賀的詩作，時人大都評價其詩風「悖俗反常」、「險怪」、「陰鬱」云云，有的將其詩風的形成，歸於其體弱多病等原因，並非沒有道理。而假如與中國巫文化傳統相連起來考慮，則不能不說，李賀的詩格，是與同樣富於巫性品格的戰國屈原的〈九歌〉與〈招魂〉等傳統相繫的，即在詩性中往往富於巫性。在李賀的詩篇中，還有以「巫」為主題的詩。如：「女巫澆酒雲滿空，玉爐炭火香鼕鼕。海神山鬼來座中，紙錢窸窣鳴飆風。相思木帖金舞鸞。攢蛾一嚲重一彈。呼星召鬼歆杯盤，山魅食時人森寒。終南日色低平灣，神兮長在有無間。神嗔神喜師更顏，送神萬騎還青山。」

[134]　王國維《宋元戲曲考》，第 1 頁，《王國維遺書》第十五冊，上海古籍書店，1983 年版。

[135]　王國維《宋元戲曲考》，第 1 頁，《王國維遺書》第十五冊，上海古籍書店，1983 年版。

　　巫舞即後代巫覡所謂「跳神」[136]，是舞蹈藝術的前身；巫覡的祝詞、咒語，是歌詞藝術的淵藪；巫性歌舞的種種表演的儀式與過程，逐漸發展為具有一些故事情節因素，從而開啟了中國的戲曲之門；巫性歌舞表演的場所即神壇、祭壇，為後世劇場的誕生，提供了可能；原先巫覡的裝扮，就是後世演員化妝的濫觴，如此等等。

　　比如面具，最早的時候，是巫師為了舉行驅鬼儀式所必需的一種裝扮，為的是提高巫師驅鬼的巫性魔力。面具往往是面目猙獰的形象，具有以惡制惡的「異能」（按：當然也有「面善」的，比如仰韶文化時期彩陶盆內側的「魚紋」，可能是一種面具的紋飾）。面對惡鬼，巫師必須將自己的本來面目隱藏起來，讓惡鬼見了也會感到害怕。「人們相信，鬼懼怕惡事物。巫師只要戴上鬼神之狀的面具，就表示他在與鬼神交流的同時，能夠控制鬼神。這是因為，戴上面具，巫師就完成了自我改變，從非實施巫術狀態下的凡人轉化為類似於神靈的超人，但他也並不因此成為神人。這樣，他恰好成為神與人之間的中介。」[137]

　　「美」這一漢字，其字形從羊從大。《說文解字》稱為「羊大為美」。日本學者笠原仲二因此寫了一本書，叫做《中國人的美意識》，稱中國人的審美意識，源自羊肉味道鮮美的感受，在美學界迄今還有影響。實際上，美字「從羊從大」的「大」，甲骨文中是一個成年男子正面站立的形象，他是一位巫師或者是圖騰崇拜者。他頭上的所謂「羊」，是羊角的裝飾，此之所謂「頭上長角」是也。羊在先民的心目中，是吉利的象徵，羊是祥的

---

[136]　按：姚元之《竹葉亭雜記》云：「薩嗎（按：薩滿）即古之巫祝也。其跳舞即婆娑樂神之意。帽上插翎，蓋即鷺羽鷺翻之意也。必跳舞，故曰跳神。」（《竹葉亭雜記》，第 60 頁，李解民點校，中華書局，1997 年版；見劉黎明《灰暗的想像 —— 中國古代民間社會巫術信仰研究》上冊，第 157 頁，巴蜀書社，2014 年版）

[137]　劉黎明《灰暗的想像 —— 中國古代民間社會巫術信仰研究》上冊，第 177 頁，巴蜀書社，2014 年版。

本字。祥者，吉祥也。[138] 被後世稱為審美的美字及其意義，源於原始巫術與圖騰這一點，是毫無疑問的。

在原始巫術活動中，最早的時候，巫師與一切原始狩獵者一樣，大致是赤身露體、赤手空拳的，可能只用一些茅草與植物葉片之類圍繫在腰間。繼而，正如狩獵者手中有了工具，比如石塊、木棒與爾後的長矛等一樣，巫師施行法術時，也是要有「法器」的，比如前文所引述手舞的「牛尾」之類。再而，巫師的法器豐富起來，便陸續有了鼓、鑼、磬與笙等，凡是能夠發出聲響、能夠壯威而嚇唬鬼神的，都是神祕的法器。在施法「操牛尾」之類的儀式時代過去之後，先民首先發明與使用的，可能是木鼓或者皮鼓等。現代基諾族巫師所用的木鼓，是數千年前木鼓的遺存與發展。考古發現中國西南地區少數民族的銅鼓，碩大而銅鏽斑斑，那是多少年以前的古物，然而銅鼓的發明與使用，一定是在青銅時代，它們一律都是巫鼓。

鼓的發明，是在先民感覺到敲打有空腔物體可以引起聲音共鳴之後。比如敲打粗大竹筒引起聲響、以手掌拍打河水可以引起聲響等。原始先民實際上是不理解共鳴的科學原理的，他們把它看得非常神祕莫測，相信它與讓人恐懼萬分的雷震的強大聲響是一樣的。《周易》有一個震卦，卦象為震上震下，即上下卦都是震卦，象徵雷震。其卦辭說：「亨。震來虩虩，笑言啞啞。震驚百里，不喪匕鬯。」天上電閃雷鳴，「震驚百里」，而正在舉行隆重祭祖儀式的人倒是並不害怕，因為他們堅信，只要虔誠的祭祖敬

---

[138]　按：高國藩指出：「古代巫師的裝扮最主要的特徵是『頭上長角』」。、「迄今見到最早的巫師形象，是歐洲奧瑞納文化時期史前人所繪岩畫上的巫師，這是歐洲石器時代晚期的岩畫，岩畫上的巫師頭上戴著鹿角，身上披著獸皮，頦下留著長鬚，臀部安著馬尾，赤著雙腳正在那裡跳巫舞。」、「出自秦漢間的《山海經》記載的原始巫，頭上也有長角的，也是獸角。《山海經·海內北經》云：『戎，其為人人首三角』。」（高國藩《中國巫術通史》上冊，第63、64～65頁，鳳凰出版社，2015年版）

宗，就能獲得祖神的福祐。可是，在初民懂得並且舉行祭祖儀式之前，初民對於雷震威力的驚恐敬懼，一定是不可避免的。他們迷信，雷震是天上雷神的發怒，要降災於人間。所以在原巫文化的催激下，發明了一種法器，稱之為鼓，也稱雷鼓[139]。雖然雷鼓的聲響，還不能與驚天動地的雷鳴相比，但是，鼓的聲響與亂人心智的作用，是最接近於雷鳴的。鼓作為巫師的法器，當其被擂響的時候，是能夠與雷震一比而鼓舞人心的。

還有皮鼓的發明與使用。它是木鼓的改造，即將木鼓的兩面，改成蒙上獸皮的構造。這一改造，一則使得擂鼓時的聲響更為洪大；二是所蒙的獸皮，取自動物。在初民的心目中，一切事物和事件都是有靈的，然則動物與木石之類相比，是更具靈氣的。在知識意義上，由木鼓而皮鼓，是技術的進步；在文化意義上，皮鼓又是先民對於動物與人尤為親緣的認同。先民有時覺得自己的能力不夠，認為為了鎮壓惡魔，藉助於動物之靈的威力，是更為必需的。《山海經》說：

> 東海中有流波山，入海七千里。其上有獸，狀如牛，蒼身而無角，一足，出入水則必風雨，其光如日月，其聲如雷，其名曰夔。黃帝得之，以其皮為鼓，橛以雷獸之骨，聲聞五百里，以威天下。[140]

擊鼓以鎮妖，是巫師「作法」的把戲。豈料巫鼓等法器，後世變為作為審美的藝術演奏的樂器。現在的劇場演唱會或者戲曲演出等，在樂池中進行藝術伴奏的那些人，其實都是些古代巫師的「後代」，不過他們的心目中，已經沒有對於神靈的祈禱、感激或脅迫的感情了。遠古初民關於神

---

[139] 按：《周禮》「鼓人」篇云：「以雷鼓鼓神祀，以靈鼓鼓社祭，以路鼓鼓鬼享。」（《周禮注疏》卷十二，阮元校刻《十三經注疏》影印本上冊，第 720 頁，中華書局，1980 年版）

[140] 《山海經·大荒東經》，《山海經》卷十四，陳成《山海經譯注》，第 333 頁，上海古籍出版社，2014 年版。按：所謂「雷獸」，郭璞：「雷獸即雷神也，人面龍身，鼓其腹者，橛猶擊也。」（該書，第 333 頁）

性兼巫性、靈性的體驗，在今天早已成了對於藝術魅力的感動了。當然，他們的演奏並非是神性、巫性與靈性的，而是富於審美性的藝術魅力與張力。然而，藝術魅力的前身，難道不是遠古巫師「作法」的所謂魔力嗎？

還有所謂「照妖鏡」，它實際是現當代少女閨房裡那些相當「藝術」的玻璃小圓鏡的原型。也許讀者諸君不會想到，今天常見的鏡子的文化出處，竟然是巫性的照妖鏡，它原先不是玻璃鏡，而是銅鏡什麼的。

原始初民發明與使用照妖鏡的文化契機，來源於他們艱難的生活實踐。初民有一次偶爾見到平靜水面裡的自己的倒影，想必是吃驚不小的。錯以為水中的自己，一定是水妖把自己的魂魄和身影都攝去了，所以清澈的水面被錯認為具有攝魂的魔力。試想，某人落水被淹死的悲劇，又一定加深了關於水怪的恐怖體驗。但是，初民也在生活實踐中同時體會到了水的好處，承蒙它的恩澤。人、牲可以用水來解渴，植物因下雨而生長，從而開花結果而使人得以果腹。因此，初民對於水與水神是又恐懼又感激的。初民一方面有一種衝動，想要利用水為自己服務；另一方面，又想掌握、利用水的神祕、可怖的一面，去攻擊「敵人」，從而力圖使得人自己處在比較安全的境遇之中。同樣，平靜的水面固然似乎將人的魂靈攝走了，然而，這種自己在水中的照影經歷得多了，竟發現其實在水邊照照自己，未必是一件可怖的事情，而且因為有了平靜的水面，人才第一次看見自己的長相和衣著打扮，這與以前只能從別人口中知道自己長得怎麼樣是不一樣的。這更加增添了初民想要了解、支配江海湖泊及其平靜水面的自信和努力，雖然人自己依然以為水及水面是神祕的。

這種情況，好比一則寓言。一群猴子偶爾看到月亮掉在井裡了，始而驚恐萬狀。於是想出一個辦法，要「水中撈月」。其中，智慧最高、力量最大的一隻猴子，首先倒掛在井口上空橫出的樹幹上，接著，第二、第

三、第四……許多隻猴子，前腳勾緊另一隻的後腳，直到構得著井水的水面，進行撈月這件從未做過的事情。結果當然是失敗，不要說猴子，即使是人，也不能將水中的月影撈起來。但這表現了猴子「主觀努力」的真實、真誠與真切性，正好可以用來隱喻初民的巫性的主觀努力。

先民從「水面照影」得到啟發，發明並且使用一種叫做銅鏡的巫術法器，利用其如「水面攝魂」一般的魔力，去對付他們所遭遇的「敵人」。銅鏡正如平靜的水面，對於自己卻是秋毫無犯，很安全的。一旦有敵當前，初民就用照妖鏡一照，對方就被收攝在鏡中而顯出原形，似乎無可逃遁了。所謂照妖鏡，在古代中國的堪輿文化中，是有施用的。比如在房舍的主脊或戧脊或者在門楣的上方，安放一面照妖鏡，為的是照出妖的原形，而使人相信自己住在屋子裡面是很安全的。據《太平御覽》所錄，「望蟾閣上有青金鏡，廣四尺，元光中波祇（波斯）國獻此鏡，照見魑魅百鬼，不能隱形」。這面「青金鏡」，居然還是舶來品，可見在風水「照妖」上，中外的文化創造與文化「心情」倒是相同的。

銅鏡的發明，不可能早於青銅器時代。

從審美性藝術裝飾紋樣來看，有些是被李澤厚先生借用西方形式美論稱之為「有意味的形式」的，有些是動物形象的簡化，這種審美性的美術圖案，在需要裝飾的建築、園林文化等領域中，表現得相當活躍。種種幾何紋、水波紋、冰稜紋、雲紋與夔紋等，都是我們所熟悉和欣賞的。它們主要的審美特徵，是簡潔、有條理，顯出特異的理性的「美」，有的也同時顯出神祕的餘韻。這些裝飾性紋樣的生成，有賴於原巫的文化土壤。張光直先生說，比如「動物紋樣是殷商和西周初期青銅裝飾藝術的典型特徵」。

容庚所羅列的動物紋樣有：饕餮紋、蕉葉饕餮紋、夔紋、兩頭夔紋、三角夔紋、兩尾龍紋、蟠龍紋、龍紋、虯紋、犀紋、鴞紋、兔紋、蟬紋、蠶紋、龜紋、魚紋、鳥紋、鳳紋、象紋、鹿紋、蟠夔紋、仰葉夔紋、蛙藻紋等。[141]

這裡，實際包括了動物、昆蟲、植物與虛構的動物比如龍等多種紋樣，而不僅僅是動物紋樣。這些紋樣，都是因原始巫術、神話與圖騰而起的。就中國原始文化而言，主要因巫術而起，比如饕餮紋就是如此。

饕餮者，食人獸也。《呂氏春秋》說：「周鼎著饕餮，有首無身，食人未咽，害及其身，以言報更也。」[142] 饕餮以「食人未咽」為特性特徵。食人者，巫也。饕餮這種神獸的紋樣，大都面目猙獰，似乎怪嚇人的，實際它是專門用來嚇鬼的，其功能有如鍾馗打鬼，而且是成對呈現的。

郭靜雲說：「因饕餮神都是以成對的神獸表現，故在神獸混合的殷商文化中，雙龍或雙虎食人構圖亦可以稱之為饕餮食人圖案。」[143] 這是說，與饕餮一起的龍、虎等紋樣，起初也是巫性的圖案。所謂「成對的神獸表現」，筆者擬稱其為「折半」。比方將一張方形的白紙對折，其中間的折痕，把白紙對稱的分成兩半。

商周青銅器上的動物紋樣常常是（雖然並非總是 —— 原注）成雙成對、左右對稱的。

如果一個動物向左，其左面相鄰單元中的動物便通常向右。這樣，獸頭的兩個面就連在一起，以角鯪為分界線。從中線上看，左右的獸形可視

[141]　張光直《美術、神話與祭祀》，第 47 頁，三聯書店，2013 年版。
[142]　《呂氏春秋》卷第十六〈先識覽第四〉，高誘注《呂氏春秋》，第 180 頁，《諸子集成》第六冊，上海書店，1986 年版。
[143]　郭靜雲《天神與天地之道 —— 巫覡信仰與傳統思想淵源》上冊，第 119 頁，上海古籍出版社，2016 年版。

為一個獸從中一分為二再向兩邊展開，也可以說是兩個動物紋樣在面部中央接在一起的結果。所以，饕餮和肥遺既可看作兩個動物的結合體，也可看作被剖為兩半的一個動物。[144]

這種「一分為二」的「折半」構圖，並非殷周文化的一個孤例，可以說是一種普遍的文化現象。在上古風水文化中，有陰陽的觀念。原始意義上的所謂陰，指陽光照不到的地方及其人的巫性體驗；所謂陽，是陽光照射到的地方及其人的巫性體驗。陰陽的原始意義，顯示了陽光照射與地形、地理的關係，陰為凶而陽為吉，是先民心目中兩個不同的「世界」，一則「黑暗」，一則「光明」。但是它原本並非是「一分為二」的哲學，雖然其中包含著爾後可以發展為哲學的文化胚素。

早在河南二里頭文化遺址（按：年代屬於晚夏早商時期）的發掘中，早已發現其宮殿遺址平面有許多柱洞，「其柱洞數南北兩邊各九、東西兩邊為四，間距 3.8 公尺，呈東西、南北對稱排列態勢。可見，這座晚夏早商宮殿建築遺址的平面是具有中軸線的。其中軸線就處在其南北兩邊第五柱洞之上且與宮殿遺址東西兩側為四的柱洞線平行」[145]。

這種有中軸線的建築平面布局，好比饕餮紋「一分為二」的「折半」構圖，兩者出於同一個文化理念。但看殷代小屯都城宮殿群的平面：「（1）小屯商代都城的宮殿 —— 宗廟基址分為東西兩列，沿南北軸向一線排列。（2）據信埋葬著最後十一位商王的王陵分為東西兩區」。「（3）卜辭在龜版上的排列左右對稱，一邊的貞問採取『正面』口氣，另一邊採取『反面』口氣」。「（4）據董作賓對甲骨卜辭的研究，安陽商代諸王禮制可分舊

---

[144]　張光直《美術、神話與祭祀》，第 51 頁，三聯書店，2013 年版。按：肥遺是巫性的動物紋樣。
　　　　《山海經·北山經》說：「有蛇一首兩身，名曰肥遺，見則其國大旱。」錄此以備參閱。
[145]　拙著《中華古代文化中的建築美》，第 19 頁，學林出版社，1989 年版。

派和新派。（5）據高本漢（Bernhard Karlgren —— 原注）統計，從青銅器裝飾紋樣在同一器物上結合的方式來看，它們應分作 A、B 兩種風格」。[146]

　　這種「一分為二」（按：同時是「合二而一」的）的文化理念，起初是巫性的，也就是說，它既是神性的，又是出於人性的，是神性與人性的結合，且以神性為主。它有一個原型，有如原始的饕餮紋樣。在原始文化中，它起源很早，應該是在初民開始意識到人分男女的時候。《易傳》說，「近取諸身，遠取諸物」，由自身到他物，自近及遠，人類對於世界的感覺路徑往往是這樣的。初民對於世界是「一分為二」的感覺，大概也是如此。人有兩隻手、兩條腿與兩隻眼睛等，在初民開始感覺到這一點時，一定是覺得非常驚訝而不能理解的，凡是不能理解的地方，就有神靈意識出現的可能。《周易》算卦，始於陰爻、陽爻的發明。陰陽爻既是「一分為二」又是「合二而一」的，似乎其一開始就是「很哲學」的。其實不是。陰陽爻的本始是巫術，是巫性的。這裡，用得著一個易學命題：「原始易學是巫學」[147]，而並非哲學、美學，然而它有待於由此生成其相應的哲學、美學。

　　饕餮紋樣這一情形，只是遠古無數「一分為二」又「合二而一」文化現象中的一例，由此發展為哲學、美學和崇尚對稱之美的藝術等。它始於初民關於男女、雌雄與天地、晝夜、大小、上下、冷暖等的巫性感覺。

　　考古發現於新疆、內蒙古與四川等地區的岩畫，透露了強烈的遠古巫術與繪畫藝術的文脈關聯。

　　中國岩畫的分布較廣，大致可分南派與北派兩大類，還有西藏，也有

---

[146]　張光直《美術、神話與祭祀》，第 70、70 ～ 72 頁，三聯書店，2013 年版。
[147]　拙著《周易的美學智慧》，第 1 頁，湖南出版社，1991 年版。按：這一命題，為該書第一章標題。請參見該書第 1 ～ 34 頁。

岩畫的遺存，可能是一個獨立發展的岩畫樣式。在地域上，屬於南派的，比如四川、雲南、貴州和福建等的岩畫，其成畫的年代較晚，是先秦戰國甚至東漢時的作品。在岩畫形象的創造上，南派岩畫由在岩石上塗繪而成，所施用的塗繪材料，多數以赤鐵礦粉與牛血之類混合而成，呈褐紅色，所以比較醒目。由於大致是以塗繪方法繪製的，與北派岩畫相比，可以稱為「軟性」岩畫。

　　所謂「硬性」岩畫，是就北派岩畫而言的。北派的岩畫，以內蒙古陰山、黑山與新疆阿爾泰山等地為重要。其岩畫形象由在岩石面上經過鑿製、磨製和線刻而成。其作品的年代，最早屬於新石器晚期，最晚大致在元代。內蒙古的陰山岩畫，最初發現於 1976 年 8 月，迄今已經由內蒙古考古人員清理出千餘幅，分布的地區相當廣。其題材與主題，涉及神界與人間兩個世界，動物與人類兩個族類，刻劃了天神地祇、日月星辰與祖神等形象；有關於初民日常生活場景的表現，比如打仗、狩獵與游牧遷徙等。

　　顯得比較突出的，是描摹在岩石上的巫舞場面，有的巫舞是集體性的，舞者的手中，好像都拿著繩索在舞蹈，有一種神祕的氛圍。有的巫舞，是與初民的近緣生物即動物在一起的。許多動物，不僅是初民食物的來源，而且被看作具有通靈的功能。內蒙古岩畫中有一幅「牧羊圖」，是一支由 18 隻羊所組成的平面為梭子形狀的「隊伍」，正在頭羊的帶領下，輕盈而有序的前行。其畫面的左上方，有一隻牧羊犬。對於初民來說，羊是吉利的動物，這種文化觀念，出自羊的性情溫和，對人無害。可以肯定的是，這一幅「牧羊圖」年代較晚，因為這一岩畫上已經出現了放牧的場面。

　　把最早的岩畫看作是新石器晚期的作品，大約是比較妥當的結論。新疆地區的岩畫，發現於新疆的十多個地區，比如伊犁的裕民縣城西南的紅

石泉岩畫、伊犁尼勒克窮科克岩畫與皮山桑株岩畫等。有的岩畫，如發現於 1987 年的位於呼圖壁縣城西南約 75 公里天山深處的一幅岩畫，所表現的是生殖崇拜的文化主題。「岩畫所在的山體，東西長 14 公尺，上下高 9 公尺，在岩壁上布滿著二、三百個大小不等的人物形象，大者過於真人，小者只有一、二十公分。這些男女人物或臥或立，手舞足蹈之狀顯示出求神巫師的特徵。他（她 —— 原注）們或衣或裸，生殖部位都做了藝術性的誇張，顯然帶有巫術的魔力，男女旁邊有許多小人及小老虎、小猴子等動物，他們（按：它們）都有勃起的陽具。這些都非常明顯的反映出用巫術祈求生殖繁衍，祈求生活繁榮。」[148]

按照恩格斯（Engels）「兩種生產」的理論，人類文化建立在「兩種生產」即「物質生活材料的生產」和「人自身的生產」的基礎之上。前者維持和發展人的個體生命，後者則維持和發展人的群體生命，兩者相輔相成，缺一不可。關於人的生殖崇拜這一母題，之所以是岩畫所表現的一大重點，正是因為人的自身繁衍對於人類而言，顯得尤為重要的緣故。生殖崇拜，表現了人類包括中華先民企望傳種接代、綿綿瓜瓞的緊迫性與神聖性。

北派岩畫畫面比較粗獷而古拙。因為是在岩石上刻鑿出來的，想必比較艱難。先民之所以會那般虔誠而艱苦的創造這樣的藝術，沒有一點神性或巫性、靈性的幻想和精神的追求，是不可設想的。一般的岩畫刻鑿在山岩的陽面山坡上，也有刻劃於高高而臨水的懸崖上，好比古代的一種喪葬，即將「懸棺」安放在半山崖，先民在當時如何「作業」而成，實在是一個千古之謎。由於它的臨水性，因而，有的學者便推想它是為了「祭水」（祭祀水神）這一目的。

---

[148]　高國藩《中國巫術通史》上冊，第 31 頁，鳳凰出版社，2015 年版。

　　岩畫中有許多動物形象，可以推知那是出於動物崇拜的人文動機。一般而言，表現植物崇拜主題的比較少見。不過，有一種被稱作所謂「向日葵現象」的，顯得特別。向日葵的自然特性是永遠向著太陽開放，表現了先民的太陽神崇拜的人文意緒。還有一種「荒漠漆現象」，也是很有意思的。所謂「荒漠漆」，好比在向陽的岩面上，塗了一層褐色的漆。它雖然並不能真的像油漆那樣有光澤，但是只要根據構思，用性質更堅硬的石刀、石斧等工具在其上面刻劃就可以了。一些線刻岩畫，就是這樣出現的，它們實際上是石刀、石斧「作業」所留下的刻痕。由於「荒漠漆」是暗褐色的 —— 它是石山千萬年風化的結果，所以這種刻痕就顯得相當清晰。在常年乾燥的沙漠地區，比如巴丹吉林沙漠東部的曼德拉山的岩畫，就是這樣形成的。

　　不能武斷的說，起於新石器晚期的岩畫，就是後世繪畫、雕刻藝術的祖型。因為早在這種岩畫出現之前許多個世紀，原始初民早已有可能用石刀之類，在地面上、在大樹的樹幹上等地方與物件上，刻刻劃劃，但這些「作品」由於載體性質的緣故，早已不見蹤跡。這種情形，好比一個小孩天性裡總有一種生命的衝動，他路過一條河，可能會隨手撿起一塊小石子「咚」的一聲投進河裡，他驚訝的或者欣喜的注視著這一聲響和泛起的漣漪，感到莫名其妙的大歡喜。這用馬克思《1844 年經濟學哲學手稿》中的話來說，叫做「人的本質對象化」。積極性的「對象化」創造美與藝術，那麼巫性意義上的「對象化」又怎麼樣呢？那一定是兼具神性與人性的一個結果，它為初民從神性崇拜走向人性（人格）的審美，提供了種種可能。就此而言，審美性藝術的登場，便有待於實現。

第二節　從原始巫性走向詩性

　　從文化人類學關於巫學的理念試加分析，原巫文化的基本範疇即「吉凶」及其人文意識，是詩性審美範疇「美醜」及其意識、精神的歷史與人文前提。它同時也是真假、善惡意識及精神的歷史與人文前提。在歷史與人文的長期陶冶中，屬於詩性的美醜，正是由原始巫性的吉凶而轉嬗、昇華的結果。換言之，巫性的吉凶，是詩性美醜的歷史與人文根因。

　　試以「五經之首」的《周易》巫筮如何走向詩性審美為例。

　　《周易》本經乾卦卦辭有云：「乾：元亨，利貞。」這裡的「元」是「太」（按：原始，這裡指祖神）的意思；「亨」，通「享」，有享祭祖神的意思。高亨先生說，這裡的「亨即享字，祭也」[149]；「利」，吉利的意思；「貞」，這裡指貞字的本義，是占問、卜問的意思。東漢許慎《說文解字》說：「貞，卜問也。從卜貝。」[150] 而「卜」，灼龜的結果，像炙龜的裂紋，其字的讀音又如龜裂之聲響。《尚書・洪範》說：「稽疑：擇建立卜筮人，乃命卜筮。曰雨，曰霽，曰蒙，曰驛，曰克，曰貞，曰悔，凡七。」[151] 大意是說，為了稽查、考辨心中的疑問，就選擇和任用管理甲骨占卜和《周易》占筮的巫史進行卜筮活動。就龜卜來說，可以分為五種兆象：有的像大雨紛紛，有的像雨後升騰的雲霓，有的像霧氣漫漫，有的像晴天的雲似有若無，有的像陰氣陽氣相互侵克。就易筮而言，它的卦象可以分內卦和外卦兩種。所以卜筮的基本兆象一共有七種。這裡暫且不繼續言說甲骨占卜，《周易》乾卦卦辭的大意是說：筮遇乾卦，占筮的結果是，可以舉行祖神祭祀，這是吉利的占問。

---

[149]　高亨《周易大傳今注》，第 53 頁，齊魯書社，1979 年版。

[150]　許慎《說文解字》，第 69 頁，中華書局影印本，1963 年版。

[151]　《尚書・洪範》，江灝、錢宗武《今古文尚書全譯》，第 241 頁，貴州人民出版社，1990 年版。

　　這是距今大約 3,100 年屬於殷周之際的一個著名卦例。在殷周之際的古人看來，所占筮的這一乾卦，是一個吉卦，它與本經其餘 63 個卦象一樣，是純粹用於占筮的。

　　在大約成篇於戰國中後期的《易傳·文言》中，原本「元亨，利貞」這一卦辭，卻應讀為「元、亨、利、貞」，實現了其人文意蘊的時代轉嬗。〈文言〉這樣解讀：「元者，善之長也；亨者，嘉之會也；利者，義之和也；貞者，事之幹也。」朱熹的解讀是，「元者，生物之始。天地之德（按：性）莫先於此。故於時為春，於人則為仁，而眾善之長也。亨者，生物之通。物至於此，莫不嘉美。故於時為夏，於人則為禮，而眾美之會也。利者，生物之遂，物各得宜，不相妨害。故於時為秋，於人則為義，而得其分之和。貞者，生物之成。實理具備，隨在各足。故於時為冬，於人則為智，而為眾事之幹。幹，木之身，而枝葉所依以立者也」[152]。《易傳》與朱熹關於「元、亨、利、貞」的解說，顛覆也引申了本經的原始意義，歷史的實現了從原始巫性向「史」文化包括哲學、倫理學和美學意義（詩性審美）的轉換。

　　〈文言〉所說「元者，善之長」的「善」，通「美」。戰國時期，往往善、美不分；「長」，首的意思。這是指由乾卦所象徵的乾天具有元始造物之美，也象徵帝王、聖人美德的一種極致境界。所謂亨者「嘉之會」，「連斗山云：『兩美相合為嘉，眾物相聚為會。』『亨』，是說萬物始生之後茁壯成長，繁茂亨通，有如大亨之禮（按：此指本經中「元亨」一詞的本來意義），諸物皆會聚而非常豐盛，故稱之為『嘉之會』」[153]。這是說，乾與坤是天與地的「兩美」，其中乾是亨通、嘉會的元始。所謂「利者，義

---

[152]　《易傳·文言》，朱熹《周易本義》，第 44 頁，怡府藏版影印本，天津市古籍書店，1986 年版。
[153]　徐志銳《周易大傳新注》，第 7 頁，齊魯書社，1986 年版。

之和」的「義」，通「宜」。《說文解字》說，「和，相應也」。「荀爽云：『陰陽相和各得其宜，然後利矣。』『利』，是說陰陽雖然是對立的，但卻相和得很適宜，萬物才能生，生而能茂通，從而各得其利。」[154] 乾與坤相和而各得其宜，有利事和諧的意思，這是讚頌乾天的性質具有與坤地和諧至美的品格。所謂貞者「事之幹」，「李道平《詩詁》云：『木旁生者為枝，正出者為幹。是幹有正義。』貞字訓為正，幹字也訓為正。『貞』字之正是指陰陽相和中正而不偏，由於陰陽相和中正而不偏，萬事萬物才能正固而持久」[155]。《易傳‧象辭》說：「貞，正也。」朱熹說：「貞，正而固也。文王以為乾道大通而至正。」[156]《易傳》中的「貞」，正如「元」、「亨」、「利」三者一樣，已經不是本經所指的意義，而是將「貞」作為乾卦所象徵的乾天的美德，具有正固難摧、正大光明的人文特性的意思。

可見，原本作為筮卦的乾，經過《易傳》的改造和提升，已經由原始巫學意義上的「吉」，轉換成「史」文化意義的哲學、倫理學與美學意義的善與美。

其中的「貞」字，在本經中的本義為「卜問」、「占問」，而在《易傳》中，其本義已經轉換為引申意義上的道德的「正固」。從《周易》本經到《易傳》的成篇，時間大約相距七、八百年。《易傳》的引申義，是本經有關巫學意義符合歷史與邏輯的發展，但是我們不能反過來，用《易傳》的引申義來解讀本經的本義。[157]

---

[154]　徐志銳《周易大傳新注》，第 7 頁，齊魯書社，1986 年版。

[155]　徐志銳《周易大傳新注》，第 7 頁，齊魯書社，1986 年版。

[156]　朱熹《周易本義》，第 37 頁，怡府藏版影印本，天津市古籍書店，1986 年版。

[157]　按：梁啟超曾經指出，為學，「凡立一義，必憑證據，無證據而以臆度者，在所必摒」，「選擇證據，以古為尚。以漢唐證據難宋明，不以宋明證據難漢唐」，「以經證經，可以難一切傳記」。（《梁啟超論清學史二種》，第 39 頁，朱維錚校注，復旦大學出版社，1985 年版）可是，在易學的一些注釋性著作中，我們常常會發現，總是會以《易傳》關於一些字義的解釋，用來解釋《周易》本經的相應字義。比如關於「貞」這個漢字，在本經中釋為「卜問」（按：原始巫

　　由原始巫性的占筮之象，走向詩性的審美之象，是可能而必然的。從巫筮之象轉換為詩性審美之象的角度加以審視，兩者是「異質同構」的關係。這裡所謂「異質同構」，指巫性與詩性的人文性質不一，而其各自具有的關於「象」的四個動態環節的轉換與方式，卻又是同一的。既「異質」又「同構」，便實現從巫性占筮之象，走向詩性審美之象的歷史與人文的動態轉換。

　　試看《周易》巫筮，具有相繫而動態的四個環節。這便是，從神祕物事（實），占筮者的巫筮心靈之象（虛），卦爻巫筮符號系統的創立與用於占筮（實），再到受筮者信筮的心靈之象，從而成為巫術吉凶的占斷（虛）。這一巫性意象轉換的動態結構，恰恰與詩性審美的四個環節的動態結構構成了「異質同構」的對應的文脈關係。

　　詩性審美之象也具有四個環節的動態結構：一是作為詩性審美創造的唯一泉源即社會現實生活（實），二是作為心靈的現實即作者審美心靈之象（虛），三是作為符號系統的現實即作品文字符號系統（實），四是作為審美接受即接受者的心靈之象兼審美判斷（虛）。凡此一切，構成了詩性審美之象的動態之鏈。

　　將巫性占筮的全過程與詩性審美的全過程加以比較，就可以看出兩者的「異質同構」關係。異質：一是巫性占筮，一是詩性審美。同構：二者都具有「象」這一要素，但是，象的性質是不相同的，都有四個環節，都是動態的，都具有「實─虛─實─虛」四個環節及其轉換機制。

　　《周易》晉卦，原是用於巫性占筮的，其筮符為坤下離上，坤為地，離為火（為日）。晉卦為旭日東昇之象，用漢字來加以表達，就是一個

　　學意義上的），而在《易傳》中應釋為「正固」（按：道德倫理意義上的）。可是，一些學人總是以道德「正固」義，來解釋本經中的「貞」。

「旦」字，旦字的甲骨文寫法，像旭日初升。晉卦作為巫筮之象轉換之鏈的四個環節，一是初民所見到的東升的一輪朝陽，是客觀存在的朝暉實景。二是旭日噴薄的外在形態顯現在初民的心靈中，堅信其無比神奇神祕，就構成拜日而屬巫的心靈虛象。三是初民為了推斷命運的吉凶休咎，進而畫出晉卦卦象，用以占筮答疑，這是屬巫的筮符實形。四是以晉卦卦符進行占筮而受筮者據此受筮於心靈，獲得所謂吉凶禍福的體會與判斷，這又是一個心靈虛象。

在歷史與人文的熔鑄中，原本作為巫性崇拜對象的東方旭日，終於發育成為一大詩性的審美之象。這一審美過程，同樣具有動態的四個環節，便是藝術作者看到旭日噴薄、雲蒸霞蔚（外在實景），於是詩情勃發而有所感興（構成審美的心靈虛象），進而寫成歌詩、譜成樂曲或者繪成畫作等作品，最後，投入審美過程為接受者所欣賞、領悟（審美虛象）。這一詩性審美的全過程，恰與巫性占筮的全過程構成「異質同構」的關係。

詩性審美的人文根因、根性之一，在於原巫文化等。詩性之一，根植於原始巫性。

詩性審美，以感覺、想像、情感與靈感等及其相互關聯為要。這種審美心靈主要元素的醞釀、培育和生成，對於中國文化而言，除了源於原始神話與圖騰，主要是原巫文化的賜予，對於中國的詩性審美而言，尤其如此。

列維－布留爾曾經指出：「原始人所居住的那個世界卻包含著無窮無盡的神祕關聯和互滲。」[158] 天人、物我與主客之間的神祕關聯與互滲，始於主體對於客觀世界形相的感覺以及想像、情感與靈感。初民驚訝的打

[158]　［法］列維－布留爾《原始思維》，第280頁，丁由譯，商務印書館，1981年版。

量著令其深感敬畏甚而恐懼的那個世界，首先培育、鍛鍊了對於神祕物象的初淺感覺。初民所感覺的世界，是一個到處存在神靈、鬼怪與精靈的世界。他們覺得並且堅信人自己有能力控制、支配這個世界，這便是所謂巫術的誕生、施行以及巫之靈力的所謂「無所不能」。弗雷澤說：「我們已經了解到，原始人尚不清楚自己控制自然能力的局限性，他們認為自己和其他人具有某種超能力。除了普遍相信受神的支配，人們還認為人在某一時期，可以在神靈的感召下，暫時擁有神祇的知識和能力。這種信念很容易演變成人們認為某些人（按：指巫師）身上會永恆的降臨神靈，或者某些人接受了神靈以祕密方式賜予的超能力。」[159] 初民對於自己所謂「超能力」的自我信仰如痴如醉，往往建立在對於世界的錯誤判斷之上。這裡之所以稱為往往「錯誤」，是因為初民的頭腦中，伴隨以錯誤的感覺與判斷的同時，畢竟還有關於世界、環境和人自己的一些真實與正確的認知因素在，但初民對於世界、環境和人自己的認知，是相當艱難而緩慢的。

　　初民的感覺與「象意識」相連結。原始巫術之象，正如原始神話、圖騰之象那樣，開啟了初民心靈的初步的緣象、審象的智慧能力。對於原巫文化而言，象之感覺與感覺之象，實際上是顯現於心靈的。這以《易傳》的話來說，可以稱之為「見（按：現的本字）乃謂之象」。因而所謂巫象，既是心之象，又是靈之象。《易傳》所說的「觀物取象」，充滿了屬於巫性的想像、幻想與情感因素。與實際存在的事物形相尤其不一樣的巫象，是靈異之象。這種象，便是《易傳》所說的「兆」，即預兆：吉兆、凶兆，也便是巫象、靈象，《易傳》稱為「幾」[160]。由於初民對於世界、環境與人

[159]　［英］詹姆斯·喬治·弗雷澤《金枝》上冊，第 106 頁，陝西師範大學出版總社有限公司，2010年版。

[160]　按：在《易傳》中，古人多次說到這個「幾」，「幾」是「機」的本字，機會、機緣、機運與時機、時運等的意思。如《易傳》說，「夫易，聖人之所以極深而研幾也。唯深也，故能通天下之志；唯幾也，故能成天下之務」。「子曰：『知幾，其神乎？』君子上交不諂，下交不瀆，其

自己的知解，往往出現實際上的誤判，遂使其建立在這一誤判基礎上的想像與幻想，猶如脫軌的野馬，天上地下到處奔突，虛構了無數奇奇怪怪的「想法」。此時原始理性固然早已誕生，並且正在發揮持久而頗為深刻的作用與影響，可總是往往被神性、巫性與靈性的非理性因素所裹挾，同時有原始神話和圖騰等原始文化的非理性因素，推波助瀾。

原巫等文化中的想像、幻想、聯想與虛構，甚至胡思亂想等「怪念頭」充滿了初民的頭腦，卻又發展、豐富了信神、信巫與信靈的初民的想像能力、情感世界和意志力。原始巫術作為企圖破解生活種種難題的「偽技藝」，對於初民的命運、處境來說，是休戚相關的。巫術的所謂成功和失敗，使得初民的情感、意志與幻想跌宕起伏、波湧浪激。所謂巫術的成敗，可能給中華古人忽而帶來龐大的利益或者意外的收穫；忽而又莫名其妙的被突然推入無底的深淵，一切化為烏有；忽而大喜過望，只是一心念叨老天的好處，從而感激莫名；忽而驚恐萬狀，滿腹狐疑又不敢詛咒天神、鬼靈的懲罰。正因如此，初民企圖透過測天、占候、望氣、占夢、占卜與占筮等巫性手法，試圖抓住世界、事物的瞬息萬變的這個「幾」即兆，它是直覺的、當下發生的。這個「幾」雖則具有巫性，從現象學的角度看，卻與「現象直觀」相通。「現象直觀」，又與審美相通。因此可以說，正如原始神話與圖騰那樣，巫術文化為原始審美提供了「異質同構」的歷史與人文契機。

在漫長的歷史演變中，無數方術、「偽技藝」的崇信與施行，誕生與發展了屬神、屬巫的「象意識」、「象感覺」、「象思維」、「象想像」、「象情感」與「象意志」，凡此等等，都開啟和蘊含著原始審美的心靈因子。沒有

知幾乎。幾者，動之微，吉（按：原文缺一凶字）之先見者也。君子見幾而作，不俟終日。」（《易傳‧繫辭上》，第 311 頁；《易傳‧繫辭下》，第 332 頁，怡府藏版影印本，天津市古籍書店，1986 年版）

人可以懷疑，在古老的占星術、望氣術、占夢術、堪輿術、扶乩術與詛咒術等，以及尤為盛行於殷周時期的卜筮等巫術文化的漫長實踐中，在到處是富於迷信成分的巫性虛構、誇張、想像、幻想與非理性的、粗鄙的、汙濁的文化泥淖中，偏偏有一些潔淨、精緻的詩性審美的萌芽孕育其間。好比蓮花亭亭淨植，必須出於汙泥又不染於此。這是人類文化包括中華文化的奇妙之處。原巫文化，正如原始神話與圖騰一樣，是詩性審美的一大文化溫床。其根本原因是巫性與詩性之間，具有本然的「異質同構」關係。

值得注意的是，在原始文化中，巫的意志活動和功用需求是很強烈的，這原本有礙於原始詩性審美因子的生成。然而，原巫的「象意志」倒是有些特別，它作為靈巫的「意志」，與巫性的感覺、想像、情感與靈感等一起形成了一股合力，共同實現巫的目的，似乎是「無所不能」的、「絕對自由」的，而實際上，正因初民的智力十分低下，面對無數生存難題而無法破解才有了巫術的誕生與施行 —— 這是初民真正的不自由。即使在原始初民如此狼狽與困難的生存、生活的境遇中，依然不乏對人性、人格及其所處環境之自由的嚮往，這也便是孕育於原始巫術等文化形態中的原始詩性審美的不息因子，在一定意義上，成為原巫意志解構的精神動力，從而使得從靈之巫性走向原始詩性的審美成為可能。

詩性的審美，並非與人的意志絕緣。不過，與詩性審美相繫的意志，在多大程度上成長為「自由意志」，還是很難掌握的。這是因為，一方面，畢竟在原始社會文化中，關於人的趨向於全面審美的審美器官，是很幼稚而遠遠尚未發育成熟的。原巫的「象意志」，因為與「象」相關聯，使得它不可能不與審美相關聯，而且僅從「意志」方面來看，它對於原始審美具有一定的「滅活」作用。另一方面，在原始巫文化中，意志作為一種執拗的信仰及巫者的絕對自信，可能蘊含著人對於人性、人格及其所處環

境之真正自由的嚮往和期盼。巫性的「象意志」，並非「自由意志」，卻倒錯的開啟了與詩性審美相繫的「自由意志」的歷史與人文之門。

詩性審美作為天人、物我與主客之間的渾契和諧，作為天人合一的一種人文境界，孕育於原巫文化等的天人合一。巫性之靈的心理結構，是史前性質的一種「天人合一」，它是詩性審美的天人合一的前期形態，它的內在人文機制是靈的感應。弗雷澤說：「巫術的首要原則之一就是相信心靈感應。」這正如《葬書》所說「銅山西崩，靈鐘東應」[161]。這是被古人看得十分神祕而靈異的感應。所謂陰陽五行的相生相剋，都是靈的感應。西蜀銅山崩塌，實際是由地震所引起的，未央宮內的鐘響起來，是由地震的餘波所造成的。可是，東方朔卻解釋為「銅出於山氣相感應」是由於山屬土而銅屬金，因而「土生金」的緣故。這裡，融滲以巫性的感覺、想像與情感等心靈因素，實際是巫性的靈感問題。

詩性審美，起於巫性等的靈感。靈感，首先指人對於神靈的感應。《西遊記》載：「敝處通天河，有一靈感，每歲要一男一女祭奉。」神與人之間，似乎可以有靈意義上的感應，這種感應，以「一男一女祭奉」於神靈，便是神性、巫性的靈感。這靈感，是詩性審美的史前呈現。人的詩性靈感，實際起源於神性、巫性等靈感。

與詩性靈感相關聯的，是王陽明所說的「我的靈明」。弟子問老師：「人心與物同體……禽獸草木益遠矣，而何謂之同體？」陽明先生說，「你只在感應之幾（按：這裡指《易傳》所說的『知幾，其神乎』的『幾』，即

---

[161] 《風水聖經——〈宅經〉〈葬書〉》，第89頁，王振復今譯、導讀，臺灣恩楷出版股份有限公司，2003年版。按：這一段原文為：「是以銅山西崩，靈鐘東應。」《葬書》注云：「漢未央宮一日無故鐘自鳴。東方朔曰：『必主銅山崩應。』未幾，西蜀果奏銅山崩。以日揆之，正未央宮鐘鳴之日也。帝問東方朔：『何以知之？』對曰：『銅出於山氣相感應，猶人受體於父母也。』帝嘆曰：『物尚爾，況於人乎！』」

巫筮之兆）上看，豈但禽獸草木，雖天地也與我同體的，鬼神也與我同體的。」這個「同體」，指神性、巫性與靈性的天人合一。接著，王陽明先從巫性感應和靈感的主觀角度作了解答。他說：「我的靈明，便是天地鬼神的主宰。天沒有我的靈明，誰去仰他高？地沒有我的靈明，誰去俯他深？鬼神沒有我的靈明，誰去辨他吉凶災祥？天地鬼神萬物離卻我的靈明，便沒有天地鬼神萬物了。我的靈明離卻天地鬼神萬物，亦沒有我的靈明。」[162] 無疑，這裡所謂「我的靈明」，指巫性靈感與詩性靈感的文脈關聯，兩者也是「異質同構」的。總之，從巫性靈感走向詩性靈感，是可能而必然的。

---

[162]　王守仁《王陽明全集》上卷，第 124 頁，吳光、錢明、董平、姚延福編校，上海古籍出版社，1992 年版。

第十一章
「風水」的理性批判

　　《漢書・藝文志》將中國術數文化概括為六大類：（一）天文。（二）曆譜。（三）五行。（四）蓍龜。（五）雜占。（六）形法。這六大類術數，都屬於巫文化範疇，都是具有神性、巫性與靈性的。

　　分而言之。「天文者，序二十八宿，步五星日月，以紀吉凶之象，聖王所以參政也」；「曆譜者，序四時之位，正分至之節，會日月五星之辰，以考寒暑殺生之實」；「五行者，五常之形氣也。《書》云：『初一日五行，次二日羞用五事』，言進用五事以順五行也」；「蓍龜者，聖人之所用也。《書》曰：『女（汝）則有大疑，謀及卜筮。』《易》曰：『定天下之吉凶，成天下之亹亹者，莫善於蓍龜』」；「雜占者，紀百事之象，候善惡之徵。《易》曰：『占事知來。』眾占非一，而夢為大，故周有其官」；「形法者，大舉九州之勢以立城郭室舍形，人及六畜骨法之度數、器物之形容以求其聲氣貴賤吉凶」。[163]

　　這裡所說的「形法」，指的就是風水，亦稱堪輿。中國古代風水，有許多別稱，「形法」只是其中之一。形法，典出於《周易》一書。《易傳》說，「形而下者謂之器」，形者，器也。山川草木，地理環境，是自然萬類中的型類。《易傳・繫辭下》說：「古者庖犧氏之王天下也，仰則觀象於天，俯則觀法於地，觀鳥獸之文與地之宜，近取諸身，遠取諸物。」[164]這裡所謂「觀法於地」與觀「地之宜」，指「看風水」。大地是有形的，所以稱風水術為「形法」。中國風水文化，基本有「形法（形勢）」與「理氣」兩大類，以前者的源起較早。

　　風水的另一別稱，叫做「堪輿」。古人說，堪，天道；輿，地道。稱

---

[163]　班固《漢書・藝文志第十》，《漢書》卷三十，第 345、346、347、348、349、349 頁，中華書局，2007 年版。

[164]　《易傳・繫辭下》，朱熹《周易本義》，第 322 ～ 323 頁，怡府藏版影印本，天津市古籍書店，1986 年版。

堪為天道，有些令人難以理會。堪字從土，應指地土才是。許慎《說文解字》說，「堪，地突也」[165]。這是堪字正解。《淮南子》有「堪輿徐行」之記。輿，本指車箱，這裡泛指車輿。《易傳》有「坤為地」、「為大輿」之說，是「輿」象徵大地的佐證。「堪」和「輿」，都指大地。

風水的又一別稱，叫做「地理」。典出《易傳·繫辭上》。「易與天地准，故能彌綸天地之道，仰以觀乎天文，俯以察於地理，是故知幽明之故。」[166] 所謂「仰以觀乎天文」，是天文學的原始；「俯以察於地理」，是地理學的原始，但是它們原本都屬於巫文化範疇，其中「俯察地理」，實際指風水術。所以，風水又稱「地理」。《管子·形勢解》有「上逆天道，下絕地理，故天不予時，地不生財」的說法，意思是，假如上逆天道，下忤風水，人是會倒楣的。風水術稱為「相地術」。

風水還有一個別稱，稱為「陰陽」。這一風水別名，較為流行於元代之後，典出於先秦。殷代卜辭中，至今尚未發現有「陰」這個字，但是有陽字。陰字見於〈虢季子·白盤〉等青銅銘文。許慎《說文解字》釋「陰也，水之南山之北也」；「陽」，「高明也，從阜，易聲」。[167] 陰、陽二字，都從阜。阜，指高起的坡地。陰、陽的本義，陽光照射不到的為陰，照射得到的是陽，都本指大地與光照的關係。古人迷信，以陰為凶，以陽為吉。所以陰、陽二字的本義，本與風水有關。難怪後代風水術稱為陰陽術，風水家稱為陰陽家。《詩經》有「既景（按：影的本字）乃岡，相其陰陽，觀其流泉」的歌吟。《周禮》說，「惟王建國（按：這裡指城邑），辨方正位」，此指修築都城時，必須察陰陽、看風水的意思。《漢書·爰盎晁錯

[165]　許慎《說文解字第十三下·土部》，第 287 頁，中華書局影印本，1963 年版。

[166]　《易傳·繫辭上》，朱熹《周易本義》，第 291 頁，怡府藏版影印本，天津市古籍書店，1986年版。

[167]　許慎《說文解字第十四下·阜部》，第 304 頁，中華書局影印本，1963 年版。

傳》寫道，「相其陰陽之和，嘗其水泉之味，審其土地之宜，觀其草木之饒，然後營邑立城，制里割宅，通田作之道，正阡陌之界」[168]。這裡所說的「陰陽」，指風水，是清楚不過的。

風水還有其他別名，如相宅、相墓、圖宅、卜宅與青烏等。

第一節 「風水」的易理之原

所謂風水，是中國古人以命理的理念和方法，認識、處理人與環境的關係。風水學，屬於風水的理念範疇；風水術，屬於風水的方法問題。風水，同時指原本未經改造的地理環境。古人迷信風水，表現了人們對於所處巫性環境的敬畏和試圖掌握環境的努力。

風水有一個人文來源處，它就是易理。這一問題，可以從兩方面來加以認識與分析。

一、氣的理念：
中國古代風水學與風水術的人文之原與立論之本

風水學與風水術，是古代中華所獨具的一種關於人與環境關係的命理文化。它起源悠古，在中國文化中影響深遠。

相傳晉代郭璞所撰《葬書》說：

經曰：「氣乘風則散，界水則止。」古人聚之使不散，行之使有止，故謂之風水。風水之法，得水為上，藏風次之。[169]

---

[168] 班固《漢書·爰盎晁錯傳第十九》，《漢書》卷四十九，第 503 頁，中華書局，2007 年版。

[169] 按：《葬書·內篇》。《風水聖經——〈宅經〉〈葬書〉》（王振復導讀、今譯，臺灣恩楷出版股份有限公司 2003 年刊行）云：《葬書》「託名郭璞所撰」，是因為「宋代之前關於郭璞著述的記載中，我們未見該書著錄，直到《宋史·藝文志》才有記載。由此似能推定，該書當為宋時託名之作。有方技家、好事者粉飾、增華成一卷二十篇，南宋蔡元定病其蕪雜，刪為八篇，

這一風水定義，將古人對風水文化的認識概括在裡面，大致揭示了古代風水學、風水術的文化本蘊，關係到風與水以及風、水之聚散、乘界與行止的命理、環境的意義及其關聯。如果僅從「術」的角度看，以「得水」為第一，其次是「藏風」。然而，關鍵是「氣」的「聚之使不散，行之使有止」。從「學」的方面看，中國風水文化的人文原型，歸根結柢是「氣」。

《周易》本經有一個井卦，其卦象的下卦為巽，巽為風；上卦為坎，坎為水。巽風坎水，這是《易傳》所說巽卦象徵風而坎卦象徵水的意思。井卦的卦象結構，似與風水有關。《周易》本經的渙卦，下卦為坎，上卦為巽，也是一個風水結構。渙卦九五爻辭有云：「王居，無咎。」《易傳》在發揮其爻義時說：「王居，無咎，正位也。」渙卦九五爻為陽爻居於陽位，是一個得位、得中、得正的吉爻。因而王者筮得此爻，指王者的居所恰遇「好風水」，是大吉大利的。

《易傳》明確提出「同聲相應，同氣相求」[170] 這一人文命題，又說，「仰以觀乎天文，俯以察於地理，是故知幽明之故」[171]。所謂「同氣相求」，指風水學意義的氣。風水所依仗的氣的本質是相同的，所以相互感應。所謂「仰觀」、「俯察」云云，指風水術意義的「看風水」。

《周易》所說的「氣」，奠定了古代中華風水學、風水術的學理基礎。

氣是什麼？

　　元人吳澄又嫌蔡氏未盡蘊奧，於是擇其要義、至純者為內篇，粗精、駁純相半者為外篇，粗駁當去而姑存者為雜篇。《葬書》通行本內、外、雜篇體例，仿通行本《莊子》體例，可能源自吳澄舊本」（該書「導讀」之七「關於《葬書》」）。《宅經》，舊題「黃帝宅經」，托名黃帝，實為唐人所撰。本書下文所引《宅經》和《葬書》諸多資料，都引自《風水聖經 ——〈宅經〉〈葬書〉》，不另注明。

[170]　《易傳・文言》，朱熹《周易本義》，第48頁，怡府藏版影印本，天津市古籍書店，1986年版。

[171]　《易傳・繫辭上》，朱熹《周易本義》，第291頁，怡府藏版影印本，天津市古籍書店，1986年版。

正如前述，甲骨卜辭有「氣」這一漢字。氣字的字形，寫為上下兩畫之間加一點或者加一短畫。上下兩畫，象徵河的兩岸，中間一點或一短畫，表示這裡忽而波濤洶湧，忽而乾涸見底，以及先民對於這一自然現象深感困惑與神祕的心理體驗。先民的智力何其低下，他們對河流的那種突然洶湧，又突然乾涸，深感恐懼和敬畏，覺得實在難以理解，便迷信有一種超自然、超人為的神靈與神祕的感應之力在起作用，並且決定人類的生存際遇。

這種氣，往往首先被先民想像成鬼神、鬼怪、精靈之類。這河流忽然水勢滔滔，忽然無有涓滴的現象，是令人生畏的，相信一定是有什麼鬼靈、鬼魂在此作祟的緣故。這種「神出鬼沒」的所謂鬼靈、鬼魂，先民用一個漢字來加以表達，叫做「氣」。

列維－布留爾曾經說過：

在中國人那裡，鞏固的確立了這樣一種信仰、學說、公理，即似乎死人的鬼魂與活人保持著最密切的接觸，其密切的程度差不多就跟活人彼此的接觸一樣。當然，在活人與死人之間是畫著分界線的，但這個分界線非常模糊，幾乎分辨不出來。不論從哪方面來看，這兩個世界之間的交流都是十分活躍的。這種交流既是福之源，也是禍之根，因而鬼魂實際上支配著活人的命運。[172]

死人與活人這「兩個世界」之間怎麼能夠「交流」呢？靠氣來交流。氣是兩個世界之間進行「交流」的媒介。如果沒有氣，在活人與死人之間是沒法「對話」的。也正是因為有氣這一個神妙而神祕[173]的存在，「兩個世界」的界限就變得有些「模糊」起來。

---

[172]　[法] 列維－布留爾《原始思維》，第 296～297 頁，丁由譯，商務印書館，1981 年版。
[173]　按：與其說先民心目中的神祕是不可思議的，倒不如說，沒有這種神祕是不可思議的。

在最早的時候，先民曾經長期未弄清楚氣的脾性究竟如何，它對人類的態度又到底怎樣，所以總是恐懼在先，這便是《易傳》為什麼說「陰陽不測之謂神」[174] 的緣故。慢慢的先民便知道，氣，既是「禍之根」，也可以是「福之源」。於是對於氣，總是獻媚、討好、崇拜在前，爾後，才同時試圖透過某種「法術」，來控制、支配這個氣（按：鬼神、精靈、鬼魂），讓它為人服務，這便是巫術的「作法」。

這一後代成為整個中華文化範疇的氣，自古至今，其字形的寫法，經歷了許多變化。先是由最原始的字形，即上下兩畫加中間一點或者一短畫，演變成「气」字；接著轉變為「氣」字，稱精氣。[175] 這個「氣」字之所以在原先的氣字上加了一個米字，是因為先民發現，氣不僅指鬼神、鬼魂之類，而且同時還是人的生命之元，孔子叫做「血氣」，它是靠人每天進食米穀之類得以養成的。[176] 後來又從這個「氣」字，衍生出一個「炁」字，意思是煮東西的時候，水被燒乾的一種狀態。水究竟到哪裡去了呢？先民不知道，所以很驚訝，就用這個漢字來表示。當先民發現陽光可以晒乾水分時，又造出一個「暣」字，表示水不知去了哪裡，這真是神祕莫測。與此相關的，是「汽」字的創造等。而且，先民總也覺得，氣是與神鬼相關的，就用「魆」、「魖」等字來加以表示。

中國古代的氣字叢集，其意思是相當豐富的。然而萬變不離其宗，气作為本字，乾涸是其基本的含義，所以「气」通「汽」。叢集中的每一個氣

---

[174]　《易傳·繫辭上》，朱熹《周易本義》，第 295 頁，怡府藏版影印本，天津市古籍書店，1986年版。

[175]　按：《易傳·繫辭上》說：「精氣為物，遊魂為變，是故知鬼神之情狀。」（朱熹《周易本義》，第 291 ～ 292 頁，怡府藏版影印本，天津市古籍書店，1986 年版）

[176]　按：「孔子曰：『君子有三戒。少之時，血氣未定，戒之在色；及其壯也，血氣方剛，戒之在鬥；及其老也，血氣既衰，戒之在得。』」（《論語·季氏第十六》，劉寶楠《論語正義》卷十九，《諸子集成》第一冊，第 359 頁，上海書店，1986 年版）

字的意思，都是神妙難辨、莫名其妙的。

「氣」這一範疇，從其一開始表示初民所體驗到的神祕感應，發展為重要的文化學範疇，中國哲學、美學的本源本體範疇之一，給予中國文化、哲學與美學以深遠影響。

以往有的關於氣的研究，從哲學、美學或文學等進入，自無不可，所獲成果值得肯定，但是往往限於哲思或美蘊的閾限，並未追溯哲學、美學等氣範疇意義的文化源頭。如果不從原始巫文化及其風水角度看問題，就有一些取流而捨源的遺憾。

從文本看，大約成書於殷周之際（按：距今約 3,100 年）的《周易》卦爻辭中，未見一個氣字。這不等於說，在先民的原始易筮文化中，沒有對於神祕之氣的領悟、認同與敬畏。易筮、算卦之所以被信為「靈驗」，不就是初民迷信氣的本來存在及其感應功能的明證麼？

蘊含於易理的中國古代風水學與風水術的文化理念，無論在形法派還是理氣派的風水學說中，都是以氣為其人文之原與人文之魂的。

舊題黃帝所撰《宅經》[177] 卷上說：「是和陰陽者，氣也。」這氣指的便是處於和諧狀態的生氣勃勃的氣。《葬書·內篇》也說：「葬者，乘生氣也。」[178] 也在證明，氣是中國風水學、風水術的人文之源。風水「聚氣」

---

[177]　按：「《宅經》，又稱《黃帝宅經》，分卷上、卷下兩部分，舊題黃帝撰。托名黃帝，以提高此書的權威性和經典性，又強調了此書的原始性。根據此書出現唐人李淳風、呂才等人名，以及對《宅極經》、《三玄宅經》等古籍內容的引用，疑為唐代或唐以後的人所著。作者托名黃帝，又意在自重。該書主要版本有：《道藏·洞真部眾術類》、《道藏舉要》、《四庫全書·子部·術數類》、《小十三經》、《崇文書局彙刻本》、《民俗叢書》本以及《宅經》敦煌本等。本書取材的版本，為《四庫全書·子部七·術數類三》所收錄《宅經》。」（《風水聖經 ——〈宅經〉〈葬書〉》「六、關於《宅經》」，王振復導讀、今譯，臺灣恩楷出版有限公司，2003 年版）

[178]　按：《葬書》注云，所謂「生氣」，「故磅礴於大化，貫通乎品匯，無處無之，而無時不運也」。這便是「一元運化之氣」。（王振復導讀、今譯《風水聖經 ——〈宅經〉〈葬書〉》，第 81 頁，臺灣恩楷出版有限公司，2003 年版）

之說的關鍵在於，氣是「聚之使不散，行之使有止」的。古人所謂「好風水」的第一個條件，是氣的大化流行，氣韻生動。

《葬書·內篇》有「蓋生者，氣之聚」的說法。學界有學人據此以為，風水學、風水術的所謂「聚氣」說，首倡於《葬書》。其實並非如此。

戰國時期的《莊子·知北遊》中早就指出：「人之生，氣之聚也。聚則為生，散則為死」，「故曰：『通天下一氣耳』」。[179] 這就說明，《葬書》的「生者，氣聚」之說，源自《莊子》。我們研讀《莊子》，習慣性的思路與理念可能是，既然莊子是道家哲學家，那麼其一切言說，似乎便一定是「哲學」而無其他的了。其實不然。莊子在這裡所說的「氣」，實際是由文化學意義的「風水」從而提升為哲學。莊子關於哲學及美學的人文基因，起碼在一定意義上，是源於原始風水與神話、圖騰說的。否則，《莊子》的哲學「聚氣」說，又為什麼會有《葬書》的風水學的「聚氣」說與其遙相呼應呢？從文本上看，《莊子》的哲學「聚氣」說，要遠遠早於《葬書》的「聚氣」說。從文化品格上分析，總是文化意義的「聚氣」說在前，哲學意義的「聚氣」說在後。有了文化意義的「聚氣」說，才有哲學提升的可能。

據考古發掘，早在莊子時代前許多個世紀，中國中原地區的庭院式宮室制度已經形成，這種宮室制度的顯著特點就是必須設有一個庭院。庭院，不僅是整座建築的公共空間，是交通的匯聚處，而且在理念上，它是一個可以「聚氣」的建築的「呼吸器官」。庭不在大，有「氣」則「靈」，靈不靈就憑這一口「氣」。

誠然，較《莊子》晚許多個世紀的《葬書》，主要說的固然是風水學、風水術意義的氣，卻也同時特具一定的哲學意蘊。哲學與屬於巫學範疇的

---

[179]　《莊子·知北遊第二十二》，王先謙《莊子集解》卷六，第138頁，《諸子集成》第三冊，上海書店，1986年版。

風水學、風水術，是一種「異質同構」的文脈關係。[180]

《葬書·內篇》的「蓋生者，氣之聚」這一風水命題是成立的。其反命題便是「蓋死者，氣之散」。「氣之聚」是生的狀態，「氣之散」是死的狀態。「聚生」而「散死」，正是《莊子》的哲學氣論。《莊子》所謂「通天下一氣耳」的哲學本蘊，指「天下」萬類，僅僅是「生」與「死」以及二者的關聯而已，生命形態意義上的「生」與「死」，實際指氣的「聚」和「散」。

《莊子》不僅言說哲學的氣以及氣的哲學，而且，還有關於人「受命」於「天地」的巫性思想。《莊子》說，「受命於地，唯松柏獨也在冬夏青青；受命於天，唯堯獨也正」[181]。所謂「命」，人是「無所逃於天地之間」[182] 的。

試問這是什麼緣故呢？因為人的生死，是氣的聚散，這是無可逃避的，也無法抗拒。所以，天地的「命」根，就是「通天下一氣耳」的「氣」。人對於氣所應有的態度，好比「父母於子，東西南北，惟命是從」[183]。這裡所說的「從」，是適然於時勢的意思。《莊子》又說，「《易》以道陰陽」[184]。就其哲學層面來看，「陰陽」二者是對偶性範疇，指世界萬類存在相反相成、互對互逆的兩面，這也便是前文所引《易傳》所謂

---

[180] 按：《葬書》體例深受《莊子》影響。《莊子》全書分「內篇」、「外篇」與「雜篇」三部分，《葬書》也是。

[181] 《莊子·德充符第五》，王先謙《莊子集解》卷二，第 32 頁，《諸子集成》第三冊，上海書店，1986 年版。

[182] 《莊子·人間世第四》，王先謙《莊子集解》卷一，第 25 頁，《諸子集成》第三冊，上海書店，1986 年版。按：莊子此言的全文為：「仲尼曰：『天下有大戒二：其一，命也；其一，義也。子之愛親，命也，不可解於心；臣之事君，義也，無適而非君也，無所逃於天地之間。是之謂大戒。』」（該書，第 25 頁）

[183] 《莊子·大宗師第六》，王先謙《莊子集解》卷二，第 43 頁，《諸子集成》第三冊，上海書店，1986 年版。

[184] 《莊子·天下第三十三》，王先謙《莊子集解》卷八，第 216 頁，《諸子集成》第三冊，上海書店，1986 年版。按：莊子此言全文為：「《詩》以道志，《書》以道事，《禮》以道行，《樂》以道和，《易》以道陰陽，《春秋》以道名分。」（該書第 216 頁）

「陰陽不測之謂神」。從這一哲學思想的文化基因看，陰與陽，本指地理環境與陽光照射的關係，這裡已經具有風水說的初始的人文意義了。陰陽與氣相關聯，在巫學上便是陰氣為凶而陽氣為吉。

無論是神祕兮兮的風水文化，還是在理性蒽郁的哲學意義上，所謂氣，只有聚或散兩種存在形態。聚態之氣的存在與發展，指生命正在「活」著；散態之氣的存在與發展，指生命已經「死」去。

可是，氣本身是無所謂生或死的。或者可以說，氣永遠不死。否則，哪還是具有神祕、神奇莫測的「感應」功能和本源、本體的氣嗎？

因此，肉體的生死，僅僅意味著氣的「聚」、「散」罷了。人的肉身一旦死亡，那散在的氣，在古人的迷信觀念中，實際指鬼怪、鬼魂。這裡值得注意的是，諸多風水學著述，包括這裡所說的《宅經》、《葬書》，往往有「無氣」或者「死氣」的提法，對此，我們不要望文生義，誤以為氣本身有「無」或者「死」去的時候。古人堅信，氣是永恆的、不死的，所謂「無氣」、「死氣」，是指「氣」的「散」在狀態；氣是到處都存在的，沒有「無」與「死」的時候。氣是人的命脈，是第一重要的。

可以從《易傳》所說的「原始反終，故知死生之說。精氣為物，遊魂為變，是故知鬼神之情狀」[185] 一語得以佐證。這裡的「精氣」即指「氣」，它是唯一的一種元素。人活著的時候，是「精氣」的聚在；人死去了，便是「精氣」的散在，變成所謂的孤魂野鬼。妻子死了，莊子一點也沒有悲傷，反而「鼓盆而歌」[186]，讓惠子很不理解。這在哲學上，表現出莊周的

---

[185]　《易傳・繫辭上》，朱熹《周易本義》，第 291 ～ 292 頁，怡府藏版影印本，天津市古籍書店，1986 年版。

[186]　《莊子・至樂第十八》，王先謙《莊子集解》，第 110 頁，上海書店，1986 年版。按：關於「鼓盆而歌」的原文為：「莊子妻死，惠子弔之。莊子則方箕踞鼓盆而歌。惠子曰：『與人居長子。老身死，不哭亦足矣。又鼓盆而歌，不亦甚乎？』莊子曰：『不然。是其始死也，我獨何能無概（慨）然？察其始而本無生，非徒無生也，而本無形；非徒無形也，而本無氣（按：意思是，

放達；在文化上，又是莊周把人的從生到死，僅僅看作是氣的由散而聚、由聚而散，如此而已。莊子是深諳氣的聚散之理的。

因此，所謂「陰宅」、「陽宅」的風水術施行的目的，都是企圖以「得水」、「藏風」的手法與方式，讓已經散去的「遊魂」（按：散在的氣），重新「聚生」於「吉壤」之域，讓所謂「生氣」（按：聚在的氣）永駐人間，以企望蔭庇於血族後人，這便是前文所引《葬書》「葬者，乘（按：隨順、駕馭義）生氣也」和《宅經》卷上所說「陽氣抱陰」、「陰氣抱陽」的意思。

二、《周易》八卦方位理念，
是古代中國風水學、風水術的理想模式

《周易》八卦方位，有「先天」（伏羲）與「後天」（文王）之分。先天八卦方位的平面布局：乾南、坤北、離東、坎西、震東北、巽西南、兌東南、艮西北；後天八卦方位的平面布局：離南、坎北、震東、兌西、艮東北、坤西南、巽東南、乾西北。

讀者切不可以為，這兩大八卦方位，僅僅表現了古人對平面、空間的一種方位認識，其實，它們更是關於時間流程的表達方式，是以空間方位的安排，來表達對於時間流程的認知，也是兩大如封似閉、氣韻生動之氣不同的和諧模式。

這兩大八卦方位模式，在中國古代都城、鄉村、宮殿、寺觀、民居與陵墓等一切規畫、建築以及環境的風水設計與營造中，都有實際的運用。

明清北京紫禁城（今北京故宮），自乾南正陽門（前門）到坤北景山是

氣是本在的，僅僅因為沒有成為人的形體，故感覺不到氣的存在），雜乎芒芴之間。變而有氣，氣變而有形，形變而有生。今又變而之死，是相與為春秋冬夏四時行也。」（王先謙《莊子集解》，第 110 頁）

一條筆直的中軸線，7.8公里長。其中，從其南門即承天門（今天安門）、到北門即厚載門（今地安門）之間，聳立著一大批重要建築，如天安門、端門、午門、太和門、太和殿、中和殿、保和殿等，形成一個自南向北的中軸。在這條中軸的兩端，幾乎對稱的排列著諸多副建築。而天安門、地安門的平面形制與稱謂，無疑源自先天八卦方位的「乾南」、「坤北」原則。

有學者說，這條中軸線，是由一系列重要建築所排列而成的「龍脈」[187]，這一問題可以討論。《易傳》說，「乾為天」、「坤為地」。又說：「至哉坤元，萬物資生，乃順承天。坤厚載物，德合無疆，含弘光大，品物咸亨。」[188] 所以才有紫禁城的「承天」（天安）、「厚載」（地安）的名稱。明清原北京內城的四郊設有四壇，以供郊祀的需求。其南為天壇、北為地壇、東為日壇、西為月壇，源於「先天」方位的四正卦理念，即乾南、坤北、離東、坎西，依次相應於乾天、坤地、離火（日）與坎水（月）的易理。

比較而言，後天八卦方位，比先天八卦方位的理念在風水實踐中的運用更為廣泛。

形法派風水術，以西北為龍脈的起始、血族祖脈的源頭和元氣的本源，其北為主山（按：靠山），東南為水口，前有案山、朝山等。《葬書·外篇》有「左為青龍，右為白虎，前為朱雀，後為玄武」說，而且有以案山、朝山為朱雀，以穴（按：即主題建築物所在處）之前為明堂[189]的說法。

---

[187] 按：有學人以為，這一從南到北由一系列重要建築所排列而成的空間中軸，是明清北京紫禁城的龍脈。此說從龍脈的廣義角度看，並無不妥。從關於龍脈的狹義即本來意義的角度看，所謂龍脈，一般都是指建築環境作為「靠山」的那種自然形成的氣勢磅礴、植被富於生氣的山巒形勢。

[188] 《易傳·象辭》，朱熹《周易本義》，第55～56頁，怡府藏版影印本，天津市古籍書店，1986年版。

[189] 按：明堂，原指古代帝王宣明政教之所，是舉行朝會、祭祀、犒賞與選士的地方。這裡作為風水學術語，指建築及其環境的地基之前的空地以及水域等，古人以為有聚氣的神祕功能。

那麼在地理方位上，為什麼要如此安排呢？

根據後天八卦方位的布局，西北作為乾位，源自《易傳》「乾為天」、「乾為父」、「乾為龍」之說。因此，西北乾位，是整個建築環境的龍脈的起始。《葬書・內篇》注對此曾經大加渲染，稱龍脈「若水之波，若馬之馳」，「若器之貯，若龍若鸞，或騰或盤。禽伏獸蹲，若萬乘之尊也」等等。

風水術的第一要義，是所謂「覓龍」[190]，即尋找龍脈的起始與走向在哪裡。龍脈始於西北，是按照後天八卦方位的理念而給定的邏輯預設，是對血族祖先之旺盛生命、生殖力即生命之元氣的肯定、崇拜與歌頌。這一條龍脈，在風水術上稱為正脈，由太祖山、少祖山、祖山與主山依次自西北向北的方位蜿蜒而來，構成一個雄渾、恢弘與蔥蘢的山脈連綿的「大好形勢」[191]。

據後天八卦方位，東南巽與西北乾是相應的，風水術要求「入山首觀水口」，意思是說，所謂看風水時，在龍脈確定之後，「觀水」是很重要的。水口位於東南巽位。《易傳》說，「巽為入」。所以東南方位，是整座建築（按：比如民居、寺廟等）首選的入口。

典型的明清北京四合院，四周院牆封閉，僅僅在東南一隅開闢一個院門，以供出入。這是應在「吉利」的巽位上。大而言之，中華大地西北高而東南低，大江大河，基本從西北或西方流向東南或東方，因而東南方是所謂「水口」的所在。北京曾經是明清兩朝的都城，其風水地理的所謂

---

[190] 按：風水術有五要：覓龍、觀水、察砂、點穴、正位。

[191] 按：《葬書・內篇》說：「千尺為勢，百尺為形。」意思是說，遠的地方是看不分明的，所以「勢」指龍脈的遠觀效果；近的地方可以看出山的形狀與走向以及山上的植被。《葬書・內篇》注，「千尺言其遠」，「百尺言其近」。從字源看，形字從井從彡。彡，表示陽光。從井從彡，意思是陽光照臨井田而留下的日影。勢字從執從力，指強大的雄性生殖力，所以古時候的太監，其生殖器被閹割，稱為「去勢」。

「吉利」，不僅從西北方向北方綿延不斷的山勢，磅礴而雄偉，龍脈自西北向北奔騰而來，而且以北京東南的天津衛為「水口」。北京背靠的燕山山脈，是作為靠山的主山；北京的南面即其前方，是華北大平原，這在風水上是「明堂」的所在；大平原的東邊是泰岱（青龍山），西邊是華山（白虎山），南邊即其前面又有嵩山（案山），這種地理形勢，合於《周易》後天八卦方位的坎北、震東、兌西、離南四正卦與中位的原則，實為難得。

《易傳》稱，東「震為龍」，這裡的五方、五行、五色是相對應的。所以，東為木為青又「左為青龍」。《易傳》說，「雲從龍，風從虎」。龍虎相應，既然「左」為東為龍，則「右」為西而必為虎。據考古，距今大約6,000年的河南濮陽西水坡45號墓出土有「龍虎蚌塑」的圖案。從圖案的形制看，在墓主遺骸的左（東）側是龍形蚌塑，右（西）側是虎形蚌塑，正好與風水學關於「左青龍，右白虎」的說法相同。可見，所謂「左青龍，右白虎」這一風水理念的起源，是十分古老的。《易傳》又說，南「離為火」，在五色上，南方屬赤（朱），這裡是「朱雀」的方位。「雀」（鳳）是「四靈」之一，居於南方，所以「前（南）為朱雀」。朱雀與玄武相對應，北「坎為水」。玄武（蚨龜）屬水，在五色上屬黑，所以「後（北）為玄武」。

這裡有一個問題。既然北「坎為水」，玄武屬水，為什麼風水學、風水術偏偏要以北為主山（靠山）為「吉」呢？筆者以為，按照陰陽五行相剋的理念，山的屬性為土，之所以以北方有「山」為「吉利」，是因為在五行說中「土剋水」的緣故。中國風水學強調陰陽調和，按後天八卦方位，北「坎為水」，水勢太旺，是不吉利的，所以要有屬土的山，來達到所謂「土剋水」的效果。在後天八卦方位上，北方本為「坎水」，不「吉利」，現在恰好或者要求北方有山（土），正合「土剋水」的道理。這也正如南「離為火」，火勢太旺也是不「吉利」的，所以必須有「水」來與它中和。所以在

風水學、風水術上，一個鄉鎮以及一個民居、寺廟與陵墓的前面（南），必須有水系。如果本來沒有，也要人工挖出一個湖泊或者水塘來，取「水剋火」的所謂「吉利」。比如在一個寺廟的前面，挖一個水池，稱為「匯龍潭」。總之，風水學以陰陽五行的調和為「理想」，北坎水旺而過度，所以以土山剋之；南離火旺而過度，又以水剋之。這裡的所謂「剋」，是達到、實現的意思。也就是說，達到、實現了土、水平衡與水、火相濟。

要之，中國古人篤信明清北京的風水地理之所以「吉利」，是因為它符契了《周易》八卦方位原則。從後天八卦方位看，北京之所以是理想的都城之地，是因為正如南宋朱熹所說，「冀州好一風水。雲中諸山，來龍也。岱嶽，青龍也。華山，白虎也。嵩山，案（案山）也。淮南諸山，案外山（朝山）也」[192]。可見，北京被定為明清時期王朝的都城，是由於講究風水的緣故。正如本書前文所注，中國古代的風水學、風水術有五要：（一）「覓龍」。尋找龍脈的所在與走向。（二）「觀水」。觀照水系的位置、曲直、流向、大小、清濁與多寡。如果本來的地理環境中沒有水系，就需要經過人工挖掘。（三）「察砂」。這裡的「砂」，是山的意思。這個山，在體量上不能大於建築物北方的所謂「靠山」。「察砂」，就是察看東方青龍山和西方白虎山的大小、位置、體量和形勢究竟如何，以青龍山稍大於白虎山為宜。（四）「點穴」。所謂「點穴」，指確立「陽宅」、「陰宅」的準確的地理位置，以及與龍脈、水系、砂山的位置關係，風水學、風水術認為，「穴」要點得準，才是所謂「好風水」。（五）「正向」。便是勘定「陽宅」、「陰宅」的「吉利」或者「不吉利」的朝向。《周易》八卦方位理念認為，有八個方位可供選擇，以正南（坐北朝南）的方位最為「吉利」。其次

---

[192]　按：見《朱文公集·地理》。冀州，位於今華北大平原的腹地，屬於河北衡水地域，北距現在的北京大約300公里，在古代風水學中，北京與冀州屬於同一個風水地理範圍。

是坐西北朝東南與坐西朝東為比較「吉利」，一般認為坐南朝北、坐西南朝東北等，是「不吉利」的。但也有例外，比如清代浙江有一個閣老，姓陳，他的宅邸，大門是向北開的，什麼緣故呢？因為帝王在北京，自己作為忠臣，取無時不在向北朝拜帝王的意思。

可將風水術要義，歸結為所謂「三綱五常」。三綱：（一）氣脈，為富貴貧賤之綱。（二）明堂，為砂水美惡之綱。（三）水口，為生旺死絕之綱。五常：一曰龍，龍要真；二曰穴，穴要的；三曰水，水要抱；四曰砂，砂要秀；五曰向，向要正。

第二節　「畏天」與「知命」

中國風水文化，無疑浸透了宣揚迷信的命理思想，這種迷信，是應當摒棄的東西。風水學著作的諸多言述，首先是對神性的「天」以及人居環境的崇拜、歌頌、感激甚或是無奈、焦慮與恐懼。古人敬畏風水地理，具有樸素的環境學與生態學的意識，這是存在於古代風水學、風水術文化中的一些合理的成分。而風水學、風水術的起因，是初民在很不了解地理環境的前提下，對於環境的且敬且畏，甚至充滿了畏懼的情感。他們迷信，在人所居住的或者是曠野中無人所居的地方，都是由神靈、精魂、鬼怪所掌控的，而且時時處處都與人類的命運相關聯。為了克服人類居住的困難，甚而是災難與悲劇，於是他們在相信神靈、鬼怪的前提下，企望透過人為的努力 —— 而不管這種努力是正當的還是無效的，來試圖改變人的生存處境。於是，充滿神神鬼鬼、命理迷信的風水學、風水術，就這樣產生了。

試看《宅經》的人文主題，我們可以從其卷上第一句「夫宅者，乃陰陽之樞紐」見出。這裡的所謂「陰陽」，指宅居的陰氣、陽氣，實際指風水

學、風水術，「風水」別稱陰陽。而從陰氣陽氣的角度看，有陰陽相和、陰陽失調兩種形態、兩種情況。無論自然界或者人居環境，從「命」這個角度看，是先天的、命定的；無論陰陽之氣的相合還是失調，都是出於「天意」。《論語·顏淵》：「死生有命，富貴在天。」[193] 董仲舒說，「人受命於天也」[194]。「命者，天之令也」[195]。天之令不可違逆，天命不可褻瀆，這便是命，所以僅由這一點可以說，古代風水學是一種典型的宿命論。

天人關係既原本相合又原本相分，既合一又悖反。否則，古人為什麼會那般虔誠的崇拜天命或者惡毒的發出對於天的詛咒呢？這裡所說的天，應當是神性之天，否則，天就不能等同於天命。

中國古代的風水文化，具有對於天命意義的陰陽相合（吉）與陰陽失調（凶）之氣的崇信。僅僅就所謂風水的凶煞來說，凶煞有多種，它們對於人，都是「心懷惡意」的，可見人類的生存是多麼艱難，環境是何等惡劣。

《宅經》卷上說：「再入陰入陽，是名無氣。三度重入陰陽，謂之無魂。四入謂之無魄。魂魄既無，即家破逃散，子孫絕後也。」意思是，人居環境再三再四的陰氣過盛而犯陽、陽氣過盛而犯陰，是一種陰陽失調的不吉狀態，人無氣無魂無魄，連小命也難保了，落得個家破人亡、斷子絕孫的下場。如此聳人聽聞、近乎恫嚇的迷妄之言，是中國古代風水文化之典型的崇信天命的思想表現之一。

《宅經》卷上又說，「墓宅俱凶，子孫移鄉絕種」，「失地失宮，絕嗣無蹤。行求衣食，客死蒿蓬」。《宅經》卷下也說，「凡修築垣牆，建造宅宇，

---

[193]　《論語·顏淵第十二》，劉寶楠《論語正義》卷十五，第 264 頁，《諸子集成》第一冊，上海書店，1986 年版。按：此為子夏之言。

[194]　董仲舒《春秋繁露·人副天數》，上海古籍出版社，1989 年版。

[195]　班固《漢書·董仲舒傳第二十六》，《漢書》卷五十六，第 562 頁，中華書局，2007 年版。

土氣所沖之方，人家即有災殃」。須知五行之中除了土，還有金、木、水、火之氣，都是各有「所沖之方」的，可見「災殃」的多如牛毛。如此種種言述，讓篤信風水命理的人，難以承受，簡直惶惶不可終日。《宅經》卷下又將八卦方位的「八方」，一共分為「二十四路」，每一路方，或者是「刑禍方」（凶），或者是「福德方」（吉），依運而互轉，反覆闡述所謂天命難違，命裡注定的窮、通的道理。

《葬書》又熱衷於渲染所謂生者死者、生氣死氣之間的神祕感應。正如前述，《葬書‧內篇》編造了一個引人入勝的關於「感應」的故事，所謂「銅山西崩，靈鐘東應」，無非是在渲染風水地理的氣的神祕，氣的傳導與感應，是超時空的，不可捉摸的，這也加深了古人對於風水地理的敬畏甚至恐懼。無論《宅經》還是《葬書》，都不遺餘力的宣說「風水」的所謂「靈驗」以及冒犯風水原則的可怕。

可是，這僅僅是問題的一個方面。中國風水學、風水術，除了宣揚風水地理命裡注定和風水陰陽失調的可怕、可悲之外，又強調了人可以透過風水術的實踐，來試圖掌握自己的命運，企望讓自己「活」得好一點。不能把中國的風水學、風水術僅僅看作天命、命理的一種迷信，除了迷信的東西，它還有一些樸素的環境學、生態學的思想因素值得肯定。

這就是說，中國古人不僅迷信風水地理，其身心曾經沐於陰陽相和之氣而樂其所成，或者畏懼於陰陽失調而寢食難安，而且，無論面對何種風水地理，又相信人自身並非絕對的無能為力，相信只要「審時度勢」，就能夠「遵天命就人事」，達到所謂「逢凶化吉」的效果，儘管其方術是錯誤的而且最後總是落空。

《葬書‧內篇》說，如果人處於逆境、遭到宅舍風水之害時，人可以做到：

乘其所來，審其所廢，擇其所相，避其所害，是以君子奪神功而改天命。

《葬書》注引述陳摶的話做了這樣的解讀：

聖人執其樞機，祕其妙用，運己於心，行之於世，天命可移，神功可奪，歷數可變也。

人所遭遇的風水地理是凶險的，但是，人可以隨順、駕馭生氣的來勢，審察煞氣的散廢，選擇陰陽之宅基址的吉善，而迴避死氣的殘害，求得生氣的再度凝聚。所以，聖人、君子講究風水學、風水術，可以掌握神祕的自然造化之功，改移先天之命的安排。這就是說，古人有時候並非絕對的將天命權威放在眼裡，也並未徹底的執迷於命理的束縛，儘管其方術與理念有錯誤的一面。

這便是中國古代風水學、風水術之中值得關注的所謂「知命」的思想。「知命」者，知天命、知命理之謂也。所謂命理，指人命運中所存在的天命成分。命運二字，是一個複合的範疇結構。命，屬於先天；運，屬於後天。「知命」的意思，指人試圖認知與掌握神祕的天命，用以改移人的後天處境。誠然，這一「知命」，其實是所「知」極為有限。

「知命」與「畏天」是相對的。在中國古代文化史、哲學史上，孔子既有「畏天命」又有「五十而知天命」[196] 的雙兼的思想。「樊遲問知。子曰：『務民之義，敬鬼神而遠之，可謂知矣。』」[197] 孔子對於鬼神的態度，是

---

[196] 《論語・季氏第十六》，劉寶楠《論語正義》卷十九，第 359 頁；《論語・為政第二》，劉寶楠《論語正義》卷二，第 23 頁，《諸子集成》第一冊，上海書店，1986 年版。按：前者原文為：「孔子曰：『君子有三畏：畏天命，畏大人，畏聖人之言。』」後者原文為：「子曰：『吾十有五而志於學，三十而立，四十而不惑，五十而知天命，六十而耳順，七十而從心所欲不逾矩。』」

[197] 《論語・雍也第六》，劉寶楠《論語正義》卷七，第 126 頁，《諸子集成》第一冊，上海書店，1986 年版。

且「敬」且「遠」的。這也是孔子對待蘊含鬼神、命理意識的風水文化的基本人文態度。孟子心目中的「天」，實際指「本善」的「人性」。「盡其心者，知其性也。知其性，則知天矣。」[198] 孟子的邏輯是，「盡心」即充分的心靈道德修為，即「知性」，「知性」即「知天」。所謂「知天」，實際指「知命」。荀子又以「本惡」的「人性」為「天」。他從「明於天人之分」說出發，提出「從天而頌之，孰與制天命而用之」[199] 的思想，不僅要求「知天命」而且要「制天命」。《易傳》則說，「樂天知命故不憂」[200]。

凡此都為我們思考、認知與評價古代中國風水文化「畏天」與「知命」訴求，提供了一個可取的人文視角和文化視野。作為傳統文化的重要構成與一大另類，風水文化的「畏天」兼「知命」的思想，不過是原始中華文化及其哲學關於天人關係問題的延伸與輻射而已。我們不妨將古代風水學看作一個「畏天」（按：從命、認命）與「知命」（按：主命、掌握命運），且以「畏天」為主的既背反又合一的人文動態結構。它是神與人、神性與人性、神格與人格的二律背反又合二而一。在人居問題上，中國風水文化具有雙重文化性格：既聽天由命，又認為在尊重天命的前提下，人可以改移天命、有所作為，從而試圖改變人自身的生存處境，但作為方法的風水術，是錯誤的。

在這一複雜的人文結構中，人是多麼有趣而尷尬的一個角色：糊塗與清醒同在，迷信與理智並存，猥瑣和尊嚴兼有，崇拜與審美偕行，且以前者為主。

[198] 《孟子·盡心章句上》，焦循《孟子正義》卷十三，第517頁，《諸子集成》第一冊，上海書店，1986年版。

[199] 《荀子·天論篇第十七》，王先謙《荀子集解》卷十一，第205、211頁，《諸子集成》第二冊，上海書店，1986年版。

[200] 《易傳·繫辭上》，朱熹《周易本義》，第292頁，怡府藏版影印本，天津市古籍書店，1986年版。

　　以文化人類學關於巫學的眼光來加以審視，風水的「畏天」兼「知命」，便是一種所謂的「巫性」[201] 境界。風水學、風水術是屬巫的，巫既通於人，又通於神，是人與神之際的一個中介。巫性是人性與神性之際的一個中介，它是從文化人類學從巫學的角度，理解中國古代風水學、風水術文化本蘊的關鍵。

　　巫性關乎神性與人性。而神性這一人文概念與範疇，在中國原始文化中具有獨特的人文內涵。梁漱溟先生曾經指出：

> 中國文化在這一面的情形很與印度不同，就是於宗教太微淡。[202]

　　中國文化之所以「於宗教太微淡」，是因為，從最早所出現的文化形態，即原始巫術、神話與圖騰看，中國文化中的原始巫術，尤其強盛而且歷史彌久。在一個原巫文化如此發達的國度裡，所謂神、神性，從來沒有西方上帝（God）那般的形上意義。從字源學考辨，神字的初文為申。《說文解字》說：「申，神也。」申（神）字的甲骨卜辭寫作天上閃電的象形。[203] 先民驚恐於老天雷電的閃耀，而創構了「申」（神）這個漢字，其本義屬於原始天命觀的自然崇拜。「申」字演變為「神」字，始於戰國。「戰國時期的〈行氣銘〉上面『神』字的寫法，已從申作「𢁒」，與後來的字書如《秦漢魏晉篆隸》等所錄的『神』字寫作『神』，已無二致，從電取象，顯而易見。」[204]《說文解字》又收錄一個「䰠」字，稱「神也，從鬼申聲」[205]。「䰠」作為神字別體，充分證明在先民的人文觀念中，是神、鬼不分的。

[201]　按：請參見拙著《周易的美學智慧》，第 9 章第 1 節「從巫到聖：在神與人之際」，第 367 ～ 386 頁，湖南出版社，1991 年版。

[202]　梁漱溟《東西文化及其哲學》，《梁漱溟全集》第一卷，第 441 頁，山東人民出版社，1989 年版。

[203]　按：參見胡厚宣《戰後京津新獲甲骨集》四七六，群聯出版社，1954 年版。

[204]　李玲璞、臧克和、劉志基《古漢字與中國文化源》，第 237 頁，貴州人民出版社，1997 年版。

[205]　許慎《說文解字》，第 188 頁，中華書局影印本，1963 年版。

錢鍾書先生說，中國古時「『鬼神』渾用而無區別，古例甚夥，如《論語‧先進》：『季路問事鬼神。子曰：未能事人焉能事鬼？』《管子‧心術》：『思之思之，思之不得，鬼神教之。』而《呂氏春秋‧博志》：『精而熟之，鬼將告之。』」[206] 可見，在人文品格上，中國文化中的鬼觀念與神觀念，渾而不分，甚至是鬼在前而神在後，鬼比神顯得更為重要。否則，為什麼直到今天我們的日常用語中，還是往往稱「鬼神」而只是偶爾稱「神鬼」呢？

中國風水文化，具有漫長而頑強的「信巫鬼」的「鬼治主義」。朱自清先生曾經指出：「其實《尚書》裡的主要思想，該是『鬼治主義』，像〈盤庚〉等篇所表現的。」[207]

〈盤庚〉篇屬於《尚書》的〈商書〉部分，分上、中、下三篇。歷史上有「盤庚五遷」，為的是遷居於「風水寶地」。〈盤庚〉中篇說：「明聽朕言，無荒失朕命！嗚呼！古我前後，罔不惟民之承保。後胥戚鮮，以不浮於天時。殷降大虐，先王不懷厥攸作，視民利用遷。汝曷弗念我古後之聞？承汝俾汝惟喜康共，非汝有咎比於罰。予若吁懷茲新邑，亦惟汝故，以丕從厥志。今予將試以汝遷，安定厥邦。汝不憂朕心之攸困，乃咸大不宣乃心，欽念以忱動予一人。爾惟自鞠自苦，若乘舟，汝弗濟，臭厥載。爾忱不屬，惟胥以沈。不其或稽，自怒曷瘳？汝不謀長以思乃災，汝誕勸憂。今其有今罔後，汝何生在上？」[208] 這一長段話，是盤庚為了遷都而做的動員。主要是說：大家要聽話，不要把我的話當作耳邊風。我們的先王，沒有誰不願子民平安度日的。無論帝王還是臣民，都要明白這個道理。所

---

[206]　錢鍾書《管錐編》第一冊，第 183 頁，中華書局，1979 年版。

[207]　朱自清《經典常談》，《朱自清古典文學論文集》下冊，第 620 頁，上海古籍出版社，1981 年版。

[208]　《尚書‧商書‧盤庚中》，江灝、錢宗武《今古文尚書全譯》，第 164 ～ 166 頁，貴州人民出版社，1990 年版。

以老天不懲罰我們。殷朝歷史上，曾經遭受大難，先王知道我們的都邑風水不好，考慮到老百姓的生活安寧而遷移了都城。大家為什麼不記住這些歷史教訓呢？我是為了大家共同的康樂，並非你們犯錯故意懲罰你們。呼籲大家到新的都邑安居吧，這是丕顯先王的優良傳統。我帶領大家遷都，為的是安邦定國。可是，你們都不理解我的一片苦心，總是用一些怪念頭來動搖我的心志。你們自己走上了窮途末路，自怨自嘆，好比大家坐在同一條船上，渡不了河，不誠心誠意的合作，就只能一起沉下去了。如果不講究風水地理的災害，只管今天，明天該怎麼生存呢？

在盤庚的言辭中，分明可以見出盤庚對於風水的崇信。迷信風水地理的核心，是篤信神靈會對人不友好甚至搗亂。而所謂神靈，實際是鬼靈，總覺得鬼靈是人所得罪不起的。因此，朱自清說《尚書》的思想是「鬼治主義」，是說得一點也不過分的。

值得強調的是，作為中國古代巫文化的風水學、風水術，具有鮮明的「信巫鬼」的文化基因，這在中國的所謂「陰宅」文化中尤其突出。《葬書·內篇》說，「蓋生者，氣之聚。凝結者，成骨，死而獨留。故葬者，反（返）氣入骨，以蔭所生之法也」。這也便是所謂「氣感而應，鬼福及人」。凡此，都是迷妄之言。有趣的是，中國古人居然相信人的「保護者」，是善「鬼」而不是上帝那樣的「神」，這正是中國原巫文化及其風水文化的一大特色。《易傳》有「故神無方而易無體」、「陰陽不測之謂神」[209]等說法，這「神」的意思，顯然與「鬼」的人文理念糾纏在一起。實際無論「鬼」還是「神」，都不能佑助於人。人類只有靠自己，自己解救自己才是。

中國風水地理的所謂神祕性，「無方」、「無體」、「陰陽不測」等，因

---

[209]　《易傳·繫辭上》，朱熹《周易本義》，第293、295頁，怡府藏版影印本，天津市古籍書店，1986年版。

為原巫文化的根植，而愈見其根深蒂固。與其說，神祕是中國的風水地理與風水術所不可思議的，倒不如說，如果沒有這種神祕，風水地理與風水術就是不可思議的。要古人不迷信風水也難，否則就不是古人了。當今的一些老百姓，不是也很迷信風水麼？一些所謂「風水先生」，手裡拿了一個羅盤，到處為人「看風水」，他們往往總是把風水說得十分神祕，什麼「東青龍西白虎前朱雀後玄武」啊，什麼「宜」啊「忌」啊，什麼「天機不可洩露」啊等等，說得頭頭是道，似乎不由人不信的。他們之所以將風水問題說得愈神祕愈好，是因為有利於開拓其市場，說白一點，就是有利可圖。中國風水文化中，的確存有一些樸素生態學與環境學的思想成分，作為一種文化現象，研究它有其必要性，但不是要渲染風水的神祕。講一點風水學、風水術，讓今天的人們知道是怎麼一回事，有其必要。然而，我們不要迷信風水的所謂「靈驗」。比如，「風水先生」說要在河流上架橋，使得橋下的一家商店立刻生意興隆起來，其實這是疏通了交通，使得經過這家商店的人眾增加的緣故，不是因為風水術的所謂「法力」，改變了神祕的「局」與「勢」，應了什麼「靈驗」的「地神」的緣故，沒有必要將此歸於所謂天神、地祇的功勞。講究風水地理的改變，有時會導致事情向一個好的方向轉變，那是因為這種改變，符合了風水學中樸素生態學與環境學的一些原理因素，沒有必要將其歸功於所謂神靈的佑助及其「萬能」。風水術如果「萬能」，如果能夠治理、安平天下，那麼具有數千年歷史的中華古國，早就一貫的成為天下強國了，何至於時至清末那樣一個很是相信風水的時代，居然悲劇性的遭受西方列強的侵略和欺凌，從而喪權辱國呢？

　　風水問題勾起人們代代相傳的神祕感，是與「鬼神」、「吉凶」、「福佑」和「懲罰」的人文意念連結在一起的。這是人與環境既親和又對抗的

雙重關係中所衍生的主觀感覺。它表現了人對於天、天命以及對於環境感到畏懼但又試圖「窺視」、掌握的複雜心態，儘管這一掌握是錯誤的。古老的、在人文深處甦醒的易，造就了風水學、風水術的「信巫鬼」的終身「毛病」，這是從中國原始文化的母胎裡帶來的，它確實具有巫性的「畏天」、「敬鬼」即「媚神」的一面。

從「知命」一面看，風水文化的「天空」，並非絕對的獰厲而陰鬱，在濃重的迷信的陰霾中，也有一縷陽光透射出來，它其實就是具有一點原始理性因素之樸素的環境與生態的意識，儘管這一意識無足輕重。

《葬書·內篇》說：「夫陰陽之氣，噫而為風，升而為雲，降而為雨，行乎地中，而為生氣。」這大致是以《莊子》的口吻[210]，來述說大地「生氣」之域的所謂「好風水」。實際所指的，與風水地理相諧的天氣，尤其由地氣所氤氳而成的風調雨順，恐怕難以一概的斥之為迷信。正如本書前面所歸納的那樣，風水術關於所謂「龍真、水抱、砂秀、穴的、向正」的追求，因與現代環境學、生態學的思想，具有相通、相契的一面，而有一點樸素理性因素。在明清北京紫禁城的平面規畫中，如果我們剔除其命理訴求，那麼，在這一風水選址、平面布局中所顯現的有條理的知識理性或某些科學理性因子，是應該肯定的。從原始巫學與所謂「看風水」的角度看，其「靈驗」之類，是非理性而迷信的，然則那些巫文化施行者、算卦人或「風水先生」，卻為了這神祕的「靈驗」，而不得不熟知相關的一些知識，讓一定的知識理性來做占驗、測勘的背景，以便樹立、維護其「靈驗」的公眾形象的權威。可以說，所謂「天機不可洩露」的「天機」，有時實際是在暗中發揮作用的一定的知識理性。一點也不誇張，如果盲目崇

---

[210]　按：《莊子·齊物論》有「夫大塊噫氣，其名為風。是唯無作，作則萬竅怒號」之言，「大塊」指大地。見王先謙《莊子集解》卷一〈齊物論第二〉，第6頁，《諸子集成》第三冊，上海書店，1986年版。

信風水之類，那顯然是非理性的、不值得的，而有些「風水先生」，倒反而可能是理性的，他們知道所謂「看風水」究竟是怎麼一回事，這正是巫術、巫性的文化本色。

然而這裡還得強調一句，從整體看，中國古代風水學、風水術通常缺乏科學理性，是可以肯定的。

首先，科學理性承認，世界是可知的，作為人的理性是可以認知與掌握的對象，不會也不能是迷妄信仰的偶像；其次，科學理性所揭示的真理，經得起反覆的實驗證明或證偽，及邏輯推理的考驗。這顯然為一般古代風水學與風水術所未備。

多少年來，有些學人甚至「研究」風水的大學教授，居然聲稱風水學「也是一門嚴謹的科學」，而不問是怎樣的風水學。說中國古代的風水學是「嚴謹的科學」，這是沒有什麼說服力的。讀者只要去讀一讀《宅經》、《葬書》這樣的古代風水學著作就可以明白，其內容是何等的蕪雜。如果指當代學者站在理性的立場所撰寫的風水學著作，那也要辨析它究竟「科學」到何等程度。籠統的說風水學是什麼「嚴謹的科學」是不可取的。應當說，目前風水問題作為「國學」的一部分進入學者的視野甚至是大學講臺，可以說是學術與教學的一個推進，但是問題關鍵不在於發表的相關論文與講臺上不講風水，而是看其講些什麼、怎麼講以及講得怎樣。至於有的假言「時髦」，拿西方的所謂資訊理論、系統論等，來簡單的比附於源自《周易》的風水「感應」說，宣稱「氣」的「感應」，就是科學理性意義上的「資訊傳遞」及其科學的生態思想云云，是否有理，倒是值得再做討論的。

應當指出，在長期的風水信仰的哺育下，那些風水的非理性與神祕性，往往能夠使得風水文化在社會上綻放「詩意狂歡」的「燦爛之花」，但

是其一般無助於理性的閱讀、解釋與揭示風水的文化本質。正如科學一樣，理性有它自己的盲點，可是筆者還是願意在此強調，理性尤其是科學理性，無疑是人性與人格中最高貴的部分。古代風水文化中並非沒有樸素的理性因素，然而，比如其「知命」之思，因其執著於趨吉避凶、求其實用，也僅僅屬於實用理性、工具理性的範疇而已，或者是一些人文理性，如《宅經》卷上所言，「舉一千從，運變無形，而能化物。大矣哉，陰陽之理也」等等，也僅僅是一些人文理性罷了。人文理性與科學理性，地位無分高下，事實是，千百年來，風水學、風水術作為一般的民俗與民間信仰，固然具有一定的哲理與詩情的人文因素，可是其蕪雜與粗鄙，是有目共睹的。它未經深度科學理性的薰陶和精微的哲學理性的批判，因而，當我們今天重新試圖拾取其可能的一些合理因素的同時，嚴肅而嚴格的剔除其糟粕，是十分必要的。

第三節　居住：何以變得如此困難

風水文化所涉及的，是人的居住問題。古人大都篤信風水，在人居問題上有太多的牽累。今人如果也執信於風水命理，這關係到我們究竟要不要、願不願意像古人那樣艱難的生活。

古人執信於風水之理，出於對風水地理的敬畏甚而是恐懼。中國文化一向提倡與自然相親和，也就是說，自然是我們的「血親」，二者的地位是對等的、互愛的，好似具有親緣關聯一般。中國風水學、風水術之所以誕生，是在承認人與自然相親和的前提下，進一步把自然、環境神靈化、鬼靈化，它分明讓古人感受到了神化、巫化與靈化的自然與人居環境對人的龐大壓力並且加以崇拜。由此出發，人還試圖成為自然與環境的主人，不過其所採取的方式方法即風水術，當然是錯誤的。

執信於古代的風水命理，便不能不講所謂陰陽五行、干支與命卦等說。

陰陽五行之理，主要指五行的相生相剋。相生：水生木、木生火、火生土、土生金、金生水；相剋：水剋火、火剋金、金剋木、木剋土、土剋水。如果通俗的解釋五行生剋的道理，便是：所謂相生，水可以養育草木，草木可以引來火的燃燒，經過火的燃燒草木便成了燼土，土中儲藏著金屬，金屬經過冶煉便成液體。所謂相剋，水能夠滅火，火能夠熔化金屬，金屬製造的工具能夠削竹斷木，木製的農具能夠掘土，土能夠掩水即阻斷水流。可見五行生剋的思想，源自先民的生活生產實踐。五行生剋，將世界萬物的本始與運化，看作是既相互依存、又相互制約的一種動態關係。在生剋的關係中，五行平等，沒有什麼高高在上，獨領風騷，也沒有什麼卑微低下，任由主宰，一切依時機時運而定。五行生剋，構成環環相扣的動態關係及其平衡，實際上是一種將事物之間的關係看成必然。這種必然的關係，有賴於所謂的「氣」的感應與「時」的推進，是一種在春秋戰國時期發育而成的思維方式非常別致的「過程哲學」。在哲學上，就是將五行生剋的動態關係與過程，看作事物變化的本源本體。

這種哲學，並非自古就有。它孕育於中國原始巫術、神話與圖騰的文化形態，其中尤其在原巫文化中，包含著巫性的生剋之理。它把世界萬類的動態關係，預設為線性而循環往復，人處於陰陽五行的生剋關係之中，首先是「命裡注定」，然後才可能在「命」的前定與輪迴之中，透過後天修為，來試圖改善人自身的生存處境。

與陰陽五行說相關的，是干支之說。干支作為一種時間、時運的人文模式，包括十天干、十二地支及其相配。這完全是古代中國人認知與掌握時間、時運的方式，在人類文化史上是獨一無二的。十天干：甲、乙、

丙、丁、戊、己、庚、辛、壬、癸。其中，甲、丙、戊、庚、壬屬陽；乙、丁、己、辛、癸屬陰。十二地支：子、丑、寅、卯、辰、巳、午、未、申、酉、戌、亥。其中，子、寅、辰、午、申、戌屬陽；丑、卯、巳、未、酉、亥屬陰。古人將天干與地支相配，把自然時間變成人文時間，用以記時以及測定人的時辰流遷、命運遭際，表現了中國古人計時的一種獨特方法，以及企圖掌握時間的努力。

關於陰陽五行、干支與地理方位的關係，據《周易》後天八卦方位，其中的北坎、南離、東震、西兌的四正卦與中宮方位，是主要的。《易傳》說，北坎為水、南離為火、東震為木、西兌為金，而中必為土，以此對應於五行。後天八卦方位又與河圖相應：為（一）六屬水（北）。（二）七屬火（南）。（三）八屬木（東）。（四）九屬金（西）。（五）十屬土（中）。

干支與五行、五方的對應是：甲乙在東，屬木；丙丁在南，屬火；戊己在中，屬土；庚辛在西，屬金；壬癸在北，屬水。作為天干與五行、五方的對應模式，由於五行生剋，故在風水學、風水術中，不可避免的構成十天干與五行、五方兩兩相配的所謂「沖合」關係。如：相沖，甲庚、乙辛（西金剋東木）等；相合，庚壬、辛癸（西金生北水）等。十二地支與五行、五方的對應，簡言之，寅卯屬木居東，辰屬土；巳午屬火居南，未屬土；申酉屬金居西，戌屬土；亥子屬水居北，丑屬土。

值得注意的是，辰未戌丑四支皆屬土，是對風水之土氣的強調。以地支與五行相配，十二地支兩兩之間，也具有所謂「沖合」關係。相沖：子午、丑未、寅申、卯酉、辰戌、巳亥。這是因為，它們各自為陽陽或陰陰的關係，是陰陽失調的緣故。相合：子丑合為土，寅亥合為木，卯戌合為火，辰酉合為金，巳申合為水。什麼緣故呢？陰陽之氣相合也。如：子屬陽而丑屬陰，故其氣和諧。以每二支合於一行，共十支相配於五行，餘下

午未二支不好安排，只得以午未也合於火。於是，卯戌與午未都屬火，表面上是對火的強調，實質是強調土。按五行相生之理，火有培土之功，火生土耳。風水學、風水術中，土氣是主題。

古人講究風水學、風水術的目的，歸根結柢是企圖解決人的居住問題。而人的生年不同，五行有別，因而其所配應的所謂「九星」也自有差異。九星依次是：「一白水星」、「二黑土星」、「三碧木星」、「四綠木星」、「五黃土星」、「六白金星」、「七赤金星」、「八白土星」、「九紫火星」。比如，某人生於 1980 年，星運屬於「二黑土星」；某人生於 1981 年，星運為「一白水星」等等。人的生年不能自己選擇，這便是「宿命」。

古代風水學、風水術還有所謂「男女命卦、方位宜忌」[211] 的說法。如某為男性，生於 1950 年，星運屬「五黃土星」，「命卦」為坤。根據《易傳》的「坤為地」之說，地具有土氣，可見其「九星星運」與「命卦」相合，宜；某為女性，也生於 1950 年，星運屬「五黃土星」，「命卦」為坎。根據《易傳》的「坎為水」之說，可見其「九星星運」與「命卦」不合，忌。

從所謂「男女命卦」看，古人又預設了所謂的「東四命」、「西四命」與「東四宅」、「西四宅」的宜忌、對應關係說。設定：「東四命」者居「東四宅」，吉（宜）；「西四命」者居「西四宅」，吉（宜）。反之則凶（忌）。古代風水學、風水術又有所謂男女「八命」之說。其中，屬於坎離震巽的，因為這四個卦中的震、巽二卦，位於《周易》後天八卦方位的東與東南，所以命卦稱為「東四命」；屬於乾坤艮兌的，因為這四個卦中的乾、坤、兌三個卦，依次居於《周易》後天八卦方位的西北、西南與西，所以其命卦稱

---

[211]　按：筆者曾經列出自西元 1870～2049 年間人的所謂「九星」與五行、生年「運程」對照表，兼採錄所謂「男女命卦、方位宜忌」說（參見黃家言、張建平、高博、劉國慶《風水勝典・風水謀局篇》，百花文藝出版社，2007 年版）等。古代風水學、風水術的命理、命卦與居住方位問題的迷信與煩瑣，超乎想像。為約簡文字篇幅，這裡不擬展開，恕勿贅析。

為「西四命」。與此相應的，便有所謂吉凶、宜忌的說法。

舉例來說，一名男性生於 1975 年，他的所謂「命卦」為兌，其宜居的方位是西南（坤）、西（兌）、西北（乾）與東北（艮）；其忌居的方位，是東（震）、東南（巽）、南（離）與北（坎）。一名女性也生於 1975 年，她的所謂「命卦」是艮，其宜居的方位是西北（乾）、東北（艮）、西南（坤）與西（兌）；其忌居的方位，是東南（巽）、南（離）、北（坎）、東（震）。兩相對照，他們兩位居住的宜和忌這兩方面，是分別相同的，僅僅是宜忌方位的排序不同而已，所以在講究風水命理的古人看來，可以成為夫妻，可以居住在一起。

這有什麼根據呢？是因為該男性的「命卦」為兌而女性的「命卦」是艮的緣故。據《易傳》，「兌為澤」而「艮為山」，「山澤通氣」，吉利。《易傳》又說，「兌為少女」，「艮為少男」，少男少女相悅，是相配的一對。這二人都屬於「西四命」，所以可以共同宜居於「西四宅」而忌居於「東四宅」。

相反的情況是，如果一名男性生於 1976 年，他的「命卦」為乾，命裡注定宜居於東北、西南、西、西北，忌居於南、北、東、東南。一名女性也生於 1976 年，「命卦」為離，命裡注定宜居於東、東南、南、北，忌居於西北、東北、西南、西。無論從宜還是忌兩方面來看，這兩人總是格格不入、背道而馳的，二人「命卦」相沖，男命乾而女命離，屬於「西四命」沖「東四命」。

這就等於說，凡是 1976 年所生的所有男女，不能配成夫妻，因為命相不合，不能居住在同一個房間。又如，根據所謂「男女命卦、方位宜忌」說，那些同時生於 1977 年、1978 年與 1980 年的一男一女，或者是一個男生的生年為 1977 年，一個女生的生年是 1986 年；或者一為 1980 年，

而一為 1989 年；等等，其「宜」、「忌」各有不同。根據「男女命卦、方位宜忌」的說法，上述二人的所謂「命卦」，都是彼此相沖的，二人不能結為夫妻，居住也成了一個嚴重問題。

為了弄清楚所謂「命卦」與宅居風水方位的宜忌與吉凶，筆者曾經就 1912～2016 年共 104 年的資料進行統計與分析，發現宅居的所謂吉與凶、宜與忌之比，大約為一比二。這一隨機的檢索可以說明：如果人們篤信古代風水地理之說，時時處處嚴格的按照古代風水學、風水術的所謂「規矩」去做，那麼，人類的居住就會變得十分困難。我們研究中國的風水學、風水術，並非要今人和未來的人們，像中國古代人那樣去艱難的生活，而是在說理的前提下，破除風水的迷信，讓我們的人性與人格獲得進一步釋放，讓居住生活安寧、幸福。

古代中國風水學、風水術禁忌多如牛毛，正可證明我們古人的居住生活是何等不自由。那時的人們，往往對居住在所謂的「凶宅」而深感恐懼，所以要絕對的逃避。雖然有種種所謂「辟邪」的辦法，但總也疑神疑鬼、不得安寧。由於每一個人的生年之「命」是前定的，而且同樣前定的，還有人的關於生年的月、日與時（辰）等三大因素，如果將八卦、五行、五方、干支與人的生年的月、日、時諸多因素一一相配，那麼，人類在居住問題上所遭遇的凶險與禁忌，不知究竟又有多少！值得說一句的是，這裡所說的，僅僅涉及中國古代以「命理」為主題的風水學、風水術中，所謂「覓龍」、「觀水」、「察砂」、「點穴」與「正向」這風水五要中的「正向」一維，要是嚴格的按照古代風水學、風水術的無數的清規戒律去做，那麼，真不知道在居住問題上的困難還有多少。

古人篤信、講究風水，本來是要「趨吉避凶」，企望生活得更加美好，豈料事與願違、南轅北轍，反而弄得人更焦慮、更痛苦、更不自由。

這究竟是人性、人格在居住問題上的解放，還是更受困擾與束縛？值得深思之。

當然，筆者並非要把關於居住的風水學、風水術貶得一無是處。它一方面講所謂的「命裡注定」，即《論語》所謂「死生由命，富貴在天」（「畏天」），另一方面，又強調「天命可移，神功可奪，歷數可變」（按：只是其做法是錯誤的）。如果我們把古代風水學、風水術的「命理」思想去除，那麼所剩下的，大約便是樸素的環境學與生態學的思想因素。

第四節　技術理性與樸素的生態環境意識

儘管在文化整體與本涵上，古代風水學、風水術是一種以易理為人文底蘊的巫性文化，它並非是什麼「科學系統」，其中不乏迷信、迷妄的思想成分，可是這不等於說，中國古代風水學絕對是人文糟粕。一些技術理性與樸素的環境生態意識等，與中國風水學、風水術存在著不解之緣。我們今天對待風水問題，值得加以尊重與肯定的態度應該是，披沙揀金，汲取合理因素而汰其糟粕。

指南針的發明與磁偏角的發現，有賴於古代堪輿學、堪輿術所謂「辨方正位」的相土嘗水的思考與實踐。

《周禮‧地官》有「惟王建國，辨方正位」的說法。意思是說，帝王營建都城，是一定要「看風水」即辨正都城的城址與方位的。這裡的「國」字，指其本義，是都邑的意思。甲骨卜辭中的「國」字，象形，像人手持武器守衛著一個區域。國字從口從或。口，像四周圍合；或，域的本字。班固〈西都賦〉說：「其宮室也，體象乎天地，經緯乎陰陽，據坤靈之正位，仿太紫之圓方。」這裡所說的宮室制度，合於風水之理。尤其「據坤

靈之正位」一句，揭示了宮室的平面布局，須依循先天八卦方位，以坐北朝南（乾南坤北）為「正位」。這「正位」，漢代是用指南針的前身即司南（或稱為栻盤）來測定的。《韓非子》說，先王立司南，以端（按：正）朝夕。可見早在漢代以前，中國已經有了測方位的司南，用於風水術的「辨方正位」。漢代的栻盤，其上有圖案，以二十八宿、二十四向（路）、十天干與十二地支相對應。它的人文原型是《周易》的八卦九宮方位說。據考古，距今大約 5,000 年的安徽含山凌家灘新石器晚期墓葬遺址所出土的方形玉版，「正面有刻琢的複雜圖紋。在其中心有小圓圈，內繪八角星形。外面又有大圓圈，以直線準確的分割為八等分，每份中有一飾葉脈紋的矢形。大圓圈外有四飾葉脈紋的矢形，指向玉版四角」[212]。這顯然表現了關於天圓地方、八卦九宮方位與四正四隅思想的前意識，實際上是漢代司南、栻盤的人文之源。

東漢王充《論衡·是應》：「司南之杓，投之於地，其柢指南。」[213] 這裡的「杓」與「柢」，是後代指南針的雛形。指南針的發明，源自中國古代風水術，用於堪輿測定，然後才應用於航海。確實在這古老數術的人文「泥淖」之中，培育了些關於空間、方位之技術理性的萌芽。時至北宋，沈括發現磁偏角。《夢溪筆談》一書說，方家以磁石磨針鋒，則能指南，然而偏東而不指向正南。這提高了「指南」的科學準確性，不啻是始源於遠古巫術及風水學、風水術的一個樸素理性的貢獻。

這裡，將指南針的發明和磁偏角的發現，歸之於中國古代風水學、風水術「辨方正位」的理論與實踐，稱之為「技術理性」，並無任何想要貶低指南針作為中國「四大發明」之一的重大科技成就和世界性貢獻的意思。

[212]   李學勤《走出疑古時代》，第 115 頁，遼寧大學出版社，1997 年版。
[213]   王充《論衡·是應篇》，第 173 頁，《諸子集成》第七冊，上海書店，1986 年版。

自從馬克斯・韋伯、馬庫色（Marcuse）與哈伯瑪斯（Habermas）等人提出與確立「技術理性」這一概念以來，人們往往將技術理性與價值理性、科學理性相對立，並等同於工具理性。其實，技術理性是以一定的技術來遵循、征服自然的一種理性及其精神，它是自古就有的。從遠古中華晷景（按：影字初文）、司南、栻盤到指南針，就是一個技術理性不斷成長與完善的歷史過程。由於它不可避免的與中國遠古巫文化、風水堪輿之術相關聯，所以每前進一步，總是伴隨以非理性、反理性與非科學、反科學的若干文化因素。這一技術理性，的確與古代的風水術數相糾纏，具有一定的目的性與工具性，可是又不同於目的理性、工具理性。技術理性的決定性因素之一，無疑是一定的科學理性，否則這種技術，如指南針這樣的偉大技術，又何以能夠誕生？當然，始於而且用於古代風水術的羅盤（按：又稱羅經）作為技術，在理性品格的純粹性上，又不能等同於科學理性。

它是技術理性的因素存在於一定的風水實踐，是對它的同時迎對與排拒、肯定與否定，它並非純粹理論意義的技術理性系統本身。而且，這種以一定技術理性因素為人文基因的文化，總是與風水學、風水術既「畏天」又「知命」的巫性相關聯。與氣、八卦的理念相輔相成，具有一定的人文理性與人文訴求，不可避免的存在著對於天命與鬼神的信仰。

正如前述，古代理想的風水地理與居住環境，必須具備「龍真，水抱，砂秀，穴的，向正」五要素。這種樸素的生態環境理念的核心，是天命、命理觀所支配下的人與環境的親和。親和即生態，其間包含著人與環境的和諧因素。所謂和諧，可以存在、發展於自然與自然、自然與社會、社會與社會、自然與人、社會與人、人與人以及人的內心之中，以人內心的和諧為最高境界。《周易》兌卦初九爻辭說：「和兌，吉。」《易傳》對此解讀為，「兌，說（按：悅）也」。因而，「和兌」的意思，可以指因「和」

而「說」（悅）。

人的精神「和兌」，可以來自求真（科學）、求善（道德）、求美（藝術）與求神（宗教、巫術等）四大類。古代風水學、風水術自然不同於求神的宗教，但是它是宗教之前所出現的原始巫文化。它給人的可能的快樂（兌），可以來自人與環境對立關係的妥協甚至是和諧，在「畏天」與「知命」之際所求得的所謂吉利，正是這一巫性文化可以令人「和兌」的人文之原。這種「和兌」，不同於又相融於宗教求神、科學求真、道德求善和藝術求美之和諧的愉悅，是可以肯定的。

剔除古代風水學、風水術「和兌」五要素中的天命與命理的人文因素，那麼，風水文化格局中的「和兌」，可能呈現人居環境的和諧。

人們發現，人的「理想」居所自西北「來龍」而趨於北方的主山，雄偉而蔥蘢，形成坐北朝南、背山面水的基本形勢。就水趣而言，居所之前水系曲致，清緩而流長，或者澄潭淨碧，游魚歷歷；就氣候來說，冬天背寒冽而迎暖陽，夏日祛暑氣又沐涼風；加上居所有青山左拱右衛；水系以南，又有案山、朝山俯伏在前；人的所居之所，既近水又高爽，視野開闊，處處植被豐富，生機盎然。這豈不是古人所嚮往的「好風水」麼？負陰抱陽，如封似閉，氣韻生動，景物宜人，這用風水學的術語來說，叫做氣場（field）充沛；從美學看，叫做有「意境」。

《葬書·外篇》形容所謂風水「四靈」的方位時說：「玄武（按：處於居所之北）垂頭，朱雀（按：處於居所之南）翔舞，青龍（按：處於居所之東）蜿蜒，白虎馴頫（按：處於居所之西）。」從對「四靈」的崇拜中，可以體會古人對村落、市鎮、民居、宮殿、寺觀與陵寢等基本平面布局制度的期許。尚廓〈中國風水格局的構成、生態環境與景觀〉一文指出，典型的風

水平面結構，應有圍合封閉、中軸對稱、富於層次與富於曲線等特點。

然而，圍合封閉（按：準確的說，是如封似閉）云云，固然生氣灌注，山水和諧，也未必是一種超時空的生態環境的「理想國」。這是因為，這一如封似閉的「氣場」，固然其間秩序井然，人天互答，曲致有情，其生態營構的理念與環境訴求畢竟還有與神祕之氣、八卦方位以及天命命理等思想相關聯的一面。它與當代和未來建構於一定科學理性、實用兼審美的生態環境的格局及其意蘊，自然是不一樣的。生態之制與生態之美，其品類、樣式是無限豐富的，總在不斷的運化與演替之中，因而，不必也不能固守於某一個固定的模式。即使這裡所面對的，是「和兌（悅）」的五要素的生態之美，也應該做到因時而宜，與時偕行，不必泥古，更不應該加以神化。

況且，這一如封似閉的風水生態格局，在一些民居中，往往以《周易》後天八卦方位為其平面形制，典型的明清北京四合院的平面布局，僅僅在東南一隅的巽位，設立一個門戶，以便供人出入。這一巽位，實際是風水學、風水術所說的「水口」。因此，即使就它的實用意義的交通來說，也可能會令人感到不那麼方便。

英國著名學者李約瑟曾經指出：

許多方面，風水對中國人是有益的，如它提出種植樹木和竹林以防風，強調流水近於房屋的價值。雖然在其他方面十分迷信，但它總是包含著一種美學成分，遍布中國農田、居室、鄉村之美，不可勝收，都可藉此得以說明。[214]

這裡所說的風水的「美學成分」，實際指在濃重的風水迷信的氛圍中，所蘊含的古代樸素環境學與生態學的意識與理念的因素，它們有如蓮

---

[214] 〈李約瑟論風水〉，節譯於 Science and Civilization in China（《中國的科學與文明》），范為編譯，見《風水理論研究》，第 336 頁，天津大學出版社，2005 年版。

花，「出淤泥而不染」，亭亭淨植。

　　錢鍾書先生曾經說過，「至吾國堪輿之學，雖荒誕無稽，而其論山水血脈形勢，亦與繪畫之同感無異，特為術數所掩耳」，「堪輿之通於藝術，猶八股之通於戲劇」。[215] 風水形勢，講究動靜結合。錢鍾書引錄李巨來《穆堂別稿》卷四十四〈秋山論文〉「『相塚書云：山靜物也，欲其動；水動物也，欲其靜』。此語妙得文家之祕」[216]。

　　古代中國的諸多畫論，深受風水意識理念的濡染。這裡試舉一例。北宋時期，工畫山石寒林、宗於李成畫法而畫技獨具一格的著名畫家郭熙，撰成畫論《林泉高致》（按：後為其子郭思整理而成），提倡「畫亦有相法」之說。他指出：「大山堂堂，為眾山之主。所以分布以岡阜林壑，為遠近大小之宗主也。其象若大君赫然當陽，而百辟（避）奔走朝會，無偃蹇背卻之勢也。」[217] 顯然，這裡所說的畫山之理，受啟於古代風水學、風水術的「龍脈」說。龍脈山勢從西北方（按：應在《周易》後天八卦方位的乾位上，乾象徵父）向北方奔湧而來，「赫然當陽」，確實「為遠近大小之宗主也」，畫作之中山巒的空間意象，也是「大山堂堂，為眾山之主」，然後才得主次、大小、遠近、顯隱和揖讓之美。這正如南朝謝赫《古畫品錄》所說，「位置，經營是也」[218]，這是中國傳統繪畫的「六法」之一。《林泉高致》又說，「山以水為血脈，以草木為毛髮，以煙雲為神彩，故山得水而活，得草木而華，得煙雲而秀媚」[219]。《宅經》卷上則引《搜神記》說，

[215]　錢鍾書《談藝錄》修訂本，第 57 頁，中華書局，1984 年版。
[216]　錢鍾書《談藝錄》修訂本，第 57 頁，中華書局，1984 年版。按：錢先生原注：「《青烏先生葬經》：『山欲其凝，水欲其澄』兩句下舊注云：『山本乎平靜欲其動，水本乎動欲其靜。』穆堂引語殆本此。實則山水畫之理，亦不外是。」（見該書第 57 頁）
[217]　郭熙《林泉高致・山水訓》，江蘇文藝出版社，2015 年版。
[218]　謝赫《古畫品錄》，沈子丞編《歷代論畫名著彙編》，第 17 頁，文物出版社，1982 年版。
[219]　郭熙《林泉高致・山水訓》，沈子丞編《歷代論畫名著彙編》，第 70 頁，文物出版社，1982 年版。

「宅以形勢為身體，以泉水為血脈，以土地為皮肉，以草木為毛髮，以屋舍為衣服，以門戶為冠帶」。兩相對照，不難見出，是《林泉高致》的畫論活用了《宅經》的風水學思想。《林泉高致》這一說法，渲染畫作山水意象的靈蘊蔥郁，化用了《宅經》風水學中的生態之思。這又正如謝赫《古畫品錄》六法之一的「氣韻，生動是也」[220] 的思想。

不僅如此，古代風水學、風水術與審美的人文聯姻，是在作為《周易》後天八卦方位的祖型即洛書九數的和諧與均衡之中。正如前文論及，後天八卦方位的人文理念，在古代風水學、風水術中，顯得尤為活躍與重要。後天八卦方位的祖型，是洛書。洛書的平面布局是：一（北）、三（東）、五（中）、七（西）、九（南）與二（西南）、四（東南）、六（西北）、八（東北）九個數的叢集。朱熹《周易本義·圖說》說，「洛書蓋取龜象。故其數，戴九履一，左三右七，二四為肩，六八為足」[221]，此之謂也。清代著名易學家胡渭《易圖明辨》卷二，據後天八卦方位，列出一個圖表，在八卦九宮方位上相應的配以九個數。這九個數在方位上的位置關係，正與洛書相同。這便是：離（九）、坎（一）、震（三）、兌（七）、坤（二）、巽（四）、乾（六）、艮（八）、中（五）。

這裡，值得強調的是，洛書九數叢集，具有一個奇妙的數的結構，就是無論橫向、豎向，還是斜向的三個數位相加，它們的和都是相等的，都是十五。這也便是西方學者所說的「magic square」（魔方陣）。三十多年前筆者發現這一九數叢集結構的奇妙 [222] 時，頓時充滿了對洛書與後天八卦方位的敬畏與感動。

[220] 謝赫《古畫品錄》，沈子丞編《歷代論畫名著彙編》，第 17 頁，文物出版社，1982 年版。

[221] 朱熹《周易本義·圖說》，第 1～2 頁，怡府藏版影印本，天津市古籍書店，1986 年版。

[222] 按：請參見拙著《巫術——〈周易〉的文化智慧》，第 74～78 頁，浙江古籍出版社，1990 年版。

在古人那裡，無論河圖、洛書以及以先天八卦方位、後天八卦方位為人文之原的風水地理之學，都是一個和諧且均衡的「氣場」。其中作為中國風水學、風水術人文原型的後天八卦方位，是可以用這一九數叢集中橫、豎與斜向三數的和都等於十五來加以表達的，它實際上是「生氣」灌注的動態平衡。在古人崇信的風水地理中，所謂理想的地理環境，必然先天造就而人力不為，天生符契該數群的和諧與均衡，這便是所謂「命」；理想的人文環境，是尊先天而以後天成之，這後天成之的數群，同樣達成了數群的和諧與均衡，這便是「運」。人們對「運」的認識與掌握，便是所謂「知命」。「畏天」（命）和「知命」（運）二者的文化本涵，在於文化人類學關於巫學意義的「數」，既是尊「數」又是成「數」的。《左傳・僖公十五年》說：「筮，數也。」《易傳》說：「昔者聖人之作易也，幽贊於神明而生蓍，參天兩地而倚數，觀變於陰陽而立卦，發揮於剛柔而生爻，和順於道德而理於義，窮理盡性以至於命。」[223] 這裡的「數」，既指先天的「宿命」，又指後天人為，即「知命」。在易筮文化及其風水學中，「數」是巫性的，也就是「畏天」（命）兼「知命」（運），且以「畏天」為主的人文符號，不同於數理意義的「數」。它是理性意義的數學的一個人文淵源，卻並非理性數學本身。它是一種非理性兼原始理性、筮數與人文意象的「神祕的互滲」，或者可以稱之為「某種神祕的氛圍、某種『力場』」[224]。可是，這一「數」的「陰影」結構，又在文化美學意義上開啟了關於數的審美性和諧，其中尤其是關於事物均衡性的審美。後天八卦方點陣圖，共九個方位（包括中位），分別對應於洛書九數：離南（九）、坎北（一）、震東（三）、兌西（七），艮東北（八）、巽東南（四）、坤西南（二）、乾西北（六），中

[223]　《易傳・說卦》，朱熹《周易本義》，第 346～447 頁，怡府藏版影印本，天津市古籍書店，1986 年版。

[224]　［法］列維－布留爾《原始思維》，第 201 頁，商務印書館，1981 年版。

位（五）。$4＋9＋2＝3＋5＋7＝8＋1＋6＝4＋3＋8＝9＋5＋1＝2＋7＋6＝4＋5＋6＝8＋5＋2＝15$。

當我們摒棄中國古代風水學、風水術及風水地理的命理與迷信因素時，蘊含於其間的審美因素，就會凸顯出來。數與數的關係的和諧，達成形式上的均衡之美，存在於以洛書為人文原型、以《周易》後天八卦方位為人文之原的古代風水學、風水術的文化之中。

關於數，古希臘畢達哥拉斯學派認為，數是「更高一階的實在」。除了數，「一切其他事物，就其整個本性來說，都是以數為範型的」[225]。這主要是就哲學、美學來談「數」的問題，與古代中國的洛書、後天八卦方位理念及風水巫性意義的「數」，在人文品性上有所區別。可是，古希臘這一學派所說的哲學與美學的「數」的原型，是建構在關於「數」的絕對崇拜與種種「數」的禁忌基礎之上的，實際上並未走出關於「數」的神性、靈性與巫性的歷史與人文「陰影」。就此而言，西方古希臘與東方古代中國風水的「數」，又無疑具有相通的一面。

當我們堅持古希臘關於美在於數的和諧與均衡這一美學原則時，同時也包含著對於中國風水文化九數叢集的數的和諧、均衡的審美因素的認同。就審美來說，和諧可以是一種美。作為風水地理的人文基礎的數的和諧，雖然總是處於命理的籠罩與糾纏之中，但是九數叢集的每一個數，與它數個個不同，卻「和兌（悅）」地處在同一「氣場」之中。這種來自數的「和而不同」的系統與結構，包含一定的審美因素。至於說到均衡，是指系統、結構的一種由多因素所構成的平衡。平衡可以是對稱的，也可

---

[225] ［古希臘］亞里斯多德《形上學》，99b29 ～ 990a12、985b9 ～ 33，引自范明生《古希臘羅馬美學》，第 62、62 ～ 63 頁，蔣孔陽、朱立元主編《西方美學通史》第一卷，上海文藝出版社，1999 年版。

以是非對稱的。不對稱的動態平衡，就是均衡。古人說：「升明之紀，正陽而治。德施周普，五化均衡。」[226] 這裡所說的「升明」，指五行屬火之夏 [227]；「德」，品性義；「五化」，指在中醫養生中，按五行生剋律而隨時序、季節變化所施行的適人、適時的調治。關於身心調治，古人依五行運替的道理、時氣演化的原則與「四維八綱」[228] 而做「與時偕行」的掌握，這種掌握是整體而系統的，從而隨順與追求身心養護的平衡，即均衡的境界。

這種均衡，固然與這裡正在解讀的風水審美的均衡有所不同，但是，這裡所說的「五化均衡」，可能是均衡這一範疇在中華典籍中最早的文本出處，它因「五化」的時空性而與風水審美的均衡之義，具有一定的人文關聯。人居風水文化，同樣崇信而且要求達到環境的均衡，其中顯然包含均衡之美的審美因素，其理想模式與人文之根，便是一定的風水地理格局，可以上溯於《周易》後天八卦九宮方位、洛書九數叢集中每三數之和都等於十五的均衡，其實也是大化流行的鬱勃生氣的均衡。

在審美上，均衡之美，是一種事物系統、整體存在的動態平衡。藝術審美的語言、文字、線條、塊面、色彩、質地、音質、音色、節奏、旋律以及大小、主次、高下、遠近、明暗、顯隱與動靜等因素所構成的一定的系統、結構與意象，如果能夠生成一定的動態平衡，那麼均衡之美，便是普遍的存有與運化，普遍的可創造與傳達的。由於均衡之美，總是在那種「和而不同」的前提下才可能生成的，因而，它是一定系統、結構與意

---

[226]　《黃帝內經・素問・五常政大論》（影印本），人民衛生出版社，2013 年版。

[227]　按：《黃帝內經・素問・五常政大論》（影印本）有「火曰升明」語，人民衛生出版社，2013 年版。

[228]　按：四維：營、衛、氣、血；八綱：陰陽、虛實、寒熱、表裡。四維八綱，是中醫的基礎醫理之一。

象的多樣的整一兼整一的多樣。多樣而不整一是雜亂,整一而不多樣是單調。它是對「同而不和」以及雜亂甚至因為對稱性平衡而可能引起的呆板與蠢笨的斷然拒絕。它也與單調、死寂等無緣。它其實便是那種生氣洋溢、超然於物性的詩趣空靈的意境之美。就風水地理的生態環境及建築美的創造來說,蘊含於洛書、後天八卦九宮方位的數的均衡,在拂去其歷史塵埃與巫性人文氛圍的前提下,確實可以為一座城市、一個村落或者社區、民居等生態環境的均衡之美的規畫與設計、創造和欣賞,提供有益的啟示。

附錄一　巫文化考釋

關於中國文化中的「巫」字之義，有學者以為，「亦不外下列十義：第一，可釋為卜筮之『筮』字；第二，可釋為一種祭祀的名稱，類似『方祀、望祀』；第三，可釋為國名；第四，可釋為地名；第五，可釋為一種神名；第六，可釋為一種人；第七，可釋為四方的方位；第八，可釋為舞；第九，可釋為規矩形；第十，可釋為一種巫行法工具」[229]。

這裡所說的巫的「十義」，歸納甚為妥善。

筆者以為，前列「十義」，其中「第三」、「第四」與「第七」義，可能與「巫」字本義關係不大。比如，甲骨卜辭被釋讀為巫字的那個字[230]，《甲骨文字典》釋為「地名」，稱其「字形結構不明，形近於巫」[231]，這一釋讀是比較謹慎的。又如，關於巫指「四方的方位」讀解，看來也難以肯定。巫並非指「四方的方位」，而是指巫居於「四方」。古代有「四方巫」之說。饒宗頤說，「為巫字，東即東巫，四方巫之一」[232]。

或許可以說，並不是「巫」字具有「十義」，而是學界關於巫字意義尚有十種不同的解讀。

關於「巫」作為卜筮的「工具」、「道具」之說，首先關係到對於「工」字意義的理解。

關於工字，學界已有諸多解說。其中最權威的，大概莫過於東漢許慎

---

[229]　［韓］趙容俊《殷商甲骨卜辭所見之巫術》（增訂本），第 60 ～ 61 頁，中華書局，2011 年版。

[230]　參見郭沫若主編、胡厚宣總編輯，中國社會科學院歷史研究所《甲骨文合集》編輯工作組集體編輯《甲骨文合集》二九五，中華書局，1978 ～ 1982 年版。

[231]　徐中舒主編，常正光、伍仕謙副主編《甲骨文字典》第 497、496 頁，四川辭書出版社，1989 年版。

[232]　饒宗頤《殷代貞卜人物通考》，第 287 頁，香港大學出版社，1959 年版。

《說文解字》所說，「巫，祝也。女能事無形，以舞降神者也。象人兩袖舞形，與工同意」[233]。工，《說文解字》稱，「巧飾也，象人有規矩也，與巫同意，凡工之屬皆從工」[234]。

這就是說，巫，「與工同意」；工，「與巫同意」。

似乎可以說巫即工、工即巫。因而，今人多將「工」解釋為「工具」（道具），這近似許慎所說。今人之所以釋巫為巫術工具，是因為許慎解釋巫字意義「象人有規矩也」的緣故。正如李孝定所說，「許云『象人有規矩也』，因疑工乃象矩形。規矩為工具，故其義引申為工作、為事功、為工巧、為能事」[235]。

可以將巫術稱為巫性的「工作」而並非現當代人所指的一般的工作。在此意義上，工字是巫字的本字，所以許慎既說巫「與工同意」，又說工「與巫同意」，在巫性意義上，「巫」與「工」字可以互訓。

然而考工字本義，學界歧義互見。除「規矩」、「工具」等說外，還有以「工」為「玉」、「斧」、「示」、「貢」、「功」[236] 等解讀。

早有學者指明，將「工」釋為「工具」（道具）之類，雖則與巫有涉，卻可能並非巫字本義。

---

[233]　許慎《說文解字》，第 100 頁，中華書局影印本，1963 年版。

[234]　許慎《說文解字》，第 100 頁，中華書局影印本，1963 年版。

[235]　李孝定編《甲骨文字集釋》，第 1594 頁，臺灣「中研院」歷史語言研究所，1970 年版。

[236]　按：孫海波〈卜辭文字小記〉（《考古學社社刊》第 3 期）：卜辭中的巫字卜，象巫在神幄，兩手奉玉以祀神，是知工即玉也。引申之治玉之人曰工。」姜亮夫〈漢字結構的基本精神〉（《浙江學刊》1963 年第 1 期）：「譬如能代表石器時代所遺留的生產工具的文字，只有一個『工』字，此應是石器時代所遺的斧形工具」。饒宗頤《殷代貞卜人物通考》（第 582 頁，香港大學出版社，1959 年版）指出，「『寅卜，事貞：多工亡尤』（《粹編》一二八四）按，多工即多宗。他辭云：『於多工』（《粹編》一二七一）與此同。于省吾《駢續》十一《釋工典》：「郭沫若引《詩》『工祝致告』為說，不知工，官也，係名詞，典亦名詞，於文理實不可解。工應讀作貢」，「《易・繫辭》：『六爻之義易以貢。』注：『貢，告也。』《釋文》：『貢，京陸虞作工，荀作功。』是其證。」

152

許君訓工「巧飾也，象人有規矩也，與巫同意，非其溯也」[237]。

吳氏（按：吳其昌）謂工之夙義為斧恐未必，然以時代言，契文之應早於吳氏所舉金文諸器之作工者，則金文之乃由所訛變，非本象斧形也。[238]

《甲骨文字詁林》云，此字（按：工）形體來源，迄無定論。孫海波謂象玉形，吳其昌謂象斧形，諸家皆已辯其誤。《說文解字》以為「巨」字即規矩之象，乃據篆文形體立說，驗之商周古文字皆不合。[239]

所言是。許子稱工「與巫同意」或巫「與工同意」都是對的。然而他把「工」解讀為「巧飾也，象人有規矩也」則未妥。所謂「巧飾」、「規矩」義，為工字後起義。

考巫字本義的關鍵處，在於釐清「巫」字與「筮」字的文義關聯。

學者為求證明「巫」字之義作為巫術「工具」的言說，力倡巫字是筮字「本字」之見。饒宗頤先生說：「巫與筮通。《周禮·簭（按：筮）人》有『九簭』，曰巫更巫咸等，鄭注：『巫讀皆當為筮。』」[240] 張日昇曰：「竊疑，字（按：指巫）象布策為筮之形，乃筮之本字。《易·蒙卦》『初筮告』注云：『筮者，決疑之物也。』筮為巫之道具，猶規矩之於工匠，故云『與工同意』。」[241]

這裡，值得進一步討論的問題是：

考甲骨卜辭，幾乎隨處可見巫字，如「巫帝一犬一豕」、「戊寅卜巫又

[237]　孫海波〈卜辭文字小記〉，《考古學社社刊》第 3 期，第 73 頁，1935 年。
[238]　李孝定編《甲骨文字集釋》，第 1,594 頁，臺灣中研院歷史語言研究所，1970 年版。
[239]　于省吾主編，姚孝遂按語編撰《甲骨文字詁林》第四冊，第 2,918 頁，中華書局，1996 年版。
[240]　饒宗頤《殷代貞卜人物通考》，第 41 頁，香港大學出版社，1959 年版。
[241]　李孝定、周法高、張日昇等編著《金文詁林》，第 2,893 頁，香港中文大學出版社，1977 年版。

伐」與「甲子卜巫帝」[242] 等。迄今尚未檢索到甲骨文字「筮」。這可以證明筮字可能是後起字。巫字從工。而關於筮，《說文解字》說，「筮，易卦用蓍也」[243]。筮的操作儀式是以蓍竹為算術的。《周易》古筮法的「十八變」，「布策為筮」，稱為「算策」。金文有「筭」（算）字，「筭字從竹從弄，而弄字從玉」[244]，不從工。

假如像饒宗頤先生所認為的那樣，卜辭中的巫字「讀皆當為筮」，這就不啻是說，甲骨卜辭所說的「巫」，都是以「筮」來占卜的。這與史實不符。固然筮屬於巫術的一種，「筮」通「巫」，但是正如《廣韻》所云，「龜曰卜，蓍為筮」；《禮記·曲禮》也說，「龜為卜，筴（算，筭）為策」；《詩·氓》也有「爾卜爾筮」的詩句，卜與筮是兩種不盡相同的預測方法。筮（筭，算）與卜都屬於巫，饒宗頤先生也說，「龜（按：卜）與策（按：筮，算）之異其事，昭然若揭」[245]。雖然在周代易筮盛行的時候，同時以卜為占，而卜在前筮在後，這是於史有證的。從文字學角度，或者可以證明「巫」是「筮」的本字，相反，則難以證明「筮」是「巫」的本字。

如果將筮字釋為巫的本字，於義未通。有學者以為，比如「丙戌卜貞巫日集貝於帚用若（諾）一月」[246] 的「巫日」，釋為「筮日」亦可。這是沒有歷史理據的。卜辭中作為主語的「巫」，如果釋為「筮」，那就等於認為甲骨占卜所用的材料，並非是牛胛骨、羊胛骨與龜甲之類，而是蓍草、筮竹等。

在卜辭中，巫指那些所謂通陰陽、天地、神人的「巫人」，這樣的

---

[242]　郭沫若主編、胡厚宣總編輯，中國社會科學院歷史研究所《甲骨文合集》編輯工作組集體編輯《甲骨文合集》二一〇七八、四〇八六六、三四一五八，中華書局，1978～1982 年版。

[243]　許慎《說文解字》，第 96 頁，中華書局影印本，1963 年版。

[244]　楊樹達《積微居金文說》卷二，第 383 頁，科學出版社，1959 年版。

[245]　饒宗頤《殷代貞卜人物通考》，第 40 頁，香港大學出版社，1959 年版。

[246]　李旦丘《鐵雲藏龜零拾》二三，中法文化出版委員會，1939 年版。

辭例尚為多見，如「乙酉卜巫帝犬」[247] 等。正如前述，這裡「巫帝」的「帝」，應讀為「禘」（按：祭名，夏祭曰禘），名詞作動詞用。這類「巫」字，是指「巫人」，指從事巫術活動的人，並非指巫術方式或結果。卜辭有「東巫」、「西巫」等「四方巫」之說，如「帝東巫」[248] 這一卜辭就是如此。「為巫字，東即東巫，四方巫之一」。

總之，「巫」，顯然指「巫人」而並非指「筮」。將卜辭中的「巫」字讀作「筮」，等於承認殷周之時，中國原巫文化只有易筮而沒有甲骨占卜。

再說巫字從工這一問題。何金松說：「工字在甲骨文中有兩種形體。《甲骨文編》曰：『武丁時期工字作凸』，『祖庚祖甲以後工字作工』。金文大致有三形：⚓、工、工。都由繁而簡的進行演變。」[249] 古時有「百工」。《尚書‧堯典》：「允釐百工，庶績咸熙。」偽孔傳：「工，官也。」《周禮‧冬官‧考工記》：「國有六職，百工與居一焉。」《周禮》注，「百工，司空事官之屬」，「司空掌營城廓，建都邑，立社稷宗廟，造宮室車服器械百工者」。在中國文化中，後代的「百工」，顯然由殷周之「巫」（按：先卜後筮）而非僅為「筮」發展而來。除了「筮」，更古遠的，還有「卜」[250]。掌管都邑、宮室營造的官職之所以稱「百工」，都因原古的巫字從「工」之故。「百工」所從事的營造活動，時時處處離不開古代風水學、風水術。「風水」的文化屬性是巫術的巫性。這是與現當代的營造活動不同的。當然，從宮室營造的環境學、生態學角度看，古代風水（堪輿）術除了講命理迷信，同

[247] 郭沫若主編、胡厚宣總編輯，中國社會科學院歷史研究所《甲骨文合集》編輯工作組集體編纂《甲骨文合集》四〇三九九，中華書局，1978～1982年版。

[248] 郭沫若主編、胡厚宣總編輯，中國社會科學院歷史研究所《甲骨文合集》編輯工作組集體編輯《甲骨文合集》五六六二，中華書局，1978～1982年版。

[249] 何金松《漢字形義考源》，第179頁，武漢出版社，1996年版。

[250] 按：儘管殷周往往卜、筮互具，作為中國巫術文化的兩大形態，倘論起源，畢竟卜在前而筮於後。《左傳‧僖公四年》云：「筮短龜長，不如從長。」即為明證。見《左傳》（全二冊），上海古籍出版社，2015年版。

時包含著樸素的環境與生態的理念，這一部分，又與現當代的建築與環境的設計、建造相通。

巫作為通陰陽、參天地、應神人的特殊人物，他（她）以所謂「神通廣大」、「無所不能」為能事。巫，既是人又是神，自稱既「通神」又「降神」，其人文屬性，處在人與神之際。這便是陳夢家「若以巫為主詞，則他是一種人；若以巫為間接賓詞，則他是一種神」的意思。

關於「巫」的神話傳說，實際許多是關於巫師或圖騰崇拜的故事，這被馬凌諾斯基稱為「巫術神話」或「圖騰神話」。正如前述，神話是一種「話語」方式，神話的內容，往往是關於巫術與圖騰的。那些神話中的祖神、英雄等，都是「神通廣大」的人，實際是大巫師之類的人物。

巫的神話，又與歷史相關。中華原始文化中神話和歷史的關係，是一個有趣而似乎有點糾纏不清的「話題」。在一貫崇尚歷史的古老國度裡，神話傳說往往被打扮成「歷史」。《尚書》這一歷史典籍，免不了有神話傳說的「積極參與」。法國漢學家馬伯樂（Maspero）的《書經中的神話》（*Légendes mythologiques dans le Chou King*），曾經不妥的稱《尚書》純為「冒牌歷史」。其要求在此「冒牌歷史」的記述中，「尋求神話的底子」[251]的意見，倒還是不錯的。關於巫的起源，《尚書·呂刑》相關記載值得引錄：

若古有訓。蚩尤惟始作亂，延及於平民。罔不寇賊，鴟義奸宄，奪攘矯虔。苗民弗用靈，制以刑，惟作五虐之刑曰法。殺戮無辜，爰始淫為劓刵椓黥。[252]

上帝監民，罔有馨香德，刑發聞惟腥。皇帝哀矜庶戮之不辜，報虐以

---

[251]　［法］馬伯樂《書經中的神話》，第 1 頁，商務印書館，1936 年版。

[252]　《尚書·周書·呂刑》，江灝、錢宗武《今古文尚書全譯》，第 434 頁，貴州人民出版社，1990 年版。

威，遏絕苗民，無世在下。乃命重、黎，絕地天通，罔有降格。[253]

　　這一引錄的內容，是兩段周穆王的誥詞。其一說，往古蚩尤作亂，禍及平民百姓。無不偷盜橫行，巧取豪奪，綱紀不振。苗民不遵政令，便以「五虐」酷刑以代法紀，濫殺無辜。其二又說，上帝察視苗民社會，知曉此處無有花一般芬芳之德政，刑法濫用，到處為血腥之氣。顓頊哀憐無罪而被殺戮之人，以德政威權審判忤虐苗蠻，讓其斷子絕孫，於是，命令傳說中作為顓頊之孫而通天的重，主持天上之事；又命其另一孫子管人事的黎，來治理地上之細民百姓，禁止百姓和神靈相通。由此，天與地、神與民之間，再也不能升降交通，此之謂「絕地天通」。周穆王說，此乃古代治理天下之教訓。

　　兩段引文，最重要的是「乃命重、黎，絕地天通，罔有降格」這一句話。

　　在中國原始神話傳說和原始人文意識中，鴻蒙初開，人智極其低下。在人的意識中，天地、神人原本未分，即無所謂天、地，也無所謂神、人。《莊子》有云，「南海之帝為儵，北海之帝為忽，中央之帝為渾沌」，此之謂也。文明始起，意識覺悟便有所謂「儵」和「忽」（指時空）「謀報渾沌之德」，面對「渾沌」而「嘗試鑿之」，「日鑿一竅，七日而渾沌死」[254]。就原巫文化的發生而言，所謂「渾沌死」究竟意味著什麼？

　　它意味著這一世界，原本無所謂天上地下、神界人間，它原本渾沌一片，是不分彼此的。由於人智進而茅塞頓開，便在人文意識中分出天地、

[253] 《尚書‧周書‧呂刑》，江灝、錢宗武《今古文尚書全譯》，第 434 頁，貴州人民出版社，1990 年版。

[254] 《莊子‧應帝王》，王先謙《莊子集解》卷二，第 51 頁，《諸子集成》第三冊，上海書店，1986 年版。

神人之類。這有如古印度《梨俱吠陀》（按：印度吠陀經之一）的「宇宙樹」（Cosmic Tree）一般。一旦「宇宙樹」這一神話「奇蹟」被創造完成，就意味著人類已經具有智慧能力，將世界分為天地、神人兩極而相互不得交通。作為兩極之際的一個中介與連結，這種「宇宙樹」便應運而生。但在古印度文化中，「宇宙樹」並非通天地、神人的一個「原巫」。

　　中國文化本無「宇宙樹」的人文理念，有些相似的，是所謂「扶桑」、「建木」。《玄中記》稱，天下之高者，有扶桑，無枝木焉。上至於天，盤蜿而下屈，通三泉。《山海經·海內南經》云：「有木，其狀如牛，引之有皮，若纓、黃蛇。其葉如羅，其實如欒，其大若菡，其名曰建木。」[255] 上至於天而下通三泉者，扶桑也；而「建木在都廣，眾帝所自上下。日中無景（按：影之本字），呼而無響，蓋天地之中也」[256]。其人文之功，在於交通於天地、神人、物我。這是一種新起的「天人合一」的人文意識，亙古而始有，與「渾沌死」之前的「原始混沌」不同，也便是「渾沌死」之後所建構的「天人合一」的新人文模式。它剝奪了絕大多數人「通天」、「通神」的智慧、能力和權利，並將其作為可以由「建木」等「所自上下」的所謂「眾帝」的專權。

　　《尚書》所說的司天以屬神即重與司地以屬民即黎「通神」、「通人」的情形，便是如此。所謂「絕地天通」，是將「渾沌死」前的「原始混沌」格局打破，變成在「渾沌死」之後重、黎專司的權能。

　　「絕地天通」藉口苗民作亂取消了苗黎族的通天之權，改變「九黎亂德，神民雜糅」的境況，是為了使天地、神人之間的秩序有條有理，而並非絕對的斷絕天地、神人之間的一切關係與交流。於是，一個新的問題就提出來了。此即究竟由什麼（誰 —— 原注）來維繫天地、神人之間的關係

---

[255]　《山海經·海內南經》，陳成《山海經譯注》，第 287 頁，上海古籍出版社，2014 年版。
[256]　《淮南子·墜形訓》，《淮南子》卷四，第 57 頁，《諸子集成》，第七冊，上海書店，1986 年版。

與交流呢？民當然仍想有「登天」之舉，這一目的可以透過巫（覡 —— 原注）來完成。[257]

可見重、黎者，便是中國古代神話傳說中的「原巫」，重與黎，是中華原巫文化理念意義上的人文原祖。

關於中國原巫文化的古籍記載，浩如煙海，這裡所說，可謂瀚海拾貝。且不說殷周甲骨卜辭實為巫辭，且不說金文所記載的巫例俯拾皆是，亦不說《周易》通行本、帛書本與楚竹書本等，都是與巫筮相涉的，以筆者所見，如《四庫術數類叢書》[258]，收錄於文淵閣本《四庫全書》術數類古籍五十種。據袁樹珊編著《中國歷代卜人傳》一書，凡「三十九卷，表一卷，索引一卷。自上古羲農，至民國初先賢，凡三千八百餘人」[259]。所載「大都對於陰陽術數，卜筮星相，多所發明。或具特長，或大聖大賢，忠孝節義，儒林文苑，隱士方外，兼研此術」[260]。可謂搜羅宏富，其實尚未搜羅無遺。

中國古籍關於中國巫術文化的記載文字，遠遠超過同樣重要的原始神話與圖騰資料。這是有目共睹的。

《山海經》說：

有靈山，巫咸、巫即、巫盼、巫彭、巫姑、巫真、巫禮、巫抵、巫謝、巫羅十巫，從此升降，百藥爰在。[261]

巫咸國在女丑北。右手操青蛇，左手操赤蛇。在登葆山，群巫所從上

---

[257]　拙著《中國美學的文脈歷程》，第 12 ～ 13 頁，四川人民出版社，2002 年版。

[258]　按：《四庫術數類叢書》，凡九冊，上海古籍出版社，1990 年版。

[259]　袁樹珊編著《中國歷代卜人傳》之〈中國歷代卜人傳提要〉，臺灣新文豐出版公司，1998 年版。

[260]　袁樹珊編著《中國歷代卜人傳》之〈例言〉，臺灣新文豐出版公司，1998 年版。

[261]　《山海經・大荒西經》，陳成《山海經譯注》，第 347 頁，上海古籍出版社，2014 年版。

附錄一　巫文化考釋

下也。[262]

　　作為「古之巫書」[263] 的《山海經》，以巫咸為「十巫」之首，這是神話傳說中的大巫、原巫的共名。《說文》據《世本》有云：「古者巫咸初作巫。」[264] 稱巫咸「初作巫」，或為有據。後世《太平御覽》卷七九引《歸藏》則進一步將此坐實，其文曰：「黃神（按：黃帝）與炎神（按：炎帝）爭鬥涿鹿之野，將戰，筮於巫咸。曰：果哉，而有咎？」根據這一記述，巫咸與炎黃是同時的，歲時極其古遠。根據《左傳》「筮短龜長，不如從長」的言述，龜卜的始起較巫筮為悠久。先有卜骨，主要是羊胛骨與牛胛骨，羊者祥也；牛性力蠻而勤勞，二者首先被選為卜骨，是很有道理的。韓國學者朴載福說，從目前的資料看，中國最早的卜用甲骨發現於河南仰韶文化時期的文化層中。在甘肅馬家窯、內蒙古富河文化考古中所發現的，都是卜骨。而發現的卜甲，目前最早的屬於商代河南鄭州二里崗文化。[265]

　　易筮的智慧水準遠在龜卜之上，傳說與炎黃同時的巫咸居然已能「筮」，可能於史無據。然而《山海經》中的這兩則資料，一則指明原巫以巫咸為首；二則說明巫所從事的是「升降」之術，所謂「群巫所從上下」；三則點明巫的「作法」方式，是「右手操青蛇，左手操赤蛇」。《山海經》多言神怪故事，記錄諸多神話傳說，神話的內容大多屬於原巫文化範疇。

　　先秦古籍，作為「五經之首」的《周易》通行本卦爻辭，大都是易筮紀錄。其中有些卦爻辭，如蒙卦卦辭「初筮告，再三瀆，瀆則不告，利貞」

---

[262]　《山海經·海外西經》，陳成《山海經譯注》，第 264 頁，上海古籍出版社，2014 年版。

[263]　魯迅《中國小說史略》云，《山海經》「記海內外山川神祇異物及祭祀所宜」，「所載祠神之物多用糈與巫術合，蓋古之巫書也」。《魯迅全集》第九卷，第 31 頁，人民文學出版社，1957 年版。

[264]　許慎《說文解字》，第 100 頁，中華書局影印本，1963 年版。

[265]　按：參見 [韓] 朴載福《先秦卜法研究》，第 16、32 頁，上海古籍出版社，2011 年版。該書是由作者用漢語寫成的著作。

與巽卦九二爻辭「用史巫，紛若吉，無咎」等，是直接言述「筮」與「史巫」的紀錄。

《尚書》有云：

禹曰：「枚卜功臣，惟吉之從。」帝曰：「禹！官占惟先蔽志，昆命於元龜。朕志先定，詢謀僉同，鬼神其依，龜筮協從，卜不習吉。」[266]

七、稽疑：擇建立卜筮人，乃命卜筮。曰雨，曰霽，曰蒙，曰驛，曰克，曰貞，曰悔，凡七。卜五，占用二，衍忒。立時人作卜筮。[267]

作為「上世帝王遺書也」[268]的《尚書》，所載上古巫術材料甚多。所錄「鬼筮」即卜筮，其功在於「稽疑」。巫者，循天則以斷人事也。而且指明龜兆、卦象凡七。[269]《尚書》又說，「伊陟相大戊，亳有祥桑穀共生於朝，伊陟贊於巫咸」[270]。正如前述，巫咸是原古大巫。《離騷》：「巫咸將夕降兮，懷椒糈而要之。」王逸《離騷》注：「巫咸，古神醫也。當殷中宗之世。」是為證。

《左傳》、《國語》所涉巫例亦甚多。《左傳》有云，「秋，齊侯伐我北鄙。中行獻子將伐齊，夢與厲公訟，弗勝」，「公以戈擊之，首墜於前，跪而戴之，奉之以走，見梗陽之巫皋」，「巫皋曰：『今茲主必死。若有事

[266] 《尚書‧虞夏書‧大禹謨》，江灝、錢宗武《今古文尚書全譯》，第 43 ～ 44 頁，貴州人民出版社，1990 年版。

[267] 《尚書‧周書‧洪範》，江灝、錢宗武《今古文尚書全譯》，第 241 頁，貴州人民出版社，1990 年版。

[268] 《尚書‧序》，江灝、錢宗武《今古文尚書全譯》，第 2 頁，貴州人民出版社，1990 年版。

[269] 按：《尚書‧商書‧盤庚》有「盤庚五遷」之記。其云，「明聽朕言，無荒失朕命」，「非敢違卜，用宏茲賁」。《盤庚》上下篇告於群臣，中篇告於庶民。以誥文號令天下，動員遷都。原因是，舊都邑風水有凶，未敢違逆「卜」命，而據占卜，新都安陽風水吉利。古時風水術，為巫術之一種。

[270] 《尚書‧商書‧咸乂》，江灝、錢宗武《今古文尚書全譯》，第 152 頁，貴州人民出版社，1990 年版。

於東方，則可以逞。』獻子許諾」。[271] 巫皋之言，斬釘截鐵，似乎不由人不信，巫之權威大矣哉。《國語》：「明王聖人能制議百物，以輔相國家，則寶之；玉足以庇蔭嘉穀，使無水旱之災，則寶之；龜足以憲臧否，則寶之。」[272] 楚有五寶，「玉」、「龜」、「珠」、「金」和「山林藪澤」。其中尤重者為玉、龜，兩者皆通靈之物，其中龜者，為巫術靈具。《周禮》云：「國有六災，則帥巫而造巫恆。」[273]《楚辭》：「帝告巫陽曰：『有人在下，我欲輔之。魂魄離散，汝筮予之。』」[274]《莊子》素以先秦道家哲學名，書中言及「不材之木」、「以至於此其大也」時，卻寫到巫：「故未終其天年，而中道已夭於斧斤，此材之患也。故解之以牛之白顙者與豚之亢鼻者，與人有痔病者，不可以適河。此皆巫祝以知之矣，所以為不祥也。此乃神人之所以為大祥也。」[275]《韓非子》又說：「今巫祝之祝人曰：『使若千秋萬歲。』千秋萬歲之聲聒耳，而一日之壽無徵於人，此人所以簡巫祝也。」[276]

上古巫與覡、祝有別。《國語·楚語下》云：「在男曰覡，在女曰巫。」[277] 可能反映了上古之巫的文化實際。此主要非以性別而以職能分

---

[271]　《左傳·襄公十八年》，《春秋左傳正義》，杜預注，孔穎達正義，阮刻《十三經注疏》本。

[272]　《國語·楚語下》，鄔國義、胡果文、李曉路《國語譯注》，第 548 頁，上海古籍出版社，1994 年版。

[273]　《周禮·春官·司巫》。按：「恆，久也。」孫詒讓《周禮正義》五十「司巫」云，清人汪中以為「恆」為「咸」之「轉語」，故此「巫恆」即指「巫咸」。

[274]　《楚辭·招魂》，董楚平《楚辭譯注·招魂》，第 244 頁，上海古籍出版社，2003 年版。

[275]　《莊子·內篇·人間世第四》，王先謙《莊子集解》卷一，第 29 頁，《諸子集成》第三冊，上海書店，1986 年版。

[276]　《韓非子·顯學》，王先慎《韓非子集解》，第 356 頁，《諸子集成》第五冊，上海書店，1986 年版。

[277]　《國語·楚語下》云：「古者民神不雜。民之精爽不攜貳者，而又能齊肅衷正，其智能上下比義，其聖能光遠宣朗，其明能光照之，其聰能聽徹之。如是則明神降之，在男曰覡，在女曰巫。」（鄔國義、胡果文、李曉路《國語譯注》卷十八，第 529 頁，上海古籍出版社，1994 年版）

類。《國語》注:「覡,見鬼者也。」「見鬼」似為男覡之專職。而一般與鬼神交通之事,是男覡女巫的共同職能。其間,女巫似更擅長於以歌舞召喚鬼神以通人事。「而敬恭明神者,以為之祝」[278],其職能似側重於通鬼神之祭祀。《周禮》有「司祝」的稱謂。殷代甲骨卜辭有「祝」字。卜辭有「貞祝於祖辛」[279]等記。《說文》云:「祝,祭主贊詞者。」徐中舒等云,祝,「象人跪於神主前有所禱告之形」[280]。祝者,一說「男巫」。所據為《詩·小雅·楚茨》「工祝致告,徂賚孝孫」之記。「工祝」者,巫祝也。因「工祝」祭於祖神(按:宗廟之祭),故「祝」為「男巫」。

　　巫、覡和祝三者的區別其實不大,都是通鬼神以就人事的人物。之所以有些區別,除時代因素,恐多為地域有異使然。否則,為什麼《國語》稱「在男曰覡,在女曰巫」,而《周禮》則稱「男亦曰巫」?古籍往往巫覡[281]、巫祝[282]並稱。

　　司馬遷《史記》一書中,也不乏卜筮的紀錄。〈五帝本紀〉稱,「有土德之瑞,故號黃帝」。「土德」就是屬土的祥瑞,傳說中的黃帝是具有巫性的。「帝顓頊高陽者,黃帝之孫而昌意之子也。靜淵以有謀,疏通而知事;養材以任地,載時以象天,依鬼神以制義,治氣以教化,絜誠以祭祀。」[283]「祭祀」,是巫師的本業之一。至於該書〈龜策列傳〉(按:此篇由西漢元、成年間褚少孫所增補),因為「言辭最鄙陋」而受到唐人的批

---

[278]　《國語·楚語下》,鄔國義、胡果文、李曉路《國語譯注》卷十八,第 529 頁,上海古籍出版社,1994 年版。

[279]　郭沫若主編、胡厚宣總編輯,中國社會科學院歷史研究所《甲骨文合集》編輯工作組集體編輯《甲骨文合集》七八七,中華書局,1978 ~ 1982 年版。

[280]　徐中舒主編,常正光、伍仕謙副主編《甲骨文字典》,第 24 頁,四川辭書出版社,1989 年版。

[281]　按:《荀子·正論》:「出戶而巫覡有事。」王符《潛夫論·正論》:「巫覡祝(按:「祝」為動詞,祝福神靈之義)請,亦其助也。」

[282]　按:杜甫《杜工部草堂詩箋》二十〈南池〉:「南有漢王祠,終朝走巫祝。」

[283]　《史記·五帝本紀第一》,《史記》卷一,第 1 頁,中華書局,2006 年版。

附錄一　巫文化考釋

評，畢竟其所記載的，是諸多巫術文化的資料。[284]

張光直認為，中國古時的巫，類於「薩滿」（Shamman），其實「薩滿」便是巫師的一種。張先生曾引述亞瑟‧偉利（Arthur Waley）之言有云：

在古代中國，祭祀鬼神時充當中介的人稱為巫。據古文獻的描述，他們專門驅邪、預言、卜卦、造雨（按：即所謂「呼風喚雨」）、占夢。有的巫師能歌善舞。有時，巫就被釋為以舞降神之人。他們也以巫術行醫。在作法之後，他們會像西伯利亞的薩滿那樣，把一種醫術遣到陰間，以尋求慰解死神的辦法。可見，中國的巫與西伯利亞和通古斯地區的薩滿有著極為相近的功能。因此，把「巫」釋為薩滿是……合適的。[285]

考慮到中國原巫文化及其沿承如此繁榮這一點，應當說，並非中國的巫類於薩滿，而是薩滿類於中國巫師。據古籍記載，中國古代關於巫師的別稱很多，有「巫」、「祝」、「覡」、「巫覡」、「巫祝」、「靈巫」、「巫人」、「龜人」、「筮師」、「祝師」、「薩滿」、「巫公」、「魔公」、「神漢」、「巫婆」與「日者」等多種。中國地域廣闊，歷史悠久，巫文化現象隨處可見。《周禮‧春官‧龜人》：「龜人，掌六龜之屬，各有名物。」墨子〈迎敵祠第六十八〉：「從外宅諸名大祠，靈巫或禱焉，給禱牲。」此是。

長期以來，一些西方文化人類學家出於「西方文化中心」論，也因為中西文化研究的隔閡，關於中國巫文化，在西方大量的人類學著述中涉及不多。英國弗雷澤的《金枝》與馬凌諾斯基的《巫術科學宗教與神話》等著作中所記錄的中國巫文化資料，僅是一鱗半爪。法國列維－布留爾的《原始思維》所涉及的中國巫文化資料，相比之下略微多一些，但是該書作為

---

[284]　按：見《史記‧龜策列傳第六十八》，《史記》卷一百二十八，第 738 ～ 750 頁，中華書局，2006 年版。

[285]　Arthur Waley, The Nine Songs: A Study of Shammanism in Ancient China （London: Allen and Unwin, 1955）, p. 9. 張光直《美術、神話與祭祀》，第 38 頁，三聯書店，2013 年版。

原始思維的歷史與人文理據，遠不是以中國相關資料為主的。這種文化人類學關於中國資料與研究基本缺席的情況，正在改變之中。

　　古籍記述諸多屬巫的卜、筮之法甚多。這裡僅以《儀禮》一書的卜法與筮法為例。卜法，涉及陳龜、為位、奠龜、示高、命龜、作龜、占卜、旅占、徹龜與襲卜等十類；筮法，涉及地點、為位、陳蓍、布席、命筮、作筮、旅占、重筮與徹筮席等九項。[286] 卜法與筮法間的名稱有所重複，但是具體操作方法不一。《儀禮》有云：卜日，既朝，哭。皆復外位。卜人先奠龜於西塾上，南首，有席。筮人許諾，右還。即席坐，西面，卦者在左。卒筮。書卦，執以示主人。主人受眡，反之。《史記·龜策列傳》說：「靈龜卜祝曰：『假之靈龜，五巫五靈，不如神龜之靈，知人死，知人生。』」[287] 這一類記述不勝枚舉。

　　古中華巫事極盛，想來古籍所記，亦僅萬一。測日、測風、卜筮、扶乩、驅鬼、堪輿與占夢之類，都顯示了先民企圖認知、掌握世界與人自己的不懈努力。試想僅僅是殷代的卜文化和周代的筮文化，就曾經繁榮了多少歲月。只要是人的知識、理性所達不到的地方，事無巨細，古人幾乎無事不卜、不筮。這證明，人類以及中華古人對於世界與人自身的認知，曾經在濃重的巫的文化圍城及其「黑暗」之中，徘徊和摸索了很多個世紀，原巫文化的繁盛，正值人類智力稚淺的「童年」。

[286]　按：參見 [韓] 朴載福《先秦卜法研究》，第 199～201 頁，上海古籍出版社，2011 年版。
[287]　《史記·龜策列傳第六十八》，《史記》卷一百二十八，第 744 頁，中華書局，2006 年版。

附錄一　巫文化考釋

附錄二　與巫相繫的神

　　關於「神」這一文化人類學的重要概念，中西文化對於它的理解與解釋是大相徑庭的，這是由於中西文化理念及傳統迥然有別的緣故。

　　相傳，基督教由猶太的拿撒勒人耶穌所創立，起源於西元 1 世紀的現巴勒斯坦、以色列地區。基督教所尊奉的唯一主神是上帝（God），據《舊約聖經》，傳統猶太教將上帝看作世界和人類的唯一創造者和救世主。上帝萬能，而他的「臣民」是生而具有原罪的。關於上帝，任何美好的語言，似乎都無法形容。

　　「我是自有永有的」（按：《出埃及記》三章 14 節；《啟示錄》一章 4、8 節 ── 原注，下同），「生命」（《約翰福音》十一章 25 節，十四章 6 節，一章 4 節，五章 26 節）、「光」（《約翰福音》八章 12 節，一章 4 ── 9 節，九章 5 節；《約翰一書》一章 5 節）、「神」（《創世記》二十八章 13 節；《出埃及記》三章 6、15 節）、「真理」（《約翰福音》十四章 6 節）。同樣還是這些智慧的著述者（「上帝的智慧的人」theosophs，在本書中指《聖經》著述者），當他們讚頌各種存在物的原因時，他們運用了從結果方面構造的名字：善（《馬太福音》十九章 17 節；《路加福音》十八章 19 節）、美（《雅歌》一章 16 節）、智慧（《約伯記》九章 4 節；《羅馬書》十六章 27 節）、我所親愛的（《以賽亞書》五章 1 節）、眾神之神（《申命記》十章 17 節）、萬主之主（《申命記》十章 17 節；《詩篇》一三六篇 3 節；《提摩太前書》六章 15 節）、至聖者（《但以理書》九章 24 節）、永恆（《以賽亞書》四十章 28 節）、存在（《出埃及記》三章 14 節）、永世的原因（《希伯來書》一章 2 節；《提摩太前書》一章 17 節）。他們還稱祂為生命的泉源（《馬卡比後書》一章 25 節）、智慧（《箴言》八章 22 ── 31 節；《哥林多前書》一

章 30 節）、心靈（《以賽亞書》四十章 13 節）、道（《約翰福音》一章 1 節；《希伯來書》四章 12 節）、知者（《蘇珊拿傳》四十二章）、擁有一切知識寶藏者（《歌羅西書》二章 3 節）、權能（《啟示錄》十九章 1 節；《哥林多前書》一章 18 節；《詩篇》二十四篇 8 節）、強大的萬王之王（《提摩太前書》六章 15 節；《啟示錄》十七章 14 節，十九章 16 節）、比時間古老的（《但以理書》七章 9、13、22 節）、不會變老亦不會改變的（《瑪拉基書》三章 6 節）、拯救（《出埃及記》十五章 2 節；《啟示錄》十九章 1 節）、公義（《哥林多前書》一章 30 節）、聖潔（同上）、救贖（同上）、萬事中最偉大者，然而又在寧靜的微風中（《列王紀上》十九章 12 節）。他們說祂在我們的心中、靈中（《所羅門智訓》次經七章 27 節）、身中（《哥林多前書》六章 19 節），在天上地下（《詩篇》一一五篇 3 節；《以賽亞書》六十六章 1 節；《耶利米書》二十三章 24 節），雖然總在自身之中（《詩篇》一 二篇 27 節），祂也在世界之中（《約翰福音》一章 10 節），環繞世界並超出世界，祂比天高（《詩篇》一一三篇 4 節），比一切存在都高，祂是太陽（《瑪拉基書》四章 2 節），是星星（《彼得後書》一章 19 節），是火（《出埃及記》三章 2 節）、水（《約翰福音》七章 38 節）、風（《約翰福音》三章 5 —— 8 節，四章 24 節）和露水（《以賽亞書》十八章 4 節；《何西阿書》十四章 5 節），是雲（《出埃及記》十三章 21 節，二十四章 16 節，三章 9 節；《約伯記》三十六章 27 節）、房角的頭塊石（《詩篇》一一八篇 22 節；《馬可福音》十二章 10 節；《使徒行傳》四章 11 節）、磐石（《出埃及記》十七章 6 節；《民數記》二十章 7 —— 11 節），祂是一切，祂又不是任何具體事物。[288]

　　在信徒看來，無論怎樣形容、描述與讚美上帝，都是永遠不夠的，一切語言都顯得十分笨拙，上帝是說不盡的。在宇宙間，上帝的創造無所不能，而且獨一無二。「上帝之創造（Creation of God —— 原注，下同），

---

[288]　偽狄奧尼修斯《神祕神學》，第 7～9 頁，包利民譯，商務印書館，2012 年版。

一譯『天主之造化』。認為世界是由上帝所創造，為基督教教義之一。《聖經·創世記》曾說：『起初上帝創造天地，地是空虛混沌，淵面黑暗。上帝的靈運行在水面上。』」從這一句話可以看出，上帝創世時，並非一無所有，僅僅是大地「空虛混沌」而已。中世紀初，奧古斯丁等神學家卻宣稱，「上帝乃是從完全的『無』中創造出一切（拉丁文作 exnihilo）；即宇宙被造出之前，沒有任何物質存在，連時間和空間也沒有，而只有上帝，以及他的『道』（按：希臘文 Logos）和他的『靈』。他以發出『話語』（按：亦即透過『道』），創造出一切」[289]。

除了基督教的上帝，其他宗教的主神，也與上帝有類似的神性品格。印度教這樣描述它們的神：

神將是創造者（大梵天，Brahma——原注，下同），維持者（毗濕奴，Vishnu）和毀滅者（濕婆，Shiva），最終將會把一切有限的形象，解體回到他們所自來的原初性質。而另一方面，從超人格性來想，神處於爭鬥之上，在每一方面都與有限分離。「由於太陽是不會顫抖的，因此主也不會感覺到痛苦，雖然當你搖擺盛滿水的杯子，裡面所折射的太陽的影像會顫抖；雖然痛苦會被他那叫做『個人靈魂』的部分所感受到。」世界將仍然是依賴神的。它會從神聖的充滿中，以某種不可測的方式湧現出來，並以它的力量來支持。「它照亮著，太陽、月亮和星辰跟著它照亮；因著它的光一切都照亮了。它是耳朵的耳朵，眼睛的眼睛，心靈的心靈，語言的語言，生命的生命。」[290]

神、上帝之所以永恆存在，那是因為作為存在，是一種不可能不存在

[289]　《基督教小辭典》（修訂版），第 348 頁，任繼愈總主編，卓新平主編，上海辭書出版社，2008年版。
[290]　〔美〕休斯頓·史密斯《人的宗教》，第 62 頁，劉安雲譯，劉述先校訂，海南出版社，2013年版。

附錄二　與巫相繫的神

的存在。上帝的存在，是不需要任何理由的，上帝是「第一存在」。古羅馬的西塞羅曾經言說上帝的存在：

> 如果自然中存在著人的心靈、人的理智，以及人的能力和力量所不能創造的事物，那麼這些事物的造物主必然是一個比人還要卓越的存在者。因為，人不可能創造永恆運行的天體，因此，它們必然是由一個比人更加偉大的存在者創造的。這個更加偉大的存在者除了神以外還能是別的什麼嗎？如果神不存在，那麼自然中比人更偉大的會是什麼呢？唯有神才具有至高無上的理性天賦。只有傲慢的傻瓜才會認為世界上沒有比他自己更偉大的東西了。因此，必定有某物比人更加偉大。而這個某物就是神。[291]

自然界天造地設，非凡卓越，非人的智慧和人的力量所能為之。宇宙天體的存在及其運行和物理時間的存在與向前推移，早在人類這一自然界最傑出的生靈誕生之前無數個世紀就已經存在，不是人類所能夠創造和改變的。在科學不發達的古代，先民想像和肯定一個無所不能的「造物主」即「神」（上帝），是可以理解的。

關於上帝與諸神的研究，西塞羅《論神性》（*De Natura Deorum*）一書第二卷，曾引用巴爾布斯（Balbus）闡述斯多葛學派的見解時稱：

> 一般說來，我們這個學派的哲學家把整個神學問題分為四部分。第一，我們認為神聖的存在者是存在的。第二，我們解釋它們的本性。第三，我們描述它們如何統治世界。最後，我們表達它們如何關心人類。[292]

關於西方哲學與神學的關係，與其說哲學可以證明「神聖的存在者」即上帝及其諸神的確「存在」，倒不如說，是哲學對於神學信仰的一種妥協，或者不啻是說，對於信仰採取了寬容的哲學態度。哲學才可以「解釋

---

[291]　〔古羅馬〕西塞羅《論神性》，第 68 頁，石敏敏譯，商務印書館，2012 年版。
[292]　〔古羅馬〕西塞羅《論神性》，第 61 頁，石敏敏譯，商務印書館，2012 年版。

它們的本性」，絕對「至上」、「永生」、「全能」、「創造」，還有「契約」精神，並證明是上帝的「本性」。上帝「唯一」，具有「聖父」、「聖子」、「聖靈」三大「位格」。上帝本來先與挪亞及其後裔以「虹」立約，爾後與猶太先祖亞伯拉罕立約，最後與摩西立「十誡」之約，《聖經》便是上帝與信徒所訂立的「契約」。上帝與猶太人所訂立的稱「舊約」；耶穌的降世，是上帝與信眾訂立「新約」的明證。[293] 上帝作為絕對「存在」的價值，一是創造世界及其一切；二是拯救生活在「原罪」苦海中的人類，上帝派遣耶穌救贖人類。

關於神學，偽狄奧尼修斯《神祕神學》一書指出：

神學傳統有雙重方面，一方面是不可言說的和神祕的，另一方面是公開的與明顯的。前者訴諸象徵法，並以入教為前提；後者是哲學式的，並援用證明方法。不過，不可表述者與能被說出者是結合在一起的。一方使用說服並使人接受所斷言者的真實性；另一方行動，並且藉助無法教授的神祕而使靈魂穩定的面對上帝的臨在。這就是為什麼我們傳統的聖潔引導人和律法傳統的聖潔引導人無所禁忌的運用與上帝相宜的象徵法描述最神聖奧祕之聖事。而且我們也看到有福的天使用謎語介紹神聖奧祕。耶穌自己用寓言言說上帝，而且用了一系列象徵法將祂的神聖作為的奧祕傳告於我們。[294]

西方基督教文化的核心主題是「上帝的臨在」。它的「雙重」性，是「不可表述者與能被說出者是結合在一起的」。《聖經》說，「上帝的臨在」，是光、關懷、幸福和真善美的不竭泉源。在《聖經》中，上帝已經仁慈的教導我們：上帝是「至善」（按：這有點類似中國先秦儒家倫理文化觀以

---

[293]　按：參見《基督教小辭典》（修訂版），第 349 頁，任繼愈總主編，卓新平主編，上海辭書出版社，2008 年版。

[294]　偽狄奧尼修斯《神祕神學》，第 242 ～ 243 頁，包利民譯，商務印書館，2012 年版。

及明代王陽明所說的「至善」）。因而，關於基督教的神學研究，是不離於這一「神學傳統」的「雙重方面」的。具體而言，基督教及其宗教學科的神學，可以分出若干分支。如以教派分類，可分天主教、東正教與新教神學三支；以研究主題與方法分類，可分為自然神學與啟示神學。自然神學以理性從自然現象來推導上帝存在及其神性的真實性；啟示神學根據上帝的啟示來研究上帝創世、救世及其奧祕。由於研究方法和角度的不同，還可以將基督教神學分為哲理神學、奧祕神學、實定神學、否定神學、論證神學與論爭神學等多種。

作為一個學科，神學研究的範圍十分廣泛。這裡還不包括作為世界三大宗教的佛教與伊斯蘭教等在內。無論哪一種神學的研究主題，大都離不開宗教主神的異在性以及神性的「大愛」精神。休斯頓·史密斯指出：「神是非人格性的，或者說是超人格性的，因為人格由於是某種確定性的東西，似乎是有限性的，而知（按：全知全能）的神性卻是無限的。」[295] 神賜人以「大愛」，但神是異在的，這是因為神性無限而人性有限的緣故。休斯頓·史密斯在論述印度教的教義時引錄 Tukaram 所撰一首「計歌」云：

　　水能把自己喝乾嗎？樹能嘗到它們自己生長的果實嗎？崇拜神的人必須跟它分得一清二楚，只有這樣他才能知道神歡樂的愛；因為如果他說他跟神是一，那歡樂、那愛，就將即刻消失掉。不要再祈求與神為一了，倘若珠寶和鑲嵌是一的話，那麼美麗何在？熱和蔭是二，若非如此，哪來蔭的舒適；母親和孩子是二，若非如此，哪來的愛？當分割開來之後，他們相遇，他們感到多麼的歡樂呀，母親和孩子！倘若兩者是一，何來的歡樂？那麼，不要祈求完全與神合一了。[296]

---

[295]　〔美〕休斯頓·史密斯《人的宗教》，第 33 頁，劉安雲譯，劉述先校訂，海南出版社，2013 年版。

[296]　〔美〕休斯頓·史密斯《人的宗教》，第 34 頁，劉安雲譯，劉述先校訂，海南出版社，2013

人不能與神合一，所以只能與神相似。因而人只能崇拜神，人對神的崇拜是必然的。

啊，神啊，請原諒我因為人性的限制而來的三種罪：你無所不在，而我卻在此處崇拜你；你無形象，而我卻以這些形象崇拜你；你無需讚美，而我卻對你獻上這些祈禱的禮敬。神啊，請原諒因為我人性的限制而來的三種罪。[297]

在這一類宗教文化中，神是他在的，是「導乎先路」，可望而不可即的。因為神的他在性和至上性，讓信眾對於神祇產生由衷的依附和感激。由此人的局限性，可以在無限的神那裡，得到補償，從而「與神相似」。

當然在世界許多宗教文化中，唯有佛教可能與一般宗教有所不同。

當人們懷著疑惑來到佛面前，他給的回答為他整個的教義提供了一個身分。

「你是神嗎？」他們問他。

「不是。」

「一個天使？一個聖人？」

「不是。」

「那麼你是什麼呢？」

佛回答說：「我醒悟了。」

他的回答變成了他的頭銜，因為這就是佛的意思。梵文字根 budh 含有醒來和知道雙重意思。[298]

年版。

[297]　〔美〕休斯頓‧史密斯《人的宗教》，第 35 頁，劉安雲譯，劉述先校訂，海南出版社，2013年版。

[298]　〔美〕休斯頓‧史密斯《人的宗教》，第 79 頁，劉安雲譯，劉述先校訂，海南出版社，2013年版。

附錄二　與巫相繫的神

　　佛陀自以為自己不是「神」是一回事（按：他原本確實並非「神」），信徒「謬稱知己」，將佛看作是「神」卻是另一回事。作為世界宗教之一，印度佛教既具有其自己的文化個性，又具有一般宗教的文化共性。從其文化共性看，印度佛學依然屬於世界神學這一大範疇。日本學者中村元曾經指出：

　　事實上，印度的宗教（按：這裡指佛教）是以哲學的沉思為基礎的。而它的哲學與宗教是難以區分的……印度民族在傳統上是一個宗教民族，同時也是一個哲學民族。[299]

　　在思維方式上，正如中國先秦道家講「德」時不像儒家直接講「德」而先要大講其「道」（哲學）那樣，印度佛教也是先從其哲學（道）講起，同時宣說了一種以哲學理論打好基礎的宗教信仰。金克木先生曾經說過：「一切宗教，不論名義，都以信仰為主，但又都要多少講一些道理（理論──原注）。佛教徒特別喜歡講道理，越講越多，幾乎喧賓奪主……佛教徒重視講道理和傳統經傳著論，其中的非宗教甚至反宗教（與信仰矛盾──原注）的成分之多恐怕其他宗教都比不上。」[300]

　　在中國原始文化的典籍中，不乏「神」這一漢字及其所表達的文化理念，可是在理念上，中國的「神」與基督教、佛教、伊斯蘭教的「神」大不相同。

　　「神」字起始很早。甲骨卜辭有多處提到這個「神」字，如：「貞，茲神不若（按：諾，允諾之義）」與「不（丕，大之義）其神」[301] 等。預測戰爭

---

[299]　〔日〕中村元《東方民族的思維方法》，第 41 頁，林太、馬小鶴譯，浙江人民出版社，1989年版。

[300]　〈再閱《楞伽》〉，金克木《梵竺廬集・梵佛探》，第 428 頁，江西教育出版社，1999 年版。

[301]　郭沫若主編、胡厚宣總編輯，中國社會科學院歷史研究所《甲骨文合集》編輯工作組集體編輯《甲骨文合集》一九五二一、一三六九六，中華書局，1978 ～ 1982 年版。

勝負、遷移王都、祭祀祖神、農事豐歉、治病驅鬼和營造都城等，都要巫師、祭師或兼帝王親自向鬼神進行卜問。從殷墟發掘的大量卜辭中，往往會出現這一個神字。

在《尚書‧虞夏書》中，關於神字的文辭有多處，如：

正月上日，受終於文祖。在璿璣玉衡，以齊七政。肆類於上帝，禋於六宗，望於山川，遍於群神。

詩言志，歌永言，聲依永，律和聲。八音克諧，無相奪倫，神人以和。

禹曰：「枚卜功臣，惟吉之從。」帝曰：「禹！官占惟先蔽志，昆命於元龜。朕志先定，詢謀僉同，鬼神其依，龜筮協從，卜不習吉。」[302]

東漢許慎《說文》云：「天神引，出萬物者也。」段玉裁《說文注》：「『天神引』三字，同在古音第十二部。」與神字相應的，許子《說文》又收錄了一個「祇」字。說：「地祇提，出萬物者也。」段玉裁：「『地祇提』三字，同在古音第十六部。」與神、祇二字相應的有「祕」字，許子說：「祕，神也。」[303] 神、祕二字可以互訓。

但是，許慎釋神、祇之義，所謂「天神」、「地祇」而「出萬物者也」，大致是哲學角度的文字學理解，將神、祇看作「萬物」的原始，並非神字本義。

郭靜雲從金文、甲骨文釋「申」（神）字之義，以為「金文中的『申』通常用作『神』義，而其結構和雙嘴龍相彷彿。甲骨的『申』字寫作『ₓ』，

[302] 《尚書‧虞夏書‧舜典》、《尚書‧虞夏書‧大禹謨》，江灝、錢宗武《今古文尚書全譯》，第24、33、43～44頁，貴州人民出版社，1990年版。按：〈大禹謨〉一篇，存於古文《尚書》，今文《尚書》無。

[303] 許慎《說文解字‧示部》，段玉裁《說文解字注》一篇上、示部，第3頁，上海古籍出版社，1981年版。

雖然與金文接近，但在目前所見的卜辭中，『𤰆』僅作為干支的『申』，對此羅振玉的見解實為精確，他指出：『𤰆』僅作干支而無神義。」[304] 郭文又說：「簡言之，透過字形與符號之分析，筆者推測早期的雙嘴龍神祕符號在歷史發展下，一邊繼續作為禮器上的紋飾，一邊則用作字形，甲骨文的『工』字，可能就是來自雙嘴龍符號的『神』字雛形。」其結論是，「雙嘴龍信仰，既是神靈觀念的源頭，亦是『神』字原來的象形本義」[305]。

　　這裡，有一個問題值得再做考辨，即殷周青銅禮器上曾經大量出現的雙嘴夔龍形象，主要是殷代出現的禮器雙嘴龍的刻畫圖案，與甲骨文字「𤰆」相比，究竟孰先孰後？而且，稱干支文化中的「申」與「神」字是兩回事，這一見解也值得再做討論。從一般意義看，所謂天干地支文化，是與中國原始文化的神性、巫性與靈性相關聯的。

　　《說文》有申字。許慎云：「申，神也。」[306] 申，卜辭寫作𤰆，葉玉森解讀為，「像電耀曲折」。又說，「余謂像電形為溯誼，神乃引申誼」[307]。姚孝遂說：

　　「神」的原始形體作「𤰆」，像閃電之形，是「電」的本字。由於古代的人們對於「電」這種自然現象感到神祕，認為這是由「神」所主宰，或者是「神」的化身。因此，「𤰆」又用作「神」，可以認為是引申義。至於干支的「申」，則純粹是「依聲托事」，與本形、本義均無關，是假借義。隨著人

[304]　郭靜雲《天神與天地之道 —— 巫覡信仰與傳統思想淵源》上冊，第 136 頁，上海古籍出版社，2016 年版。按：關於羅振玉的見解，可參閱郭靜雲該書原注六：羅振玉《殷虛書契考釋》卷中，第 4、5 頁，北京圖書館出版社，2000 年版。

[305]　郭靜雲《天神與天地之道 —— 巫覡信仰與傳統思想淵源》上冊，第 137、140 頁，上海古籍出版社，2016 年版。

[306]　許慎《說文解字·申部》，段玉裁《說文解字注》十四篇下、申部，第 746 頁，上海古籍出版社，1981 年版。

[307]　于省吾主編，姚孝遂按語編撰《甲骨文詁林》第二冊，第 1171 頁，中華書局，1996 年版。

類社會的發展，有必要對某些概念做進一步明確的區分，文字逐漸孳乳分化，「申」久假不歸，專用作干支字，另加上「示」作「神」，加上「雨」作「電」（按：電字，從雨從申），以作區分的標示，這是附加偏旁的主導作用。[308]

正如前引，郭靜雲說禮器上的雙嘴龍符號，作為甲骨文神字的「雛形」，僅僅是一種「可能」，後文卻做出「結論」，稱「雙嘴龍信仰」是「神」字的「象形本義」，似頗缺乏確鑿理據，這一問題尚可做繼續的討論。

中國文化體系中的神祇是很多的，是一個所謂「眾神喧譁」的「神殿」。帝、上帝、五帝是神，天、地、日、月、風、雨、山、川以及堯、舜、禹、女媧、后土、祝融、西王母是神，四方有神，連「四凶」也是神。丁山稱：「舜所放逐的四凶，多半是天神，而且是都能直接影響農業生產的水旱之神，與社稷五祀所加於人民者利害適相反。在地為『五祀』，在天為『五厲』。五厲的一切神話⋯⋯是以風雨雷霆虹霓天火之神，降災於人民，當然不如『舜有臣五人而天下治』了。」[309] 土地有土地神，門有門神，灶有灶神等，不一而足，舉不勝舉。各民族、各地域還有許多雜神。連有些歷史人物也會變成神祇。三國關羽死後就被尊稱為「關帝」，諸葛孔明也被作為神來供奉。1990 年代初，筆者應邀去吉林出席一個國際學術會議。會議主持方請與會者去遊訪當地的一處廟宇。在廟宇中，見到了許多神的塑像。除了佛陀、菩薩和道教的天尊、道童等外，還有當地的一些叫不出名的雜神，還有李時珍泥塑之像。會議主持者看我呆在那裡，就問「先生如何感想」。我隨口說了一句：「加得愈多減得愈多。」因為很多，所以很少。

---

[308]　于省吾主編，姚孝遂按語編撰《甲骨文字詁林》第二冊，第 1,172 頁，中華書局，1996 年版。

[309]　丁山《中國古代宗教與神話考》，第 310 頁，上海書店出版社，2011 年版。

附錄二　與巫相繫的神

　　中國自古所崇拜的神靈很多。出土的西周一個簋蓋上，有一句銘文，叫做「其用各百神，用妥（按：綏的本字）多福，世孫子寶」[310]。「在古人的想像中，天上充滿龍形的百神，『神』概念乃係群體的多靈『百神』信仰」[311]，所言是。

　　丁山先生曾經引錄陳翔道所說，「周禮有言『祀天』，有言『祀昊天上帝』，有言『上帝』，有言『五帝』。言天則百神皆預，言昊天上帝則統乎天者，言五帝則無預乎昊天上帝，言上帝則五帝兼存焉」。又說，「此總天之百神言之也」，「則上帝非一帝也。上帝非一帝，而周禮所稱帝者，昊天、上帝與五帝而已，則上帝為昊天上帝與五帝明矣」。丁山又稱，「其實，天只是一個天，天神合該是一個」。「這個至高無上的天神，夏后氏曰天，殷商曰上帝，周人尚文，初乃混合天與上帝為一名曰『皇天上帝』，音或訛為『昊天上帝』，省稱曰『皇天』，或『昊天』。晚周以來所傳說的『五帝』，則演變自殷商的『帝五臣』，其祀典自應下『昊天上帝』一等。」[312]

　　帝、上帝與天上百神的神譜之所以如此繁複而稱呼繁多，其原因在於，除了中國地域廣大、歷史悠久之外，雖然被丁山先生稱為「至高無上」，而實際作為「帝」（上帝），並非絕對尊神，其神性並非絕對至尊。自古以來，中國所有的神靈的神性，是很不充分的。

　　雖然天上而地下，天帝與地祇有等級的區別，然而如果與其他神祇比較，天神地祇又是同一級別的，這正如通行本《周易》將乾卦（天）與坤卦（地）作為六十四卦的最初兩卦一樣，處於同等重要的地位。天與人固

---

[310]　按：見郭靜雲《天神與天地之道 —— 巫覡信仰與傳統思想淵源》上冊，第 148 頁，上海古籍出版社，2016 年版。

[311]　郭靜雲《天神與天地之道 —— 巫覡信仰與傳統思想淵源》上冊，第 147 頁，上海古籍出版社，2016 年版。

[312]　丁山《中國古代宗教與神話考》，第 189、190 頁，上海書店出版社，2011 年版。

然有差別，但是「孤家寡人」即人間帝王，是可以代表「天」的，所以稱為「天子」。更重要的是，正如前文所引，《尚書》有「神人以和」這一名言，道出了中國文化與西方基督教文化的重要區別。中國文化非常重視神靈與人之間的和諧，講「天人合一」。《易傳》的〈文言〉篇在解讀通行本《周易》乾卦之義時曾說：

夫大人者，與天地合其德，與日月合其明，與四時合其序，與鬼神合其吉凶。[313]

這裡的「大人」，統指帝王、聖賢。有意思的是，這一論述指出「大人」與「鬼神合其吉凶」的關係。「吉凶」是一個巫性範疇，可以證明「大人」在人格上與「天地」、「日月」、「四時」的「合」，是與「巫」相關的，「天人合一」，確實是中國哲學的一個著名命題與重要問題。最原始的「天人合一」，並非發生於哲學，哲學或政治學或倫理學或美學等的「天人合一」，起始於原始巫文化以及原始神話與圖騰等。原始時代，如果從成為文化形態的文化算起，原始巫術、神話與圖騰，其中蘊含著哲學等社會意識形態的文化因子，卻並非哲學等本身。就巫文化而言，它是神（天）與人的結合，它的神性之所以不充分，是因為其神性是與人性相繫的神性，不啻是與人「分享」的神性，不是絕對的、獨立的神性。

神這個漢字，最初出現於殷商的甲骨卜辭。

貞：神不（按：否）？[314]

癸巳卜。古（按：故）貞，雨。神，十月。[315]

---

[313]　《易傳·文言》，拙著《周易精讀》（修訂本），第 69 頁，復旦大學出版社，2016 年版。

[314]　郭沫若主編、胡厚宣總編輯，中國社會科學院歷史研究所《甲骨文合集》編輯工作組集體編輯《甲骨文合集》一三四一五，中華書局，1978 ～ 1982 年版。

[315]　郭沫若主編、胡厚宣總編輯，中國社會科學院歷史研究所《甲骨文合集》編輯工作組集體編輯《甲骨文合集》一三四〇六，中華書局，1978 ～ 1982 年版。

附錄二　與巫相繫的神

　　　　卜貞：告神於河？[316]

　　這些神字，由於出現在卜辭之中，都是具有一定的巫性的，是為巫覡占卜所召喚的「神」。「神」既然與巫文化相關聯，就不是如西方上帝那樣絕對而獨立的主神，而是與人相繫的神靈，這是因為，巫是神與人的結合。既是人化的神，又是神化的人，不黑不白、又黑又白，是處於黑、白之際的一個「模糊」狀態。

　　在原始意義上，關於神的文化意識、理念與思想，首先與巫術、神話、圖騰文化相關聯，而並非宗教意義上的，那時還沒有成熟的宗教。

　　在甲骨卜辭中，與神的意識理念相繫的，是「帝」，「象華蒂之形」。「蒂落而成果，即草木之所由生，枝葉之所由發，生物之始，與天地合德，故帝足以配天。」[317] 甲骨文的帝字，是花蒂的象形，來自原始自然崇拜的文化意識。由於花蒂是植物的生殖器官，因而在這一原始自然崇拜中，又包含著生殖崇拜的萌芽意識。帝（按：中國式上帝）成為卜辭中相當活躍的漢字，首先是由於原始巫文化的孕育和培養。在甲骨卜辭中，帝這個漢字，往往與巫字連綴，稱「巫帝」。「巫帝一犬一豕」[318] 「庚戌卜巫帝一羊一犬」[319] 這裡的帝字，作動詞，指「禘」，是祭祀的意思。兩條巫辭，說的都是巫師用犬、小豬和羊作犧牲來祭神。

　　與巫相繫的神的意識理念，與原始巫文化具有文化血緣的關聯，不是獨立的、絕對形上性的神，也並非獨立於人性的神。這個神，往往總是與

---

[316]　郭沫若主編、胡厚宣總編輯，中國社會科學院歷史研究所《甲骨文合集》編輯工作組集體編輯《甲骨文合集》一三四一三，中華書局，1978～1982年版。

[317]　丁山《中國古代宗教與神話考》，第191頁，上海書店出版社，2011年版。

[318]　郭沫若主編、胡厚宣總編輯，中國社會科學院歷史研究所《甲骨文合集》編輯工作組集體編輯《甲骨文合集》二七〇七八，中華書局，1978～1982年版。

[319]　郭沫若主編、胡厚宣總編輯，中國社會科學院歷史研究所《甲骨文合集》編輯工作組集體編輯《甲骨文合集》三三二九一，中華書局，1978～1982年版。

鬼的意識理念結合在一起。在中國文化典籍中，鬼、神二字連綴，但稱「鬼神」。

　　　　王（按：占）。曰：佳（按：唯）甲茲鬼？佳介，四日，甲子，充雨，神。[320]

　　這一卜辭，是甲骨文時代中國已經有「鬼」的意識理念的一個明證，而且與「神」相連。當然，鬼與神在概念上是有區別的。

　　東漢許慎《說文》說：「鬼，人所歸為鬼。」[321]《禮記‧祭義》云，宰我曰：「吾聞鬼神之名，不知其所謂。」子曰：「氣也者，神之盛也。魄也者，鬼之盛也。合鬼與神，教之至也。眾生必死，死必歸土，此之謂鬼。」[322] 這是將鬼（魄）、神分開來進行解讀。人的生命之氣在人體的充沛，此之謂「神」；人之魄，就是鬼這個東西在人體中的充沛狀態。這樣解釋「鬼」，與後代將「鬼」迷信的解讀為陰森可怕的「鬼魂」、「魂靈」等不同，它是用「鬼」這一精靈來解說人的氣魄。《詩‧小雅‧何人斯》有「為鬼為蜮，則不可得」的吟唱。《左傳‧昭公七年》云：「人生始化為魄，既生魄，陽曰魂。」《左傳》疏：「附形（按：形指人體）之靈為魄，附氣之神為魂。」既然「陽曰魂」，則陰為「魄」是矣。因為「魄」是陰性的，所以「鬼」也是陰性的。這為後世關於「鬼」的意識理念逐漸走向迷信準備了條件。「鬼」這個漢字，是因為原始巫術的誕生而創造的。「『鬼』實即取象於人，這個人的身分為巫師，巫師或披頭散髮，或戴了面具進入事神弄鬼的狀態；或者說『鬼』字取象就是巫師事神作鬼的奇異狀態。這位事神作鬼的巫師在招祭死者靈魂之際，自身又是所招祭之鬼；在進行驅鬼的巫

[320]　郭沫若主編、胡厚宣總編輯，中國社會科學院歷史研究所《甲骨文合集》編輯工作組集體編輯《甲骨文合集》一〇一八，中華書局，1978 ～ 1982 年版。

[321]　許慎《說文解字》，第 188 頁，中華書局影印本，1963 年版。

[322]　《禮記‧祭義第二十四》，楊天宇《禮記譯注》下冊，第 809 頁，上海古籍出版社，1997 年版。

術禮儀中，自身又必須扮成怪異可怖之鬼，也就是被驅趕之異物：是一是二，亦此亦彼；人鬼同體，神怪一源。」[323] 先秦墨子「鬼」論甚多，有〈明鬼〉篇問世。墨子是有鬼論者，墨子說：

昔者，武王之攻殷誅紂也，使諸侯分其祭。曰：使親者受內祀，疏者受外祀。故武王必以鬼神為有。是故攻殷伐紂，使諸侯分其祭。若鬼神無有，則武王何祭分哉？

故古聖王治天下也，故必先鬼神而後人者，此也。[324]

周武王是因為相信有鬼，所以在討伐商紂時進行祭鬼活動。墨子的論證邏輯是，既然武王祭鬼，並且分「內祭」、「外祭」，就是陰間有鬼的一個明證。墨子的結論是：「是故子墨子曰：今天下之王公大人士君子，實將欲求興天下之利，除天下之害，當若鬼神之有也，將不可不尊明也，聖王之道也。」[325] 中國古代，在鬼神問題上大多持「有鬼」論。《莊子》以為，人體的生與死，在氣的聚、散之際，「聚則為生，散則為死」，而氣是永遠不死的。《易傳》說：「原始反終，故知死生之說。精氣為物，遊魂為變。」人體從生到死，只是氣的存在狀態發生了改變，即從氣聚的狀態變成了氣散的狀態。散在的氣，就是「遊魂」，即「鬼」。所以所謂鬼，也是有生命的，不過，它是一種氣散狀態的生命。

古人迷信，認為活著的人如果慢待這種鬼，是會遭到鬼的報復的。關於鬼，人對待它的辦法一般有兩種：其一，討好鬼，祭鬼是也。對鬼靈說好話、上祭品、下跪等。「天下之禮，致反始也，致鬼神也，致和用也，

---

[323] 臧克和《說文解字的文化說解》，第 336 ～ 337 頁，湖北人民出版社，1994 年版。

[324] 《墨子·明鬼下第三十一》，《墨子閒詁》卷八，第 145 ～ 146、147 頁，《諸子集成》第四冊，上海書店，1986 年版。

[325] 《墨子·明鬼下第三十一》，《墨子閒詁》卷八，第 154 頁，《諸子集成》第四冊，上海書店，1986 年版。

致義也，致讓也。致反始，以厚其本也；致鬼神，以尊上也。」[326] 祭祀鬼神，是古禮的一種，鬼神分多種，這裡所說的「鬼神」，指祖神，所以說「致鬼神，以尊上也」。致，致敬、報答的意思。其二，驅鬼。這是一種以「強迫」的方式，讓鬼不要為害於人。常見的法術是詛咒（按：念咒語）、符籙（按：如貼於門楣之類）、厭勝甚至舉行「法事」（按：道教、佛教儀式）等。這種驅鬼術，建立在雖然鬼有時無法無天、為非作歹，但也有懼怕「巫」的弱點的假想邏輯之上。比如「你滾吧」、「你不得好死」這一類罵人的惡言穢語，起初是巫術咒語。有人病魔纏身，迷信有鬼作祟，於是巫師便來「作法」，口中大聲喝斥，甚至謾罵，還做出可怖的鬼臉，做出驅趕的動作。病孩每天夜半啼哭不得安寧，以為有鬼搗亂，於是巫師或家長寫幾句話，如在一張紅紙上，字要寫得「妖形怪狀」，趁半夜無人，貼在人必須路過的橋上。「天皇皇地皇皇，我家有個夜啼郎。路過君子念一遍，一夜睡到大天光」，這是很簡單的一個字元。民間做紅白之事，便大放鞭炮，炮聲震天，為的是驅邪驅鬼。至於那些道士所畫的符籙幾乎人人不能識別，顯得十分神祕，他們有時也用《周易》中的八卦符號來作為符籙嚇唬惡鬼（按：實際也是唬人）。民俗中認為「年」是一個惡鬼，所以過年要驅鬼、祭祀、燒紙。造房建屋「風水不好」，就在宅基裡埋一塊石頭，稱「泰山石敢當」，稱為厭勝之法，其「功效」有類於在大門上貼一張門神像或一張紙，上書：「姜太公在此，百無禁忌」。小說《紅樓夢》寫黛玉、晴雯去世，大觀園陰氣沉沉，恐怖至極，尤其是在夜晚，隱隱可聞啼哭之聲。於是請「神通廣大」的道士（按：實際是巫師）來「作法」。

擇吉日，先在省親正殿上鋪排起壇場，上供三清聖像，旁設二十八宿

---

[326] 《禮記‧祭義第二十四》，楊天宇《禮記譯注》下冊，第 808～809 頁，上海古籍出版社，1997年版。

並馬、趙、溫、周（按：指道教四大靈官）四大將，下排三十六天將圖像。香花燈燭設滿一堂，鐘鼓法器排兩邊，插著五方旗號。道紀司派定四十九位道眾的執事，淨了一天的壇。三位法官（按：這裡指道士）行香取水畢，然後擂起法鼓，法師們俱戴上七星冠，披上九宮八卦的法衣，踏著登雲履，手執牙笏，便拜表請聖。又念了一天的消災驅邪接福的《洞元經》（即《洞玄經》），以後便出榜召將……那日兩府上下爺們仗著法師擒妖，都到園中觀看，都說：「好大法令！呼神遣將的鬧起來，不管有多少妖怪也嚇跑了。」[327]

這便是巫的所謂「作法」。所謂驅鬼，就是以一種或多種巫事儀式，強迫性的驅除作祟的鬼，還人安寧或者驅除病魔等，是巫師、術士或從事道教法事的道士等，以所謂「控制」鬼神的方式，來達到擺脫鬼神的「控制」的目的。驅鬼的巫術，在西方稱為「黑巫術」，帶有「攻擊性」。

在古希臘，盛行一種「黑巫術」，是透過咒語以及其他一些「靈物」和巫性的行為方式，強迫被「捆綁」的對象不得動彈，有點類似中國古代的所謂「定身法」。「他不能說話、不反對，既不能看我也不能說話反對我，只要這個指環被埋葬著，他就順從我。我綁著他的理智和心靈、思想、行為，這樣他就對所有人無能為力。」其中所謂「捆綁咒語」（Katadesmos —— 原注，下同），分五類：（一）「審判咒語」（judicial spells）：「一個人試圖在法庭上對其敵人造成傷害。雖然這些咒語大多來自西元前 5 世紀到前 4 世紀的雅典，但所有時代和地區都有這樣的例子」。（二）「情愛咒語」（erotic spells）：「目的為了在所愛的人身上引起回報和瘋狂的愛。索福克里斯（Sophocles）的《特拉基斯婦女》（*Women of Trachis*）中早就有

---

[327]　曹雪芹、高鶚《紅樓夢》下冊，第一〇二回，第 1,430～1,431 頁，人民文學出版社，1982年版。

這樣的文學主題，這種情愛巫術也相當普遍」。（三）「競技咒語」（ago-nistic spells）：「在圓形露天劇場或者其他競技場，尤其在帝國時期多有證實」。（四）「反對中傷者和竊賊的咒語」：「克尼多斯（Cnidox）的德墨忒爾神殿有為數眾多的此類例子，但在其他地方和其他時期也有這類例子的存在」。（五）「反對經濟競爭者的咒語：從西元前 4 世紀直到帝國時期（在紙莎草巫術中）都有證實」。[328]

我們現在撿取一種標例的巫術行為，選擇上誰都知道、誰都認為是標準巫術的黑巫術。在蠻野社會所見的幾種型類之中，作「巫術標」的投擲姿勢的黑巫術恐怕要算最流行了。將一個有尖的骨或棍、箭頭或某種動物的脊骨，用模仿的儀式向所要加害的人的方向刺去、投去或指著，便算要將那個人弄死。[329]

黑巫術在中國巫文化中是頗為重要的一支。在曹禺的《原野》中有一個情節，那瞎眼婆婆眼睛看不見，卻心裡明白，自己的兒媳金子正與仇虎私通，恨得咬牙切齒而沒有其他辦法，就做了一個布偶，用尖銳的針猛扎布偶的心臟部位，就等於扎進了金子的心臟。鄰居吵架而仇恨不已，就在自家的房屋某處，暗暗裝上尖銳的刀劍之類，直指仇家的大門或窗戶，這是一種很惡毒的巫術。馬凌諾斯基有云：

譬如說，用一個像或旁的東西來象徵所要加害的人，然後加以損傷或毀壞；這種巫術也是最顯然的要表示恨與怒。舉旁的例子來說，執行戀愛巫術的時候，執行者要將真人或象徵物來真的或假裝的捉住，拍打著，撫摩著，表演出害相思病的情人「眼裡出西施」的顛三倒四的樣子。戰事巫

[328] ［瑞士］弗里茨 · 格拉夫《古代世界的巫術》，第 137、137 ～ 138 頁，王偉譯，華東師範大學出版社，2013 年版。
[329] ［英］布朗尼斯勞 · 馬凌諾斯基《巫術科學宗教與神話》，第 76 頁，李安宅譯，上海社會科學院出版社，2016 年版。

術要表演的是憤怒，是攻取的凶猛，是爭鬥的熱情。袚禳黑暗與禍殃的巫術，要表演的是怖畏的情緒，至少也是與怖畏情緒相掙扎得很厲害的狀態；所以這種儀式的基本動作常是呼號、擦磨武器、燃舉火把，或者像著者自己記載起來的一種袚禳黑暗的惡勢力的巫術那樣，需要術師戰慄起來，很艱難遲慢的念著咒，好像嚇癱了的樣子，而且另一個巫覡走近前來，被這恐怖的圍氛所震懾，以致退縮回去。[330]

國外巫術文化也有「鬼神」一說。黑巫術的文化機制，是巫術與鬼靈之間的一場「搏鬥」，是「控制」和「反控制」的「較量」。其文化內涵，是中外一致的。其一致之處，就是所謂「感應」。「感應」是所有巫術的文化核心。這個「感應」，是「氣」，是「靈」，是「神」或者可稱為「鬼」。中國先秦楚地尤重所謂「巫風鬼氣」，就是就此而言的。

中國與巫相繫的神的觀念，與其說是神，不如說是鬼。這裡的神的觀念，不是絕對形上的神，而是與鬼相繫的神，它是充滿巫性的神。所謂鬼神，就是不滅的「靈魂」。

根據考古資料，在中國至遲在新石器時代人們已有靈魂不滅的觀念，當時埋葬死者還隨葬著生活用具和飲料食物，以便他們死後仍可享用。……新石器時代晚期已有占卜術，我們在各地發現有卜骨和卜甲。到了殷商時代，占卜術更為盛行，政府中有專職的貞人，卜骨或卜甲上還刻有文字。周代占卜術衰落，但仍有少數占卜的甲骨出土。戰國時代楚墓中的「鎮墓獸」和漆器花紋上的怪獸，是楚人「信巫鬼」的表現。[331]

中國古代文化由於「信巫鬼」，所以關於「神」這一文化理念，從西方

---

[330]　［英］布朗尼斯勞·馬凌諾斯基《巫術科學宗教與神話》，第 77 ～ 78 頁，李安宅譯，上海社會科學院出版社，2016 年版。

[331]　夏鼐《敦煌考古漫記》，第 147 頁，百花文藝出版社，2002 年版。

基督教文化角度來衡量，不啻可以說，是尚未發育成熟的「神」的理念。當然，在西方基督教文化中，也並未摒除一切巫術的意識和理念，西方宗教也是從原始巫術、神話與圖騰中發展而來的。西方宗教文化的信仰體系一旦建立，人們就把迄今而且將永遠存在的巫術文化，稱為「宗教的墮落」。

與巫相繫的神，是鬼，也是靈。

靈，從霝從巫，是與巫相繫的一個漢字。與靈字相關的，有一個䰱字，從霝從巫從鬼，可見所謂靈，又與鬼相繫。還有一個禮字，從霝從巫從示，示是表示祭祀神靈的意思。

迄今所發現的甲骨卜辭未見「靈」字。于省吾主編《甲骨文字詁林》與徐中舒主編《甲骨文字典》等，都未見收錄「靈」字，便是明證。何金松《漢字形義考源》一書，曾經把郭沫若主編《甲骨文合集》八九九六卜辭「從龜從雨」的「雨」讀為「靈」，但是這一文字是否確是「靈」字，學界意見不一。

這不等於說中國原巫文化不是以「靈」為人文底蘊與靈樞的。東漢許慎認為，「靈或從玉」，稱「靈，巫以玉事神」。[332] 玉具有靈性，自古信從。這種靈性實際是巫性。還有一個懙字，從霝從巫從心。所謂「心靈」，現在是一個平白的詞彙，在原始時代，卻是巫鬼的專稱。戰國屈原《九歌·東皇太一》：「靈偃蹇兮姣服，芳菲菲兮滿堂。」此「靈」指女巫。《九歌·湘夫人》有「九疑（嶷）繽兮並迎，靈之來兮如雲」之吟，這個「靈」，指的是巫性的神祇。《詩·大雅·靈臺》有「經始靈臺，經之營之」的記敘。靈臺在先秦是祭祀天神的建築物，要建造得盡可能高大，以應天也。靈臺在古人心目中，是極富靈氣和巫性的建築。龜在殷商時是一種靈物。龜所

---

[332]　許慎《說文解字》，第 13 頁，中華書局影印本，1963 年版。

187

以被信從為「有靈」，是因為龜的生命力尤為長久而強盛。在原始狩獵時代，狩獵者捕獲野羊要比捕獲獅子、老虎等容易得多，野羊為初民提供了豐富而優良的食物，羊在初民心目中，自古留下了好印象。因而在殷商之前，用於占卜的主要是羊骨和牛骨。羊在歷史上很早就被馴養，羊性溫順，羊者祥也；牛具有非凡的蠻力，也很早被馴養，成為農耕的「能手」，所以牠們的骨作為原始占卜的材料，是必然的。對於初民來說，無論羊、牛還是龜，都是善的、吉祥的靈性之物。在周代，甲骨占卜繼續流行，但更盛行的是易筮，即《周易》占筮。這是一種神祕的數術或稱術數，其文化機制是「象數」，用筮草五十根，所謂「大衍之數五十」進行演算，經過繁複的「十八變」，得出「變爻」，根據「變爻」來進行推斷和預測。這是一種「數的巫術」，是很高階的一種巫術。無論占卜抑或占筮，都是很善性的，只是為了「趨吉避凶」，預測未來，保護自己，並不攻擊別人，是中國典型的所謂「白巫術」，或者可以稱為「善的巫術」。它們都有一種文化內涵，便是所謂「靈」。「靈」是一種神祕的「感應力」。

與「靈」相應的漢字，有「雩」。《甲骨文合集》六七四〇有「戊戌雩示九屯」之語。許慎釋「雩」，稱「夏祭樂於赤帝，以祈甘雨也」[333]。《左傳·桓公五年》有「龍見（按：現）而雩」之記。《禮記·月令》說，「仲夏之月」，「大雩帝（禘），用盛樂」[334]。東漢鄭玄注云：「雩，吁嗟求雨之祭也。」「作法」以求雨，是巫靈的作為。

關於靈的意識，可能發生於中華「萬物有靈」觀之前。總是先應有「靈」的初步意識，才能從一物有靈發展到萬物有靈，從某一地域文化的「有靈」觀發展到整個地域、整個世界文化的「有靈」觀。在原始時代，原

---

[333]　許慎《說文解字》，第 242 頁，中華書局影印本，1963 年版。
[334]　《禮記·月令第六》，楊天宇《禮記譯注》上冊，第 256、259 頁，上海古籍出版社，1997 年版。

始氏族人群的活動範圍有限，從一物、一時、一地的「有靈」，進而擴展到整個古代世界，一定經過了許多個世紀。「萬物有靈」觀之所以能夠捕獲人心，是因為一切原始部落、氏族，都面臨著同樣的生存困難和挑戰，都智力低下而又盲目自信人類自己能夠「戰無不勝」。這是信仰的力量，也是傳統的力量。「靈」是中國人的稱謂，或者可以稱之為「氣」。「靈」是一種看不見、摸不著、抓不住，卻永遠在發揮作用的神祕的性能和勢力。「有些梅蘭內西亞（Melanesia —— 原注，下同）人管它叫做摩那（Mana），有些澳洲部落管它叫做阿隆吉他（Arungquiltha），許多美洲印第安人管它叫做瓦坎（Wakan）、歐倫達（Orenda），或摩尼圖（Manitu）。」[335] 儘管名稱不一，其文化實質是同一的。關於這種「靈」，「有的地方沒有一定名稱，然在巫術流行的地方，據說都是幾乎普遍的觀念」。「最原始的民族與一切低等野蠻人，都相信一種超自然而非個人的勢力來運行野蠻人的一切事物，來支配神聖的範圍裡面一切真正重要的東西。」[336]

人類的靈思維、靈想像、靈情感、靈意志等，都成於原巫文化。

靈，充滿了原始初民的整個心田，人的情感、想像、聯想、幻想、意志和願望之中，都有「靈」的作用。因為只有深信「靈」的莫測的精神之力，世上許多事情，在初民看來哪怕最困難的，也變得很容易了。「靈」培育了原始歌舞、文學神話和一切離不開想像、幻想、聯想和情感性的意識形態。巫術的一切儀式、技藝與操作，都離不開這個「靈」。巫術一旦施行，便堅信必然是「靈驗」的，不會懷疑其真假。信仰的力量是無敵的，這是因為「靈」是無敵的緣故。即使巫術一旦失靈，也不懷疑，而是

[335]　［英］布朗尼斯勞‧馬凌諾斯基《巫術科學宗教與神話》，第 6 ～ 7 頁，李安宅譯，上海社會科學院出版社，2016 年版。

[336]　［英］布朗尼斯勞‧馬凌諾斯基《巫術科學宗教與神話》，第 7 頁，李安宅譯，上海社會科學院出版社，2016 年版。

附錄二　與巫相繫的神

歸咎於自己對於巫術之神即靈力不夠虔誠。嚴格、虔敬的種種巫術儀式、過程以及咒語、巫舞、巫歌、禁忌等，是中外巫術的基本形態與特徵，其中「靈」是關鍵，在中國還同時稱為氣。中國原始巫性文化是講「天人合一」的，「天人合一」於何處？「合一」於「靈」，無「靈」豈能「合一」？巫性的中國「風水」有所謂「四靈」，左青龍、右白虎、前朱雀、後玄武，它們原先都是初民所鍾愛的圖騰對象，在「風水」這一巫性文化形態中，成為「陰宅」、「陽宅」的保護神。地上「四靈」與天上二十八宿相對應，二十八宿即二十八星象，與人的命運息息相關，此《易傳》之所以稱「天垂象，見（現）吉凶」。在巫性世界中，靈是普在的。自我之靈與他物之靈，實際是同一個靈。請靈、問靈、媚靈或迫靈，是一切巫術的重要儀式。其中所謂請靈即是請神，有時神漢巫婆邀請神靈下凡，其「作法」過程，有點所謂「神靈附體」：「只見趙大娘（按：巫婆）打呵欠，伸懶腰。須臾，眼兒合著，手兒捏著，渾身亂顫起來。口中哼哼，說出的話，無理無解，卻又有腔有韻。似唱非唱似歌非歌的道：『香煙繚繞上九天，又請我東頂老母落凡間。撥開雲頭往下看，又只見迷世眾生跪面前。』……趙巫婆又哼起來：『昨日我從南天門上過，遇見太白李金星，拿出緣簿叫我看，譚鄉紳簿上早有名。他生來不是凡間子，他是天上左金童。只因打碎了玉石盞，一袍袖打落下天宮。』」[337] 這巫性的請神，有點強迫的意思。作為「禮」的巫祭，則重在對於「靈」的獻媚。原始的「禮」，是中國巫性文化的一種。《禮記》說：「燔柴於泰壇（按：即靈臺），祭天也；瘞埋於泰折，祭地也，用騂犢。埋少牢於泰昭，祭時也。相近於坎壇，祭寒暑也。王宮，祭日也。夜明，祭月也。幽宗，祭星也。雩宗，祭水旱也。四坎壇，祭四方也。山林川谷丘陵，能出雲，為風雨，見怪物，皆曰神。有天下者祭百

---

[337]　李綠園《歧路燈》，第 127 ～ 128 頁，中州古籍出版社，1980 年版。

神。諸侯，在其地則祭之，亡其地則不祭。」[338] 中國古代的祭法多如牛毛，所有的祭祀，都屬於巫性文化的範疇。

由於中國文化中的「神」的意識理念，總與「巫」相繫，所以「神」，總與「鬼」（靈）的意識理念相連在一起。《說文解字》收錄了一個「神」字別體，寫作「䰧」。許慎解讀為「神也，從鬼申聲」[339]。而「申」，即神之本字。由這一䰧字，可見古時神、鬼不分。錢鍾書曾經指出，中國古代「皆以『鬼』、『神』、『鬼神』渾用而無區別，古例甚夥，如《論語‧先進》：『子路問事鬼神。子曰：未能事人，焉能事鬼？』《管子‧心術》：『思之思之，思之不得，鬼神教之。』而《呂氏春秋‧博志》：『精而熟之，鬼將告之。』《史記‧秦本紀》由余對繆公曰：『使鬼為之，則勞神矣……』蓋謂『神』出身於『鬼』，『鬼』發跡為『神』」[340]。朱自清說：「其實，《尚書》裡的主要思想，該是『鬼治主義』，像〈盤庚〉等篇所表現的。」[341] 德國學者馬克斯‧韋伯說：「像中東、伊朗或印度那種在社會上有勢力的先知（Prophetie —— 原注），在中國是聞所未聞的。這裡從來沒有一個以超世的神的名義提出倫理『要求』的先知。中國宗教始終如一的不間斷性的排除了先知的存在。」[342] 所言是。中國之所以「從來沒有」一個「超世的神」即「先知」的「存在」，是因為中國文化自古主要是原巫文化過於強大而持久的緣故。

[338]　《禮記‧祭法第二十三》，楊天宇《禮記譯注》下冊，第 789 頁，上海古籍出版社，1997 年版。

[339]　許慎《說文解字》，第 188 頁，中華書局影印本，1963 年版。

[340]　錢鍾書《管錐編》第一冊，第 183 ～ 184 頁，中華書局，1979 年版。

[341]　朱自清《經典常談》，《朱自清古典文學論文集》下冊，第 620 頁，上海古籍出版社，1981 年版。

[342]　［德］馬克斯‧韋伯《儒教與道教》，第 151 頁，洪天富譯，江蘇人民出版社，2010 年版。

附錄三　巫術：宗教的「文化之母」

　　為求解讀中國文化的所謂「巫史傳統」，首先有必要對原巫文化與宗教的一般關係以及從巫術如何走向宗教等問題，加以簡略的辨析。

　　關於巫術與宗教的關係，首先涉及的是兩者的關聯與區別及其孰先孰後諸問題。

　　這裡的問題在於，人們往往自覺不自覺的將巫術與宗教混為一談，不適當的將巫術歸屬於宗教。法國學者馬塞爾·莫斯說，「巫術是一種宗教類型」[343]。有學者以為，「在韋伯（按：指德國學者馬克斯·韋伯）的認知中，巫術現象是原始宗教的產物或內容」，「由此，它便決定了中國宗教的性質」。韋伯的這一見解，「後來也成為張光直的文明觀或歷史觀的一個重要甚至是支柱部分」。[344]

　　韋伯曾經自稱是「宗教上的不合拍者」與「缺乏宗教共鳴的人」。這一點也不影響他以西方基督教那把「標準」的「尺」來衡估中國文化及其「宗教」。韋伯說，「中國的宗教——無論其本質為巫術性或祭典性的——保持著一種此世的心靈傾向。這種傾向此世的態度較諸其他一般性的例子，都要遠為強烈並具原則性」，並說中國「一般民間的宗教信仰，原則上仍停留在巫術性與英雄主義的一種毫無系統性的多元崇拜上」。[345]

　　將巫術等同於宗教的看法，是否有礙於巫術文化研究得以深入的一個

---

[343]　[法]馬塞爾·莫斯《巫術的一般理論》，楊渝東譯，廣西師範大學出版社，2007年版。

[344]　吾敬東〈中國宗教的巫術孑遺——韋伯論中國宗教與巫術的「親和」關係〉，《文史哲》，2008年第3期。

[345]　[德]馬克斯·韋伯《中國的宗教、宗教與世界》，康樂、簡惠美譯，第210、208頁，廣西師範大學出版社，2004年版。按：參見吾敬東〈中國宗教的巫術孑遺——韋伯論中國宗教與巫術的「親和」關係〉，《文史哲》，2008年第3期。

「思維」障礙，值得做進一步的探討。這裡的問題或許是：

（一）稱「巫術是一種宗教類型」，無異於抹煞巫術的獨立文化品性。難怪長期以來，學界總是「習慣」性的將原始巫術等「信」文化，歸類於「原始宗教」這一範疇，這一範疇一旦被認同，就在無意間抹煞了巫術、神話、圖騰與宗教的文化差異。

（二）韋伯將「本質為巫術性或祭典性的」這一類文化現象，歸類於「中國的宗教」，這一歸類是否欠妥，答案無疑是肯定的。巫術與祭祀，固然與宗教具有本然的文化親緣關聯，或者可以說，在宗教文化的成熟時代，由於在諸多宗教文化中，包含了太多的巫術因素，我們可以把巫術稱為宗教的子遺。可是，這並不等於可以將巫術及其祭祀等同於宗教，更不能把「中國的宗教」，統統說成是巫術及其祭祀。在文化現象上，宗教保留或發展了一部分巫術與祭祀文化的遺存，但是「中國的宗教」，遠不是僅僅具有「巫術性或祭典性」的一種文化。

（三）既然承認中國的巫術與祭祀「保持著一種此世的心靈傾向」，那麼僅僅根據這個「此世」性，還不能說這就是「中國的宗教」的全部。「中國的宗教」的文化屬性，固然具有「此世」性，而除了「此世」性，則還有其他，其文化意蘊，顯得豐繁而深邃。再說，巫術與祭祀的所謂「此世」性，也不同於一般宗教的此世性。前者多功利意義的「實用理性」，對應於巫性；後者是經歷了宗教神性所蘊含、鍛鍊與累積沉澱的那種「此世」性，對應於宗教神性。

（四）認為中國巫術文化屬於「一種毫無系統性的多元崇拜」的看法，看來也有些欠妥。比如甲骨占卜與《周易》占筮文化等，其實是相當具有系統性的，而不僅僅是「多元崇拜」。這也恰好能夠說明，它並非一般宗

教文化。世界上可以嚴格的稱為「一神教」的，有猶太教與伊斯蘭教等；可以稱為「準一神教」的，有印度佛教與基督教等。大凡宗教尤其是成熟的宗教，都有一個主神作為崇拜對象，伴隨主神的還可能有屬於同一神祇譜系的諸神崇拜。就此而言，中國巫術文化離真正的宗教的距離是很遠的。

正如張光直先生那樣，韋伯對巫術以及中國巫術文化問題是相當重視的，他的學術見解往往給予人啟示。然而我們依然有理由指出，如果將原始巫術與神話、圖騰等，歸之於「原始宗教」範疇，其實只是看到了巫術、神話、圖騰等與宗教的某些人文共性，卻沒有抓住巫術與神話、圖騰之類區別於宗教的人文特性。

站在西方宗教神學的傳統的學術立場，難以凸顯中國巫術文化真正獨特的人文根因、根性與特質。固然可以拿「神祕主義」、「非理性」與「信仰」等範疇，來說明巫術等與宗教文化的共性，但由於難以區分甚或無視其不同的人文成因、本涵與功能等，所以我們可以將這一研究做進一步的推進。即使同樣從「神祕主義」、「非理性」與「信仰」等方面來進行衡量，依然能夠看到巫術之類與宗教底蘊等方面是不一樣的。用「原始宗教」這一概念來概括原始巫術與神話、圖騰等，並不能了解中國原巫文化之類真正的文化本根、機制與價值，也有礙於捫摸與掌握巫術之靈以及從原始巫術、神話、圖騰走向宗教那跳動的人文「脈搏」。

這裡，先讓我們來談談「原始宗教」。

「原始宗教」這一概念究竟起始於何人何時何地，一時難以稽考。應當說，「原始宗教」這一概念在以往的學術研究中，是相當活躍的，或者可以說是一個不幸被濫用的學術概念。我們習慣性的學術思維，往往將人

附錄三　巫術：宗教的「文化之母」

類的遠古文化，等同於「原始宗教」，或者稱人類史前就是「原始宗教」的文化階段等等。

首先應當指出，正如列維－布留爾所言，「『原始』一語純粹是個有條件的術語，對它不應當從字面上來理解。我們是把澳洲土著居民、菲吉人（Fuegians——漢譯者注：太平洋菲吉群島的土著居民）、安達曼群島（漢譯者注：在西太平洋，屬印度）的土著居民等這樣一些民族叫做原始民族。當白種人開始和這些民族接觸的時候，他們還不知道金屬，他們的文明相當於石器時代的社會制度」。「他們之所以被叫做原始民族，其原因也就在這裡」。布留爾說：「但是，『原始』之意是極為相對的。如果考慮到地球上人類（歷史）的悠久，那麼，石器時代的人就根本不比我們原始多少。嚴格說來，關於原始人，我們幾乎是一無所知的。因此，必須注意，我們之所以仍舊採用『原始』一詞，是因為它已經通用，便於使用，而且難於替換。」[346] 即使如此，當我們稱「原始民族」、「原始宗教」時，仍然應當警惕這一概念的模糊性。原因是「原始」一詞的所指，是「極為相對」的。

其次，當將「原始」與「宗教」二詞相構為「原始宗教」這一概念時，便可以由此推知，從宗教學角度看，可以把整個人類社會及其文化，劃分為原始宗教和成熟宗教兩個歷史時期。

可是，「原始宗教」既然是宗教——你總不能說它不是宗教，正如人的一生，有童年、少年、青年、壯年和老年那樣，那個童年時期的人，你總不能說他不是人吧？那麼，宗教所本具的諸多文化要素，「原始宗教」應當基本具備——只是處於雛形階段而已，否則，怎麼能說那是所謂的「原始宗教」呢？

---

[346]　［法］列維－布留爾《原始思維·作者給俄文版的序》，丁由譯，商務印書館，1981 年版。

假定「原始宗教」這一提法可以成立，必須同時具備四大基本文化要素與文化特徵：

（一）供信眾崇拜的主神偶像及伴隨主神的諸神譜系。正如佛教、猶太教與基督教那樣，都有一個主神，「伊斯蘭教的一切都以其宗教的根本——神為中心」[347]。

（二）教義。即宗教所宣揚與堅持的宗教理論、理想與信仰系統。基督教的《聖經》、伊斯蘭教的《可蘭經》與佛陀所說且由其弟子傳承的佛教經典等，都是如此。其教義的根本，是其宗教哲學。而信仰，則意味著信眾對於主神及其諸神的絕對崇拜，有如麥加朝聖那樣。

（三）宗教組織，即信眾集團。正如印度佛教，「它傳入中國不僅意味著某種宗教觀念的傳播，而且是一種新的社會組織形式——修行團體即僧伽（sangha——原注）的傳入」[348]。

（四）嚴格的生活修持制度。如印度佛教尤其小乘佛教，其信徒修為的戒律多如牛毛。

美國學者休斯頓·史密斯曾經說，可以從六個方面，考訂一個文化形態是不是宗教。「宗教經常出現的六個特徵，提示了它們的因子存在於人的構造中，其中之一是權威」；「宗教的第二個通常特色是儀式」；「因之玄想就成為宗教的第三個特色」；「第四個宗教的特徵是傳統」；「宗教的第五個特色是恩寵，亦即信仰」；「最後，宗教在奧祕中出入」。總之，「這六者——權威、儀式、玄想、傳統、恩寵以及奧祕——每一種對宗教都非

---

[347]　［美］休斯頓·史密斯《人的宗教》，第 223 頁，劉安雲譯，劉述先校訂，海南出版社，2013 年版。

[348]　［荷蘭］許理和（Erik Zürcher）《佛教征服中國》（*The Buddhist Conquest of China*），第 2 頁，李四龍等譯，江蘇人民出版社，1998 年版。

常重要」。[349] 然而，僅僅從這六個方面來評判一種文化是不是宗教，其實並不妥當。除第一項「權威」類於主神（諸神）的崇拜與信仰比較接近於宗教標準外，其餘五項「儀式、玄想、傳統、恩寵以及奧祕」等，在非宗教的文化比如巫術、神話與圖騰文化中，也是存在的。即使這裡所說的「權威」，固然是宗教的一大文化特徵，但也不能否認比如原始巫術之類，其實也是講「權威」的，只是沒有如宗教那樣把主神奉為「絕對權威」而已。或者可以說，加上「權威」這一項，這全部六項，也是原始巫術、神話與圖騰文化的基本特質。僅僅憑此「六者」，還不能夠將宗教與伴隨以神話、圖騰的中華巫術這兩者嚴格的區別開來。當然，「這六者」也並非僅僅是「原始宗教」的基本文化特質。

　　被稱為「原始宗教」的那種文化，它既然被稱為「宗教」，則無疑應當滿足前述關於主神（諸神）、教義（信仰）、組織（僧團）與修為（制度）這四大判斷的基本條件。可是很顯然，長期以來被說成「原始宗教」的那種原始文化，是既無主神、教義，又無組織、修為的文化現象，我們怎麼可以稱其為屬於宗教學範疇的「原始宗教」文化呢？

　　就中華原始文化而言，其一，殷周之時確有關於帝的崇拜，但是「通檢武丁時代的甲骨文，天神單稱為『帝』，尚未見『上帝』之號者」。這「帝」，實際是「巫帝」[350]。「巫帝，蓋巫覡之神」，不同於比如基督教的上帝（God）這一絕對形上的概念。其二，作為中華原始「信文化」，即伴隨以神話、圖騰的原巫文化，固然具有種種傳統信條，有些千百年口口相傳，有些甚至見諸文字，但都不是像宗教那樣構成了理論系統或體系的教

---

[349]　［美］休斯頓‧史密斯《人的宗教》，第 89、90 頁，劉安雲譯，劉述先校訂，海南出版社，2013年版。

[350]　丁山《中國古代宗教與神話考》，第 194、195 頁，上海書店出版社，2011 年版。

義。其三，儘管有巫、大巫、巫祝、巫史、史巫與小巫等巫職人員以及大批信眾，但是始終沒有如宗教那樣嚴格的僧團組織。其四，在巫術文化形態的生活中，確實有大量的由傳統所因襲的巫術禁忌，可是這些禁忌，只是為了保證巫術的成功與「靈驗」而存在的，並且一般處在非系統的散漫狀態，不像宗教戒律那般有嚴格的系統或體系，信徒一旦觸犯宗教戒律，必然受到懲處，並承擔一定的道德甚至法律責任。

除此以外，在所謂「理性」問題上，巫術與宗教也有嚴格區別。毫無疑問，巫術與宗教都具有一定的理性因素，可是二者對於理性的文化立場與態度，又是有所不同的。

「所有宗教都提供一些普遍的關於存在的陳述，而巫術則關注特別的和立即的結果，忽略意義問題 —— 它通常甚至不能提供對於它的自身機制為什麼和怎麼樣運作的解釋。」[351] 巫術文化中所蘊含的理性，一般是指向巫術的功利、目的的原始「實用理性」；宗教所蘊含的理性，一般都是關於神的形上理性，這種理性所追求的，是精神的超越和解脫，觸及存在的意義。基督教主神即上帝本身所具有的文化品格是非理性的，否則就不會有大批信徒對於上帝的絕對崇拜，可是作為世界與人的本因本體的上帝這一宗教偶像之所以被創造出來，是由於理性而並非由「實用理性」之類所促成的緣故。這說明，活躍在宗教領域中的理性，要比原始巫術以及神話、圖騰文化中的原始理性高級得多。從宗教之神本身看，「特土良在 2 世紀時說道：『理性是屬神的事，造物主用理性創造、處理和命令萬物，沒有什麼他不要求用理性去處理和理解的。』亞歷山大的克萊門特同樣在 3 世紀時告誡道：『不要認為這些東西只能用信仰來接受，它們同樣為理性

[351] 〈信仰的法則 —— 解釋宗教之人的方面〉，見劉黎明《灰暗的想像 —— 中國古代民間社會巫術信仰研究》上冊，第 47 頁，巴蜀書社，2014 年版。

附錄三　巫術：宗教的「文化之母」

所斷言。真的，如果排斥理性，將其僅僅歸諸信仰，那是靠不住的。』」從信徒的宗教信仰角度看，「奧古斯丁承認，『信仰必須先於理性，對心靈進行淨化，使之做好接受理性的強大光芒的準備』」。儘管「在一些不能掌握的重大時刻，信仰先於理性」，可是，「那說服我們相信這一點的一小部分理性，卻必須先於信仰」。[352]

在學術概念上，以「原始宗教」來言說和替代巫術、神話與圖騰為主的原始文化形態的看法，儘管由來已久，卻是值得商榷的。

「那麼巫術與宗教之間又是什麼關係呢？」弗雷澤在這一發問之後，又稱人們「總是先提出他自己獨特的宗教概念，然後才開始探討宗教與巫術的關係。世界上最具爭議的課題大概就是宗教的性質了」。

我所謂的宗教，是被認為能夠影響和控制自然與人生進程的，超自然力量的信仰或撫慰。這就將宗教分為理論與實踐兩大方面：一是對超自然力量的信仰，二是討神歡心、安撫憤怒。顯然，信仰是先導，若不相信神的存在，就不會想要取悅於神了。當然，如果這種信仰並沒有帶來相應的行動，那它便只能被定義為神學，而不是宗教。[353]

弗雷澤對於宗教文化的理解，其要點在於：「對超自然力量的信仰」；「討神歡心、安撫憤怒」；「被認為能夠影響和控制自然與人生進程」；有「信仰」且有「相應的行動」。弗雷澤將宗教與神學做了區分。

這四個要點，與前述宗教四大要素並不矛盾，確實是宗教文化的人文特質及其特徵。可是弗雷澤所說的這四個要點，其實也是巫術文化的特

---

[352]　[美] 羅德尼・斯塔克《理性的勝利——基督教與西方文明》，第5、6頁，管欣譯，復旦大學出版社，2013年版。

[353]　[英] 詹姆斯・喬治・弗雷澤《金枝》上冊，第55、56頁，陝西師範大學出版總社有限公司，2010年版。

質與特徵，兩者都屬於「信文化」範疇，都必須取悅於「神」，都企圖「影響和控制自然與人生進程」，都有理念上的「信仰」而且具有「行動」即踐行。因此僅從這四點看，實際也沒有能夠將宗教與巫術加以區別。

正如前述，諸神尤其主神的預設及其信仰觀的樹立，對於宗教來說是特別重要的。主神的絕對權威，是整個宗教大廈的「頂梁柱」。唯其如此，才「能夠影響和控制自然與人生進程」。只有在絕對「信仰」的前提下，信眾的無盡潛力與智慧，才能夠得以激發與肯定。而信眾即僧團的組成，主神、諸神與信眾的精神「感應」、信眾的絕對信仰，是神與信眾相互「感應」的本因與泉源，這便是所謂「信則靈」。至於具有系統或體系的理論形態即教義與生活制度、秩序的建立與踐行等，是對於宗教理想的訴求與神性之人格的達成。

「原始宗教」這一學術範疇的設立，難以正確的概括人類原始文化的特質、機制、價值與特徵。在邏輯上，人們在對成熟的宗教文化有了一定的認知之後，認為既然有成熟的宗教，那就一定還應當有不成熟的「原始宗教」，這好比人既然有青年、中年與老年時期，那就必然有他的童年一樣。

可是我們現在要追溯的，是宗教文化的根因、根性即其「文化之母」而並非宗教「童年」的問題。毫無疑問，宗教的「文化之母」，不是「原始宗教」（按：處於「童年」時期的宗教），而是以原始巫術、神話與圖騰為主要的原始「信文化」。

如果在理念與邏輯上，認同「原始宗教」是人類最古老的一種文化形態，那就等於承認人類的原始文化一開始就進入了宗教文化階段而僅僅「原始」罷了。這一預設是否符合人類原始文化的實際，是值得做進一步的思考與討論的。

附錄三　巫術：宗教的「文化之母」

　　宗教當然有其「原始」階段，如印度佛教，學者就將大約西元前 5 世紀由佛陀所創立的佛教，稱為「原始佛教」，繼而將大約西元前 4 世紀至西元前 1 世紀經三次「結集」而成的佛教，稱為「部派佛教」等等，從而揭示印度佛教歷史相當清晰的發展線索。假如把釋迦牟尼創立佛教之前的歷史，也稱為「原始佛教」時期，顯然是欠妥而相當滑稽的事情。又如關於中國儒學史，學界一般將其分為三期，即以孔孟為「第一期」，宋明為「第二期」，自「五四」至今為「第三期」。其中，孔孟的「第一期儒學」，又稱「原始儒學」，這在邏輯上顯得相當妥切。如果將孔孟之前稱為「原始儒學」時期，顯然是欠妥的。

　　毋庸置疑，在宗教誕生前，原始氏族社會與時代的文化形態，一般都曾經存在原始巫術、神話與圖騰三要素及其動態結構，只是這一文化動態結構在不同時代、不同氏族中的構成方式與程度有所不同罷了。對於中華原始文化而言，是一個以巫術文化為主同時伴隨以神話、圖騰的動態三維結構。儘管在原始巫術、神話與圖騰文化中，確實蘊含未來可能發生、發展為宗教的人文因子，但是筆者以為，不必因此而稱這種中華原始文化屬於什麼「原始宗教」範疇。與其說原始文化是「原始宗教」，倒不如說原始文化是巫術、神話與圖騰的「動態三維」。否則，學術研究還得面臨「原始宗教」與原始巫術、神話、圖騰三者糾纏不清的尷尬。

　　從發生學角度分析，我們不難見出，原始巫術、神話與圖騰等文化的發生，顯然是先於宗教文化的。

　　弗雷澤說：

　　巫術要早於宗教登上歷史的舞臺。巫術僅僅是對人類最簡單、最基本的相似聯想或接觸聯想的錯誤運用；而宗教卻假設自然的背後還存在著一

個強大的神。很顯然，前者要比後者的認識簡陋得多，後者認定自然進程取決於有意識的力量（按：指宗教的上帝、諸神），這種理論比那種認為事物的發生只是由於互相接觸，或彼此相似的觀點深奧得多。[354]

梁釗韜說：

簡言之，在質的方面巫術是動作，是技藝，宗教則是信仰，是崇拜；就起源的年代而言，巫術比宗教為先；就演變系統而言，巫術統屬於宗教之內；就發展程度而言，宗教當然高於巫術，是屬於人類文化較高一階的表現。[355]

巫術與宗教相比，雖然都屬於「信文化」，但是巫術的智慧程度較為初淺當為歷史之真實。一般而言，宗教尤其成熟形態的宗教文化，其教義的形上部分，實際屬於哲學範疇，如猶太教、基督教、伊斯蘭教與佛教，都對世界與人如何、為何以及人如何可能、走向何處、應當如何等「存在」問題表現出濃厚興趣，格外關注、努力發現相關規律並且尋找答案。「教父神學把基督教的學說本身理解為真哲學。」[356] 在西方中世紀，哲學曾為神學之「婢女」。潘能伯格（Pannenberg）曾引用達米安（Damian）主教《論上帝的全能》一書說，神學家對於哲學，「首先，他剃掉哲學的頭髮，亦即無用的理論；然後，他修剪哲學的指甲（迷信的作品 —— 原注，下同）；再後脫去她的舊衣服（異教的傳說和神話），只有這時才拿她做妻

[354] ［英］詹姆斯·喬治·弗雷澤《金枝》上冊，第60頁，陝西師範大學出版總社有限公司，2010年版。按：這裡所謂「互相接觸」、「彼此相似」，指巫術「感應」的兩大類型。弗雷澤說，「在分析巫術思想時，發現可以把它們歸納成兩個原則 ——『相似律』和『接觸律』。前者是指同類相生，即同果必同因。巫師根據『相似律』推導出，他可以僅透過模仿來達到目的，以此為基礎的巫術被稱為『模擬巫術』或『順勢巫術』」；「後者是指相互接觸的物質實體，哪怕被分開，仍然可以跨越距離發生相互作用」。（《金枝》上冊，第16頁）

[355] 梁釗韜《中國古代巫術 —— 宗教的起源和發展》，第16頁，中山大學出版社，1999年版。

[356] ［德］潘能伯格《神學與哲學》，第21頁，李秋零譯，商務印書館，2013年版。

附錄三　巫術：宗教的「文化之母」

子。但即使這樣，她也必須依然是僕人，不是走在作為其主人的信仰前面，而是追隨在信仰的後面」[357]。儘管西方的中世紀哲學曾歷經說不盡的「屈辱」與「苦難」，而宗教、神學的智慧核心，依然是高貴的哲學。其原因在於宗教、神學所尤為關注的，始終關乎人的靈魂與精神的超越問題。

巫術直接針對人的實際利益，如「趨吉避凶」等，專注於力圖改變人自身的命運、處境，其信仰、想像與幻想的翅膀，是「沉重的翅膀」，尚未像宗教文化那般高揚起來。巫術總是對事物之間種種矛盾實在，表現出普遍的忽視與不關心，凡是所遇到的困境甚至是死亡的悲劇，都企圖倚重「無所不在」、「不可戰勝」的「感應」與「靈力」，來輕易的加以「解決」，缺乏對世界意義尤其存在本身的形上探究。巫術甚至不能提供其自身成因、品格、機制、功能與價值等的合理解釋。巫術固然往往是有「理想」的，然而它僅僅是信仰鬼神、精靈與吉凶等，沒有像宗教那樣預設一個天國、彼岸，沒有教主以及諸神譜系，自始至終所信仰的是一個「靈」字。所以說，一般宗教的信仰，具有絕對性；一般巫術的信仰，具有相對性。正如前述，一般宗教所蘊含的理性因素，顯然高於巫術，所以宗教往往具有一種自我解構的力量。

當然這不等於說，大凡巫術及其巫學，一概與世界意義與哲學本體論絕然無涉。中國原始巫術，無論殷代的甲骨占卜抑或周代的占筮，大量的卜辭與卦爻辭本身，儘管只是些與吉凶、休咎、靈驗與否相關的斷言與判詞，並非本體意義的哲學，可是原古卜筮的巫學意義，卻在歷史與人文的長期醞釀和陶冶之中，從「巫」走向「史」，由巫文化而嬗變、提升為一定的中國式的哲學、倫理學與美學等等，它們是繁複而深邃的「史」的本身。「史」，確實由「巫」等文化轉嬗而來，可是就原巫文化本身來說，並

---

[357]　〔德〕潘能伯格《神學與哲學》，第 16 頁，李秋零譯，商務印書館，2013 年版。

不是人類的高等智慧本身。

這裡值得再次強調的是，「巫術與宗教都嚴格的根據傳統，都存在奇蹟的氛圍中，都存在奇蹟能力可以隨時表現的過程中。巫術與宗教都被禁忌與規條所包括，以使它們的行動不與世俗界相同」。指明和論證巫術與宗教的區別是必須的。「在神聖領域以內，巫術是實用的技術，所有的動作只是達到目的的方法；宗教則是包括一套行為本身便是目的的行為，此外別無目的。」「巫術這實用的技術，有受限定的方式：咒、儀式、術士的遵守一切條件，更永遠是巫術的三位一體。宗教因為方面多，目的複雜，沒有這樣單純的方式。宗教的統一性，不在行為的形式，也不在題材的相同，乃在它所盡的功能，不在它的信仰與儀式所有的價值。再說，巫術裡面的信仰，因為合乎它那明白實用的性質，是極其簡單的；永遠是說，人是有用某種咒與儀式便可產生某種結果的。在宗教裡的信仰，則有整個的超自然界作對象：靈與魔、圖騰的善力、保衛神、部落萬有之父、來生的想望（嚮往）等等，足給原始人創造一個自然界以外的超自然的實體。」[358]巫術與宗教的區別是很顯然的。

原始巫術等文化作為傳統，它與原始神話、圖騰一起，為人類文化從原始形態走向宗教，提供了可能。

巫文化等的神靈信仰，為宗教信仰「貢獻」了一個歷史與人文先導。雖然原巫文化尚未「歷史的生成」關於信仰的主神意識，但無論巫術信仰之神鬼、精靈抑或宗教之主神，都是「超自然力量」的化身。「超自然力量」的文化意識與理念，首先是原巫文化與神話、圖騰等早已具備的。阿奎那（St. Thomas Aquinas）的《神學大全》（*Summa Theologica*），曾經將宗

---

[358] ［英］布朗尼斯勞・馬凌諾斯基《巫術科學宗教與神話》，第 109 頁，李安宅譯，上海社會科學院出版社，2016 年版。

教信仰及其神學，稱為「一種基於超自然啟示的學說」，其「超自然」的原型根植於原巫等文化形態之中。

原巫文化等的「原始理性」，為宗教大張旗鼓的登上歷史舞臺，準備了一個思維基礎。從巫術等原始文化形態走向宗教，讓人類的理智與理性承受了深度的考驗和提升。宗教信仰本身，屬於非理性範疇，而宗教信仰觀的建立以及何以建立，卻是人類思維、理智與理性的歷史性推進。這一推進有一個出發點，便是原巫文化等所奠基的「原始理性」。「所以它需要一種提升來超越受制於他（按：指人類）的理智的本性的限制，而這樣的提升他是透過信仰之光來分享的。因此，人按照自己的本性著眼於一種超越其界限的知識，所以在湯瑪斯（按：即湯瑪斯‧阿奎那）看來，在自然和超自然之間，在哲學和神學之間，不存在任何對立或者矛盾，而是超自然的恩典成全人的本性。這也就意味著，自然的理性是以服侍的方式指向信仰的。」[359] 所謂人類「理智的本性」，是指人本在的存在著一種生而有之的本性，即人的精神有一種與生俱來的「嗜好」，本在的趨向於「形上」的嚮往。這種嚮往，首先歷史的實現為「原始理性」。這種「原始理性」本身，具有一定的形上性，它本來在原巫等文化中深受「限制」，由於這種「限制」，反而為人的精神的進一步提升和超越提供了空間，有可能促使「宗教之理性」登上歷史舞臺並且逐漸走向成熟。理性而且唯有理性及其思維，才為原巫等文化形態走向宗教即宗教的誕生，開闢了歷史的契機與道路。

「所有宗教都提供一些普遍的關於存在的陳述，而巫術則關注特別的和立即的結果，忽略意義問題——它通常甚至不能提供對於它的自身機

---

[359]　［德］潘能伯格《神學與哲學》，第 22 頁，李秋零譯，商務印書館，2013 年版。

制為什麼和怎麼樣運作的解釋。」[360] 原始初民在巫術等文化環境中生活，起初只是以為，「超自然的力量，如果確實超越於人的力量，也超越得不多，因為人可以恐嚇和迫使超自然按人的意願行事。在人類思想發展的這一階段，世界被視為一個偉大的平等的社會，所有的人，無論自然的或超自然的，都被認為是處於相當平等的地位」[361]。由原始巫術與神話、圖騰文化所「教育」出來的原始初民，有一種盲目的自信，以為自己與「神靈」可以平起平坐，人猶神靈而神靈猶人，是不分彼此的。經過許多個世紀以後，人類才從無數個巫術的失敗之中慢慢抬起頭來，開始懷疑自己是否走錯了路，從而意識到自然界的無比強大，而人自己卻是渺小的。

我們的原始哲學家（按：弗雷澤對巫師的稱呼），當他的思維之船從其古老的停泊處被砍斷繫繩而顛簸在懷疑和不確定的艱難海上時，在他原來那種對自身以及對他的權力的愉快信心被粗暴的動搖之後，他必曾為此悲哀、困惑和激動不已，直到他那思維之船，如同在充滿風暴的航行之後進入一個安靜的避風港一樣，進入一個新的信仰和實踐的體系為止。[362]

在《金枝》的另一譯本中，弗雷澤指出，「在巫術時代結束後，宗教時代才開始」。這當然不等於說，在宗教時代巫術等已經絕跡。然而，原巫文化實際上的歸於失敗甚而釀成死亡的悲劇讓人警醒，「聰明的人們自然會發現，他們過去所依靠的巫術，其儀式和咒語並不能幫助他們完成心願──儘管當時大多數頭腦簡單的人仍然對巫術深信不疑。巫術無效的重大發現，必然會為那些聰明且堅定的人帶來一場緩慢而徹底的思想革

[360] 〈信仰的法則──解釋宗教之人的方面〉，轉引自劉黎明《灰暗的想像──中國古代民間社會巫術信仰研究》上冊，第 47 頁，巴蜀書社，2014 年版。
[361] ［英］詹姆斯‧喬治‧弗雷澤《金枝》上冊，第 139 頁，中國民間文藝出版社，1987 年版。
[362] ［英］詹姆斯‧喬治‧弗雷澤《金枝》上冊，第 88 頁，中國民間文藝出版社，1987 年版。

附錄三 巫術：宗教的「文化之母」

命」[363]。這種「革命」，便是由「原始理性」的覺醒或曰「祛魅」所促成的人類文化的成長即宗教時代的到來。

原巫等文化傳統，在「原始信仰」與「原始理性」氤氳、累積沉澱的前提下，為宗教的發蒙，奠定了一以貫之的情感與意志的基礎與表達方式。

古人云，「性之好惡喜怒哀樂謂之情」[364]；「天地感，而萬物化生；聖人感人心，而天下和平。觀其所感，而天下萬物之情可見矣」[365]。情是性的起伏搖盪。「情生於性」而「喜怒哀悲之氣，性也」，這便是「喜斯陶，陶斯奮，奮斯詠，詠斯猶，猶斯作。作，喜之終也；慍斯憂，憂斯戚，戚斯嘆，嘆斯辟，辟斯通。通，慍之終也」[366]。情的本在就是性，性是生命之氣。情，是主體心靈、心理對外在事物、環境變化的一種意緒反應，情即情感。情感，就是內在之心應外在因素而感動之。情、性不能分拆。中國儒家文化有「性、情、欲」三重觀。做個比喻，情，好比大海之水的微波蕩漾；欲，猶如濁浪排空；而無論微波還是濁浪，作為海水的「溼性」，是始終不變的，這便是性。意志，指人的意圖、意向、心力等執著、敬畏於某一目的理想。意志總與一定的人生目的相關聯，讓人為此而不懈追求。

在不同的宗教文化中，信眾的情感與意志的表現、功能與價值判斷等，自然是不一樣的。「信」（信仰）、「望」（希望）與「愛」（上帝之愛），作為基督教所踐行的三大綱要，無一不表現了上帝的「太上無情」。對上

---

[363] ［英］詹姆斯・喬治・弗雷澤《金枝》上冊，第 62 頁，陝西師範大學出版總社有限公司，2010年版。

[364] 《荀子・正名篇第二十二》，王先謙《荀子集解》卷十六，第 274 頁，《諸子集成》第二冊，上海書店，1986 年版。

[365] 《易傳・象辭》，朱熹《周易本義》，第 165 頁，怡府藏版影印本，天津市古籍書店，1986年版。

[366] 《性自命出》上篇，文物出版社，2003 年版。

帝及其「道成肉身」即基督的絕對信從，對上帝之啟示與普世救贖持無條件的絕對期盼，對上帝愛人、人愛上帝及人際博愛之信條的深信不疑，這三者，是無處不在、無時不在的基督教的三大準則，其間充溢著情感與意志因素。基督教的「原罪」說，稱亞當、夏娃惑於一己之私欲、偷食禁果而違背人生來就與上帝所立的契約，遂使惡俗之欲糾纏終身。「人本有罪」，情欲是人性邪惡、墮落的根由，由此奠定了基督教文化的「罪感」意識與「懺悔」精神。但是基督教說，世人不能自救，只有上帝作為「萬能之天父」，派遣其「獨生子」耶穌血染十字架、捨身「救贖」而「復活」，從而「救贖」人類於水火。這裡，情感與意志的強烈自不待言。而在情感與意志問題上，基督教的基本精神卻是「抑情」的。上帝作為「冷峻之理性」，以「太上無情」立最高神格。信眾的俗情與意志，當在被「祛魅」與「洗滌」之列。這不等於說，信眾是絕對無情感、無意志的。其意志與情感，在於在俗世人間這一「滌罪所」進行「洗滌」「原罪」之時，無限的追隨上帝而達成天堂的理想境界。印度與中國佛教主張抑「情」抑「意」，視俗情、俗志為解脫、涅槃的大敵，佛教稱眼、耳、鼻、舌、身、意為「六根」（按：亦名「六塵」、「六情」，下同），俱當否棄。佛教有「情累」說，指「六情」為妄情妄念，人則墮於「苦海」，便是「滯累」。因而成佛就是拔離諸苦、回頭是岸。陸機〈弔魏武帝文序〉云，「若乃繫情累於外物，留曲念於閨房，亦賢俊之所宜廢乎」。陸士衡此言，受佛教的影響是無疑的。「情累」又稱「情塵」、「情猿」。《大慈恩寺三藏法師傳》卷九有云：「制情猿之逸懆，繫意象之奔馳。」心猿意馬，胡思亂想，是理當「制」（抑制）、「繫」（管控）的。佛教稱此岸為「欲界」，沒有成佛的，稱為「有情眾生」。「情」為首惡，所以修行先得「制」俗世妄情。佛教有「三縛」說。《俱舍論》卷二一有云，「縛有三種。一貪縛，二嗔縛，三痴縛」，都說眾生因

附錄三　巫術：宗教的「文化之母」

「縛」於妄「情」（情感）、妄「意」（意志）而生起無窮煩惱。佛教有「三識性」說，稱為「遍計所執性」（妄有）、「依他起性」（假有）與「圓成實性」（實相）。凡夫俗子，妄執於因緣假合。妄情惑念，計度一切，執依因緣而煩惱不已，都為情、志所迷而滯累無度。因而唯有離妄情、祛妄執，才能離妄得真，圓成真如法性之境。成佛「圓成」之謂，無所執著的意思。一切佛教教義是以消解人的世間情感與意志，以求成佛、解脫為人文主題的。

作為宗教前驅的原始巫術、神話與圖騰文化等，為宗教歷史的生成了「原始情感」、「原始意志」以及前文所說的「原始理性」等心靈、心理條件。這種心靈、心理，正是人類稚淺的童年文化心靈。當時，由於人類還沒有真正深切的體驗到，改造自然和社會是何等艱苦卓絕，人類不知「天高地厚」，有點初生牛犢不怕虎的勁頭，但又不懂得如何去真正掌握改造自然和社會的有效方法與途徑，加上「萬物有靈」文化觀的薰染，於是將巫術認作中華古人心目中的「有效」工具。由於相信巫術的有效性而總是對巫術本身、對人自身的前途充滿信心，頭腦裡都是些盲目樂觀的奇思異想，似乎在肥皂泡裡看到了美麗的彩虹。沒有哪一種人類文化所包含的情感因素與方式，像原巫文化這樣充滿盲目的自信，因信心滿滿而表現出「盲目的樂觀」。人們堅信，巫師「作法」能無中生有，呼風喚雨，改天換地，巫師靈力無限，無所不能。在原巫文化觀念中，簡直沒有不可克服的困難，時時處處，顯得輕而易舉，不費吹灰之力。北美印第安人「要想傷害一個人，就可以在代替他本人的東西上，如沙土、灰燼等，畫出這個人的像，然後用削尖的棍子來刺畫像，或用其他方法傷害它。比如，當一個奧基波維印第安人試圖害仇人時，就會製作一個仇人模樣的小木偶，然後用針刺木偶的頭部和心臟，或者把箭頭射進木偶體內，因為他相信仇人的

這一部位也會痛；他如果想馬上殺死仇人，只要一面將這個木偶焚燒或埋葬，一面念動咒語即可」[367]。由於要渲染巫術的神祕與「靈驗」，巫師總是以誇張而超常的表情、動作、歌吟、舞蹈示人，甚至呼天搶地、尋死覓活，所謂「靈魂附體」而進入身心的迷狂狀態，「將世界轉變成一個魔法乖張的園地」。而中國「巫術活動，此處也和世界各地一樣，仍免不了出現狂喜和縱情的場面」[368]。

　　由於巫術崇信原始的「樂觀主義」，在其「原始情感」與「原始意志」中，也蘊含著一些「理想主義」。人們堅信，這世界和人都是有救的而且前途終究是美好的。人可以透過巫術，來預測未來從而指示前進的方向；可以決猶豫、判吉凶，預測自己以至於整個氏族、民族與國家該走什麼路；可以克服艱難困苦以達到目的。基督教將「救贖」世界與人的希望，寄託於上帝及其「聖子」耶穌身上，而佛教寄望於佛陀啟示人的覺悟。在巫術瀰漫的世界裡，在尚未來得及創造宗教主神的境遇與語境中，人們堅信巫能夠統治與改造這個苦難深重的世界，不承認帝、上天與天命的絕對權威。巫通神通鬼又通人，既通天又轄地，自以為「我」就是真正的「神聖」、真正的「大人」。巫似乎肩負著虛妄而無上的榮耀與希望，腳踏大地而昂首向天，顯得躊躇滿志，所向披靡，尤其是那些大巫，往往同時兼任氏族酋長。巫術「把對美好未來的憧憬化作雙翼，去引誘那些疲倦的探索者和追求者，帶他穿越密布的烏雲和失望的現實，翱翔於碧海藍天，俯瞰天國美景」[369]。

[367]　〔英〕詹姆斯·喬治·弗雷澤《金枝》上冊，第 18 頁，陝西師範大學出版總社有限公司，2010年版。
[368]　〔德〕馬克斯·韋伯《儒教與道教》，第 206、189 頁，洪天富譯，江蘇人民出版社，2010 年版。
[369]　〔英〕詹姆斯·喬治·弗雷澤《金枝》上冊，第 55 頁，陝西師範大學出版總社有限公司，2010年版。

附錄三　巫術：宗教的「文化之母」

　　這一「理想」表面上的「樂觀」，卻是與其底蘊的悲劇性相輔相成的。說到底，任何巫術都是一種「倒錯的實踐」、「偽技藝」，它是對於原始初民智力極其低下、生產力極其低下的一種「補償」和「懲罰」。這一文化的歷史性「遭遇」，經歷漫長、曲折的累積沉澱與創造，便為宗教時代的到來準備了條件。伴隨以「原始情感」、「原始意志」和「原始理性」的逐漸覺醒，成為宗教文化起源的根本動因，人類在無比強大而盲目的自然力及其化身即神靈面前，從極度的盲目自信變成了徹底的向神靈跪下，信仰的文化機制終於開始改變了。

　　於是他堅信，既然這個世界不是在他和他的同伴們的幫助下正常運行的，那就必然有更強大的人物指揮著世界的運行，進而衍生出世界的千變萬化。儘管他曾經一度認為這些事是憑藉巫術實現的！但現在他相信：正是那些人物，使暴風肆虐、閃電耀眼、雷聲轟鳴；是他們奠定了堅固的大地，限制了波濤洶湧的大海，點亮了天上光輝閃耀的星辰；是他們賜予飛禽與野獸食物，是他們令大地結出累累碩果，是他們讓森林覆蓋高山，是他們讓泉水噴湧出山石，是他們讓寧靜的水邊長滿青翠的牧草；是他們把賜予人類的生命，透過饑荒、瘟疫和戰爭收回。他已透過大自然輝煌壯觀的萬千景象，看到了這些強大的人的能力。於是人們垂下了高昂的頭，開始謙卑的承認，自己需要依賴他們的權力；於是開始懇求並祈求他們在最後的痛苦和悲哀來臨之前，把他的靈魂從軀體中解脫出來，將其帶到一個可以享受安寧與幸福的更為歡樂的世界，在那裡他將與一切好人的靈魂同在。[370]

　　弗雷澤以詩賦一般的語言，鋪陳、闡述人類從原巫文化走向宗教的這

---

[370]　［英］詹姆斯・喬治・弗雷澤《金枝》上冊，第63頁，陝西師範大學出版總社有限公司，2010年版。

一路向，可謂清晰而富有詩意。巫術實際上的無效，讓「他」即巫師的自信受挫，隨之「思維之船」駛入了一種新的信仰和實踐體系即宗教，企望宗教能夠「將其帶到一個可以享受安寧與幸福的更為歡樂的世界」。宗教作為人類精神「安靜的避風港」，意味著巫文化從此「放棄對自然的統治權」，即放棄「通神」兼「降神」對於巫術世界的「統治」。這裡所說的「強大的人」，指宗教的諸神尤其是宗教主神。宗教主神，創生而改變一切。巫讓位於宗教之神，從此信徒皈依宗教，靈魂得以「解脫」，實現了自巫術到宗教的「偉大轉變」。宗教的神性、神格與偶像上升為絕對權威，必然是巫性、巫格的日益墮落，於是宗教時代的巫術，失去往日的主導地位與輝煌，淪為只能依附於宗教的一種遺存和補充。

總之，原始巫術是宗教的歷史文化先導，作為人類「信文化」的初級階段，巫術與神話、圖騰等文化形態一起，是宗教的「文化之母」。巫術信仰各種神靈、精靈、鬼神甚或天帝，但它不具有宗教那般的主神意識；巫術具有一般應予遵循的信條，但是沒有成系統的知識體系和教義；巫術時代不乏無數的信眾，但是它的信眾並非是組成團體的種種教團；巫術有無數的禁忌，卻不是宗教那樣成系統的戒律；巫術總是不倦的追求「實用」目的，試圖透過種種「偽技藝」操縱自然和社會以圖回報，卻對人與世界的「存在」問題不感興趣而缺乏覺悟。

附錄三　巫術：宗教的「文化之母」

主要參考書目

- 《諸子集成》（全八冊），上海書店，1986 年版

- 《四庫術數類叢書》（全九冊），上海古籍出版社，1990 年版

- 郭沫若主編、胡厚宣總編輯，中國社會科學院歷史研究所《甲骨文合集》編輯工作組集體編輯《甲骨文合集》（全十三冊），中華書局，1978 ～ 1982 年版

- 于省吾主編，姚孝遂按語編撰《甲骨文字詁林》（全四冊），中華書局，1996 年版

- 徐中舒主編，常正光、伍仕謙副主編《甲骨文字典》，四川辭書出版社，1989 年版

- 朱熹《周易本義》，怡府藏版影印本，天津市古籍書店，1986 年版

- 尚秉和《周易尚氏學》，中華書局，1980 年版

- 高亨《周易大傳今注》，齊魯書社，1979 年版

- 劉鶚輯《鐵雲藏龜》，上虞羅振常蟬隱廬石印本（1931 年），北京圖書館出版社，2008 年版

- 羅振玉《殷虛書契考釋三種》，中華書局，2006 年版

- 陳夢家《殷虛卜辭綜述》，科學出版社，1956 年版

- 胡厚宣《甲骨續存》，群聯出版社，1955 年版

- 丁山《甲骨文所見氏族及其制度》，科學出版社，1956 年版

- 李圃《甲骨文字學》，學林出版社，1995 年版

- 王宇信《甲骨學通論》（增訂本），中國社會科學出版社，1993 年版

主要參考書目

- 何金松《漢字形義考源》，武漢出版社，1996 年版
- 江灝、錢宗武《今古文尚書全譯》，周秉鈞審校，貴州人民出版社，1993 年版
- 鄔國義、胡果文、李曉路《國語譯注》，上海古籍出版社，1994 年版
- 王守仁《王陽明全集》（全二冊），吳光、錢明、董平、姚延福編校，上海古籍出版社，1992 年版
- 饒宗頤《殷代貞卜人物通考》（上、下），香港大學出版社，1959 年版
- 李澤厚《由巫到禮、釋禮歸仁》，三聯書店，2015 年版
- 張光直《中國青銅時代》，三聯書店，1999 年版
- 張光直《美術、神話與祭祀》，三聯書店，2013 年版
- 李學勤《走出疑古時代》，遼寧大學出版社，1997 年版
- 丁山《中國古代宗教與神話考》，上海書店出版社，2011 年版
- 袁樹珊《中國歷代卜人傳》，臺灣新文豐出版公司，1998 年版
- 聞一多《伏羲考》，《聞一多全集》第一冊，三聯書店，1982 年版
- 林惠祥《文化人類學》，商務印書館，1934 年版
- 許進雄《中國古代社會 —— 文字與人類學的透視》（修訂本），臺灣商務印書館，1995 年版
- 宋兆麟《巫與巫術》，四川民族出版社，1989 年版
- 劉黎明《灰暗的想像 —— 中國古代民間社會巫術信仰研究》（上、下），巴蜀書社，2014 年版
- 郭靜雲《天神與天地之道 —— 巫覡信仰與傳統思想淵源》（上、下），上海古籍出版社，2016 年版

- 高國藩《中國巫術通史》（上、下），鳳凰出版社，2015 年版

- 何新《諸神的起源 —— 中國遠古神話與歷史》，三聯書店，1986 年版

- 周策縱《古巫醫與「六詩」考 —— 中國浪漫文學探源》，上海古籍出版社，2009 年版

- 陳成《山海經譯注》，上海古籍出版社，2014 年版

- 葉舒憲、蕭兵、［韓］鄭在書《山海經文化尋蹤》，湖北人民出版社，2004 年版

- 葉舒憲等《比較神話學在中國》，社會科學文獻出版社，2016 年版

- 王振復《巫術：周易的文化智慧》，浙江古籍出版社，1990 年版

- 王振復《周易的美學智慧》，湖南出版社，1991 年版

- 王振復《中國美學的文脈歷程》，四川人民出版社，2002 年版

- 王振復《風水聖經 ——〈宅經〉〈葬書〉》，臺灣恩楷股份出版有限公司，2003 年版

- 王振復《周易精讀》（修訂本），復旦大學出版社，2016 年版

- 王振復《王振復自選集》，復旦大學出版社，2015 年版

- 楊天宇《禮記譯注》（上、下），上海古籍出版社，1997 年版

- 胡奇光、方環海《爾雅譯注》，上海古籍出版社，1999 年版

- 陳鼓應《老子注譯及評介》，中華書局，1984 年版

- 陳鼓應《莊子今注今譯》，中華書局，1983 年版

- 楊伯峻《孟子譯注》，中華書局，1960 年版

- 許慎《說文解字》，中華書局影印本，1963 年版

主要參考書目

- 梁漱溟《東西文化及其哲學》,《梁漱溟全集》第一卷,山東人民出版社,1989 年版
- 張岱年《中國古典哲學概念範疇要論》,中國社會科學出版社,1987 年版
- 牟宗三《中國哲學十九講》,上海古籍出版社,1997 年版
- 荊門市博物館《郭店楚墓竹簡》,文物出版社,1998 年版
- 武漢大學中國文化研究院《郭店楚簡國際學術研討會論文集》,湖北人民出版社,2000 年版
- 馮時《中國天文考古學》,社會科學文獻出版社,2001 年版
- 倪梁康《現象學及其效應 —— 胡塞爾與當代德國哲學》,三聯書店,1994 年版
- [古羅馬] 西塞羅《論神性》,商務印書館,2012 年版
- 偽狄奧尼修斯《神祕神學》,商務印書館,2012 年版
- [英] 詹姆斯·喬治·弗雷澤《金枝》(上、下),陝西師範大學出版總社有限公司,2010 年版
- [英] 布朗尼斯勞·馬凌諾斯基《文化論》,中國民間文藝出版社,1987 年版
- [英] 布朗尼斯勞·馬凌諾斯基《巫術科學宗教與神話》,上海社會科學院出版社,2016 年版
- [法] 列維—布留爾《原始思維》,商務印書館,1981 年版
- [法] 李維史陀《野性的思維》,商務印書館,1987 年版
- [俄] 尼古拉·別爾嘉耶夫 (Nikolai Berdyaev)《文化的哲學》,上海人

民出版社，2007 年版

- ［德］馬丁‧海德格《存在與時間》，三聯書店，1987 年版

- ［德］馬克斯‧韋伯《儒教與道教》，江蘇人民出版社，2010 年版

- ［瑞士］弗里茨‧格拉夫《古代世界的巫術》，華東師範大學出版社，
  2013 年版

- ［蘇聯］謝‧亞‧托卡列夫（C. A. Tokapeb）《世界各民族歷史上的宗
  教》，中國社會科學出版社，1985 年版

- ［瑞士］巴爾塔薩《神學美學導論》，三聯書店，2002 年版

- ［法］馬塞爾‧莫斯《巫術的一般理論》，廣西師範大學出版社，
  2007 年版

- ［法］馬塞爾‧莫斯《社會學與人類學》，上海譯文出版社，2003 年版

- ［德］潘能伯格《神學與哲學》，商務印書館，2013 年版

- ［美］羅德尼‧斯塔克《理性的勝利 —— 基督教與西方文明》，復旦大
  學出版社，2013 年版

- ［美］休斯頓‧史密斯《人的宗教》，海南出版社，2013 年版

- ［韓］趙榮俊《殷商甲骨卜辭所見之巫術》（增訂本），中華書局，
  2011 年版

- ［韓］朴載福《先秦卜法研究》，上海古籍出版社，2011 年版

代後記

自題

　　惟將遲晚品孤病，
　　且待早樹祭年侵。
　　一任清秀吟新辭，
　　萬取東暉作流螢。

王振復

中國巫文化人類學——巫醫對話：

動態三維 × 類比思維 × 文化因緣 × 風水批判，由崇拜到審美，追尋原巫文化的轉嬗

作　　者：王振復
發 行 人：黃振庭
出 版 者：崧燁文化事業有限公司
發 行 者：崧燁文化事業有限公司
E-mail：sonbookservice@gmail.com
粉 絲 頁：https://www.facebook.com/
　　　　　sonbookss/
網　　址：https://sonbook.net/
地　　址：台北市中正區重慶南路一段六十一號八
　　　　　樓 815 室
Rm. 815, 8F., No.61, Sec. 1, Chongqing S. Rd.,
Zhongzheng Dist., Taipei City 100, Taiwan

電　　話：(02)2370-3310
傳　　真：(02)2388-1990
印　　刷：京峯數位服務有限公司
律師顧問：廣華律師事務所 張珮琦律師

國家圖書館出版品預行編目資料

中國巫文化人類學——巫醫對話：
動態三維 × 類比思維 × 文化因緣
× 風水批判，由崇拜到審美，追尋
原巫文化的轉嬗 / 王振復 著 . -- 第
一版 . -- 臺北市：崧燁文化事業有
限公司 , 2024.01
面；　公分
POD 版
ISBN 978-626-357-894-4(平裝)
1.CST： 巫 術 2.CST： 文 化 研 究
3.CST: 中國
295　　　112021003

定　　價：350 元
發行日期：2024 年 01 月第一版
◎本書以 POD 印製
Design Assets from Freepik.com

電子書購買

臉書

爽讀 APP